JUILLET 2019

LA FILLE AU SOURIRE DE PERLES

Clemantine Wamariya
et Elizabeth Weil

LA FILLE AU SOURIRE DE PERLES

Une histoire de guerre et de la vie après

Traduit de l'anglais (États-Unis)
par Julie Groleau

LES ESCALES

Titre original : *The Girl Who Smiled Beads*

Publié pour la première fois en 2018 aux États-Unis par Crown,
une marque de Crown Publishing Group, une filiale de Penguin Random House LLC

Édition française publiée par :

12, avenue d'Italie
75013 Paris – France
Courriel : contact@lesescales.fr
Internet : www.lesescales.fr

ISBN : 978-2-36569-418-6
Dépôt légal : janvier 2019
Imprimé en France

Couverture : Hokus Pokus créations

Mise en pages : Nord Compo

Pour Claire et Mukamana, qui m'ont appris à créer et à vivre dans mon propre umugami[1].

1. *Umugami* : histoire, conte de fées en kinyarwanda. (*Toutes les notes sont de la traductrice.*)

NOTE DES AUTEURS

Ceci est une œuvre de non-fiction. Si la majorité des personnes citées dans ce livre apparaissent sous leur vrai nom, certaines d'entre elles sont désignées par un pseudonyme. Nous nous sommes efforcées d'être les plus précises possible et, ce qui est essentiel pour un ouvrage tel que celui-ci, d'écrire avec sincérité. Mais la mémoire est faillible et particulière à chacun ; de plus, la plupart des événements décrits ici ont été vécus il y a plus de vingt ans par une enfant en proie à une immense tension. Toutes les vies humaines sont précieuses. L'histoire de chaque individu est essentielle. En voici une.

Quels sont les mots qui vous manquent encore ?
Qu'avez-vous besoin de dire ?

Audre Lorde, *Sister Outsider*[2]

2. Audre Lorde, *Sister Outsider. Essays and Speeches*, Crossing Press, New York, 1984.

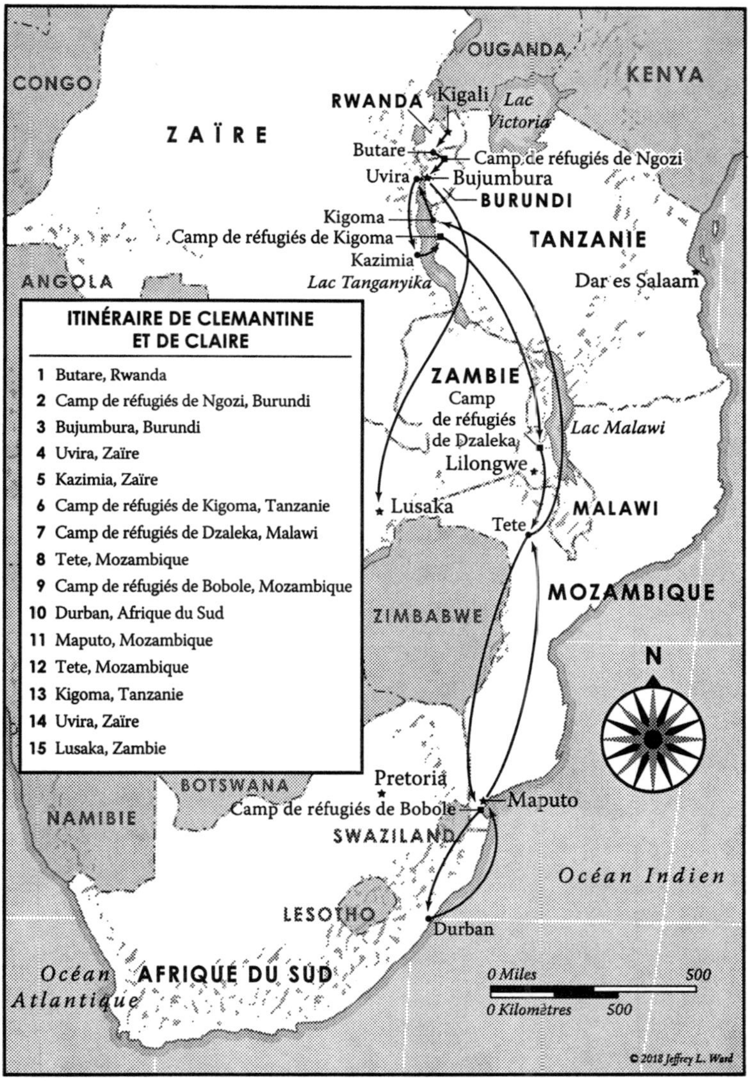

CONGO
ZAÏRE
OUGANDA
KENYA
RWANDA
Kigali
Lac Victoria
Butare
Camp de réfugiés de Ngozi
Uvira
Bujumbura
BURUNDI
Kigoma
Camp de réfugiés de Kigoma
Kazimia
Lac Tanganyika
TANZANIE
Dar es Salaam
ANGOLA
ITINÉRAIRE DE CLEMANTINE
ET DE CLAIRE
1 Butare, Rwanda
2 Camp de réfugiés de Ngozi, Burundi
3 Bujumbura, Burundi
4 Uvira, Zaïre
5 Kazimia, Zaïre
6 Camp de réfugiés de Kigoma, Tanzanie
7 Camp de réfugiés de Dzaleka, Malawi
8 Tete, Mozambique
9 Camp de réfugiés de Bobole, Mozambique
10 Durban, Afrique du Sud
11 Maputo, Mozambique
12 Tete, Mozambique
13 Kigoma, Tanzanie
14 Uvira, Zaïre
15 Lusaka, Zambie
ZAMBIE
Camp
de réfugiés
de Dzaleka
Lac Malawi
Lilongwe
Lusaka
MALAWI
Tete
MOZAMBIQUE
ZIMBABWE
N
BOTSWANA
Pretoria
Maputo
Camp de réfugiés de Bobole
NAMIBIE
SWAZILAND
Océan Indien
LESOTHO
Durban
Océan
Atlantique
AFRIQUE DU SUD
0 Miles 500
0 Kilomètres 500
© 2018 Jeffrey L. Ward

PROLOGUE

La veille de l'enregistrement de l'émission d'Oprah, en 2006, j'ai retrouvé ma sœur chez elle, dans son appartement d'une cité d'Edgewater, où elle vivait avec ses trois enfants. Si Claire les avait tous mis au monde avant l'âge de vingt-deux ans, elle le devait à son ex-mari, un travailleur humanitaire qui l'avait poursuivie de ses assiduités dans un camp de réfugiés. Une limousine noire est venue nous chercher pour nous conduire dans le centre de Chicago, à l'hôtel Omni, près du lieu de travail de ma sœur. Aujourd'hui encore, je ne peux évoquer ce moment sans penser à ma naïveté, mais ce jour-là, j'étais sur un petit nuage.

J'avais dix-huit ans et j'étais en première au lycée de New Trier. Du lundi au vendredi, j'habitais avec la famille Thomas dans la banlieue chic de Kenilworth. Je faisais partie du groupe de jeunes de l'église, je m'entraînais à la course et jouais le rôle de Fantine dans *Les Misérables*, la pièce de théâtre de l'école. J'étais tout simplement celle qu'on voulait que je sois.

Claire, en revanche, était restée elle-même : une jeune femme inébranlable, une vraie dure à cuire. Contrairement à moi, elle n'était pas une enfant lorsque nous avions débarqué aux États-Unis. Personne ne l'avait envoyée à l'école ou accueillie chez soi, personne ne lui avait payé des leçons de piano, des séances chez l'orthophoniste ni ne lui avait offert de séjours en camp de majorettes. Claire avait continué à se battre. Pendant un certain temps, elle avait gagné sa vie en organisant des soirées : elle vendait des boissons et louait les services de DJs, qui mixaient du hip-hop américain avec des musiques de la superstar congolaise Papa Wemba et du rap français. Mais lorsqu'elle avait appris que la vente d'alcool sans licence était illégale, elle avait commencé à travailler à plein temps comme femme de ménage, nettoyant deux cents chambres d'hôtel par semaine.

Je ne savais pas grand-chose au sujet de l'émission que nous allions enregistrer, si ce n'est qu'elle serait en deux parties. La première serait bouleversante : nous allions voir Oprah et Elie Wiesel visitant Auschwitz ; dans la seconde, on présenterait les cinquante lycéens ayant remporté le concours de dissertation organisé par la célèbre présentatrice. Comme les autres lauréats, j'avais rédigé un texte sur le livre d'Elie Wiesel, *La Nuit*. Dans ce récit déchirant, il racontait comment il avait survécu à la Shoah. Quant à nous, nous devions expliquer pourquoi cette histoire était toujours d'actualité. Face à ce livre, je me sentais désarmée. Je le trouvais captivant, mais il me faisait honte. Wiesel avait trouvé les mots que je n'avais pas su formuler pour décrire les événements de mon enfance.

J'avais dicté ma dissertation à Mme Thomas, dans sa belle maison du Midwest, avec sa pelouse magnifique et son parquet en acajou. Assise devant un vieil ordinateur volumineux qui occupait tout le bureau, elle avait insisté : « Clemantine, tu dois absolument t'inscrire. Je suis sûre que tu vas gagner. » Mme Thomas avait trois enfants, plus moi. Je l'appelais « ma mère américaine », et elle m'appelait « ma fille africaine ». Chaque jour, elle préparait mon pique-nique pour le déjeuner avant de me conduire à l'école.

Dans ma rédaction, j'avais expliqué que si les Rwandais avaient lu *La Nuit*, ils n'auraient peut-être pas pris la décision de s'entre-tuer.

Sur la route vers le centre-ville de Chicago, inévitablement, Claire et moi nous sommes interrogées : « Est-ce que nous sommes vraiment en train de vivre ça ? C'est tellement bizarre. » Ce bref échange ressemblait d'assez près à ceux que nous avions lorsque nous discutions de notre passé. Si nous étions contraintes de l'évoquer, nous disions « la guerre ». Mais en général, nous faisions tout pour éviter le sujet. Aussi, ce jour-là, nous étions si bouleversées par l'émergence de tous nos souvenirs refoulés que, lorsque nous sommes arrivées à l'hôtel et que le groom nous a demandé si nous avions des bagages, nous nous sommes rendu compte que nous avions laissé tous nos vêtements à la maison.

Claire a pris le métro pour retourner dans son appartement, où une amie gardait les enfants : Mariette, qui avait presque dix ans, Freddy, huit ans et Michele, cinq ans. Désorientée, j'ai attendu ma sœur à l'hôtel.

Les studios Harpo nous avaient donné à chacune cent cinquante dollars pour le dîner. C'était plus que ce que Claire recevait mensuellement en bons alimentaires. À son retour, nous avons commandé à manger au room service. Nous nous sommes réveillées à 4 heures du matin et avons passé des heures à nous préparer.

Plus tard, les producteurs de l'émission nous ont emmenées dans l'immense studio d'enregistrement. Oprah était installée sur scène dans une causeuse blanche, à côté d'un Elie Wiesel vieux et fatigué, assis dans un fauteuil blanc moelleux. Il était vivant, vieux mais vivant, ce qui signifiait énormément à mes yeux. Il ne cessait d'observer le public, comme s'il avait plein de choses à dire mais manquait de temps pour le faire.

Dans ce beau studio, devant tous ces gens bien habillés, l'équipe de l'émission a passé un film où Oprah et Elie

Wiesel marchaient bras dessus, bras dessous dans le camp enneigé d'Auschwitz et discutaient de la Shoah.

Puis nous avons eu droit à une pause, durant laquelle nous nous sommes recueillis en silence. Quelques personnes avaient l'air horrifiées, d'autres pleuraient.

Ensuite, Oprah a félicité les gagnants du concours, sans me mentionner. Je me suis dit que ce n'était pas grave. Pas grave du tout. Je n'avais pas vraiment pu aller à l'école avant l'âge de treize ans et, à sept ans, j'avais fêté Noël dans un camp de réfugiés au Burundi, avec pour tout cadeau une boîte à chaussures remplie de crayons que j'avais enterrée sous notre tente afin que personne ne la vole. C'était déjà bien de faire partie du public, non ? De plus, j'avais tellement envie de dire à Oprah : « Savez-vous depuis combien d'années, pendant combien de kilomètres, Claire n'a cessé de répéter qu'elle voulait vous rencontrer ? »

Mais soudain, Oprah s'est penchée en avant et a demandé : « Clemantine, avez-vous retrouvé vos parents avant de quitter l'Afrique ? »

J'avais un micro glissé sous le blazer noir et une batterie fixée au pantalon noir de mon ensemble porté spécialement pour le show. J'aurais donc dû me douter que quelque chose de ce genre se produirait. « Non, ai-je répondu. On a essayé l'UNICEF..., on a essayé partout, on est allées partout, on a cherché, cherché...

— Alors quand les avez-vous vus pour la dernière fois ?

— C'était en 1994. À ce moment-là, je ne comprenais rien de ce qui se passait.

— Eh bien, j'ai une lettre de vos parents, a déclaré Oprah, comme si nous venions de remporter un jeu télévisé. Clemantine et Claire, venez nous rejoindre ! »

Claire s'est accrochée à moi. Elle tremblait, mais elle continuait d'afficher une expression de grande dureté et de méfiance absolue, parce que ma sœur est bien plus aguerrie au monde que moi, et parce qu'elle refusait de penser, même après tout ce que nous avions traversé, que quiconque était meilleur ou plus important qu'elle. Lorsque nous vivions seules, dans la misère, elle pouvait passer sept heures à laver à la main le linge d'une cliente et apercevoir à la télévision Angelina Jolie, arrogante, éclatante et dégageant toute l'assurance de sa supériorité, et déclarer : « C'est qui, elle ? Dieu ? Toi, tu n'es qu'un être humain. Rien ne me différencie de toi. »

Je n'ai jamais été comme Claire. Je n'ai jamais été inatteignable. Souvent, l'histoire de ma vie me semble fragmentée, à l'image de perles sans cordon. Lorsque je fais appel à mes souvenirs, ils me paraissent chaque fois légèrement différents, et j'ai peur de me sentir définitivement perdue. Mais ce jour-là, je me suis précipitée sur le plateau tout sourire. L'une des compétences les plus précieuses que j'avais acquises en essayant de survivre en tant que réfugiée, c'était de deviner ce que les gens attendaient de moi.

« Ça vient de votre famille, au Rwanda », a dit Oprah en me tendant une enveloppe brune. Son regard déterminé était empreint de solennité. « De la part de votre père, de votre mère, de vos sœurs et de votre frère. »

Claire et moi savions que nos parents étaient en vie. Nous savions qu'on leur avait tout pris – l'affaire de mon père, le jardin de ma mère – et qu'ils habitaient dans une cabane à la périphérie de Kigali. Nous leur parlions au téléphone, mais rarement, car… par où aurions-nous pu commencer ? « Pourquoi ne vous êtes-vous pas donné plus de mal pour nous chercher ? Comment allez-vous ? Je vais bien, merci. Je travaille chez Gap et j'ai trouvé beaucoup plus facile d'apprendre à lire l'anglais en écoutant aussi des livres audio. »

J'ai ouvert l'enveloppe, j'en ai sorti une feuille de papier bleu. Oprah a posé sa main sur la mienne pour me retenir de la déplier. Je me suis sentie immensément soulagée. Je ne voulais pas m'effondrer à la télévision.

« Tu n'es pas obligée de la lire maintenant, devant tout le monde, a dit Oprah. Tu n'as pas besoin de la lire devant tout le monde... » Elle a marqué une pause. « Parce que... parce que... ta famille... EST ICI ! »

J'ai reculé. La mâchoire de Claire s'est décrochée. Sur la scène, une porte recouverte d'une photo de fils barbelés – installée spécialement pour cette émission afin d'évoquer la vie dans un camp d'internement – s'est ouverte, laissant apparaître un petit garçon de huit ans, qui était apparemment mon frère. Il était suivi par mon père, vêtu d'un costume sombre, d'une chemise saumon et d'une cravate ; par une toute nouvelle sœur de cinq ans ; par ma mère, dans une longue robe bleue ; puis par ma sœur Claudette, à présent plus grande que moi. La dernière fois que je l'avais vue, elle avait deux ans et je croyais encore que ma mère était allée la chercher au marché aux fruits.

J'avais imaginé ce moment tant de fois. Au Malawi, j'avais pris l'habitude de tracer mon prénom de mon écriture ronde sur la carrosserie poussiéreuse des camions, espérant que ma mère, voyant le mot *Clemantine*, comprendrait que j'étais toujours en vie. Au Zaïre, j'avais économisé de la petite monnaie pour acheter des cadeaux à mes parents. En Tanzanie, j'avais collectionné des billes pour mon frère aîné, Pudi, qui n'assistait pas à cette réunion. Pudi était mort.

Claire est restée pétrifiée. Alors, dans mes vêtements de télévision, avec mes cheveux bien lissés, je me suis précipitée bras tendus vers cette famille offerte par Oprah. J'ai serré mon père contre moi, puis mon frère et ma petite sœur. Lorsque j'ai pris ma mère dans mes bras, mes jambes se sont dérobées sous moi et elle a dû me relever. Puis ça a été le tour de Claudette, ma petite sœur qui ne l'était plus vraiment. J'ai ensuite traversé la scène pour étreindre Oprah et Elie Wiesel, cet adorable vieux monsieur.

Les caméras étant installées à bonne distance, j'ai oublié que je participais à un spectacle suivi par un million de personnes, que mon expérience, ma joie et ma souffrance s'étaient transformées en objet de consommation de masse. Je me rendais cependant compte que tout le monde, dans le public, pleurait.

Quelques heures (qui avaient semblé des minutes) plus tard, nous nous sommes retrouvés dehors, devant le studio. Ma famille est montée à bord d'une limousine noire qui a pris la direction du nord pour se rendre chez ma sœur. Claire habitait dans un petit immeuble en brique, face aux rails du métro et tout près d'une maison en bois abandonnée avec un toit à pignon, un lieu autrefois merveilleux mais aujourd'hui oublié, qui j'espérais nous appartiendrait un jour. Je rêvais d'y installer tout le monde pour que nous soyons de nouveau une famille.

Dans la voiture, nous sommes tous restés silencieux. Une fois dans l'appartement, personne ne savait quoi faire. Ma mère, dans sa longue robe bleue, ne cessait de s'asseoir et de se lever, de toucher à tout – les murs du salon, la télécommande ; elle entonnait des chants sur Dieu, qui nous avait protégés et que nous devions servir et aimer. Mon père souriait tout le temps, comme si un individu en qui il n'avait pas confiance était en train de le prendre en photo. Claire semblait catatonique : elle se balançait, le regard vide. Je songeais que, finalement, elle avait réellement perdu la raison.

Je me suis assise sur son canapé, j'ai observé les nouveaux frère et sœur que je ne connaissais pas et qui nous avaient remplacés, Claire et moi. Ils étaient tellement beaux, avec leur peau magnifique et leur regard lumineux. Ils incarnaient à la perfection la famille imaginaire qui aurait pu être la mienne. Mais ils ne me connaissaient pas, je ne les connaissais pas, et le fossé qui nous séparait s'étendait sur des milliards de kilomètres. Je me suis endormie en pleurant sur le lit de Mariette.

À mon réveil, je portais toujours mes chaussures spéciales pour le show.

Le lendemain, un vendredi, je ne suis bien sûr pas allée à l'école. Nous avions tellement de temps à rattraper. Pourtant, je ne parvenais pas à regarder mes parents. Pour moi, ils étaient des fantômes.

J'étais reconnaissante, c'est vrai. Oprah me les avait ramenés. Mais j'avais aussi l'impression d'avoir pris un coup à l'estomac, comme si ma vie était une expérience perverse élaborée par un psychologue : « Voyons jusqu'à quel point nous pouvons rendre quelqu'un malheureux, puis jusqu'à quel point nous pouvons lui faire remonter la pente ; ensuite, voyons ce qui se passe ! »

Le samedi, accompagnés par les Thomas, nous avons longé le lac en voiture pour nous rendre au Jardin botanique de Chicago, où nous avons pu admirer les lys et les roses de l'Illinois. Nous désirions tous que ces fleurs forment un lien magnifique avec les lys et les roses de Kigali, comme des fils qui auraient mêlé le présent au passé. Mais tout paraissait bizarre, et on avait l'impression que les caméras nous suivaient encore dans chacun de nos déplacements. Le dimanche, nous sommes allés au Navy Pier, avec sa grande roue tape-à-l'œil, ses barbes à papa poisseuses et ses attractions pour touristes. Mon père a continué de plaquer sur son visage son faux sourire triste. Le mien devait probablement lui ressembler : un sourire étouffant un cri. Claire a à peine prononcé un mot.

Puis, le lundi matin, mes parents et mes nouveaux frère et sœur ont pris l'avion pour le Rwanda, grâce aux billets réservés par l'équipe d'Oprah. Quant à moi, j'étais incapable de trouver du sens à ce que je venais de vivre. Lorsque Mme Thomas est venue me chercher comme d'habitude chez Claire, je me suis précipitée dans sa Mercedes et elle m'a conduite à l'école.

1

Lorsque j'étais une enfant comme les autres, je vivais à Kigali, au Rwanda, et j'étais une petite fouineuse plutôt précoce. Mon surnom était Cassette. Je répétais tout ce que je voyais ou entendais, y compris le fait que ma sœur Claire, qui avait neuf ans de plus que moi, portait des shorts sous ses jupes et jouait au foot après l'école au lieu d'aller faire les courses.

Les fois où elle obéissait – « Va acheter des tomates, va chercher six Coca pour les invités » –, Claire ne dépensait qu'un quart de l'argent confié par ma mère, car à quatorze ans elle savait déjà se prendre en charge. Ma sœur connaissait la valeur des choses. Elle avait compris que la confiance en soi pouvait être productive. Elle savait que si elle proposait au vendeur de tomates de le payer moins ce jour-là mais de revenir chaque semaine pour ne faire ses achats que chez lui, il accepterait le marché, elle économiserait quelques pièces et tous deux y gagneraient.

Claire savait aussi que la vie était plus compliquée et moins lucrative quand je la suivais. Je parlais trop. Je cancanais. Je posais trop de questions. Je zézayais, ce qui me rendait parfois incompréhensible. Claire se moquait de moi et de mon défaut d'élocution. Elle me demandait de me répéter puis éclatait de rire.

Nous habitions dans une maison de plain-pied en stuc gris, sur une route gravillonnée, en haut d'une colline. En bas, il y avait le marché, et tout près, les rares courts de tennis de la ville. Les habitations de notre quartier étaient construites à proximité les unes des autres. Elles étaient toutes dotées d'un toit rouge et de haies denses et épaisses de créosotiers, taillées chaque semaine pour former des clôtures bien nettes.

Dans notre arrière-cour, il y avait une cuisine en plein air avec un grand bac à sable dans lequel ma mère enfouissait carottes et patates douces pour les protéger de la chaleur et les rendre plus sucrées. Dans le jardin, devant la maison, se dressait un vieux manguier au feuillage robuste. Lorsqu'on y grimpait, on se sentait comme dans un cocon protecteur. Chaque jour, à notre retour de l'école, Pudi et moi nous cachions au milieu des branches et restions dans ce qui représentait alors tout mon univers. Nous faisions bruisser les feuilles, ou prétendions que l'arbre était un bus qui nous emmenait à Butare chez notre grand-mère, à trois heures de route, voire jusqu'au Canada.

Ma mère était à la fois petite, plantureuse, imposante et digne. Elle tenait de mes grands-parents ses pommettes saillantes, et ses dents éclatantes étaient écartées, critère de grande beauté chez les Rwandais. Il existe un mot pour désigner cette caractéristique en kinyarwanda : *inyinya*. Elle était tombée amoureuse de mon père et ils avaient décidé de se marier contre l'avis de ma famille paternelle.

Elle passait ses matinées à l'église, juste en haut de la colline, et ses après-midi dans le jardin, son Éden. Elle m'y a appris les noms des plantes – chou-fleur, oiseau de paradis –, l'art d'en prendre soin, de reconnaître celles qui avaient besoin d'une terre fraîche à l'ombre du manguier et celles qui s'épanouissaient en plein soleil. Elle faisait pousser des oranges, citrons, goyaves et papayes ; des hibiscus, frangipaniers, sanchezias, aracées, géraniums et pivoines.

Je m'amusais à arracher les étamines des lis tigrés et les posais au-dessus de ma lèvre supérieure, laissant le pollen dessiner une moustache orange vif.

Les samedis, ma mère nous obligeait, Pudi, Claire et moi, à l'accompagner pour aller nettoyer les maisons de personnes âgées, en général très grognons. Si nous mangions les fruits tombés de leurs manguiers, elles nous hurlaient dessus. Leur méchanceté laissait ma mère totalement indifférente.

Ma mère accueillait également des jeunes filles de la campagne qui, avant de se marier, désiraient passer un an ou deux dans une grande ville, avec ses centres commerciaux, ses tours de bureaux, ses cathédrales, ses routes goudronnées ; elles souhaitaient gagner un peu d'argent et découvrir le monde. Ces jeunes filles étaient employées comme nounous, aides-cuisinières, ou faisaient le ménage et s'occupaient du linge. Ma mère tenait à ce que Claire et moi apprenions à accomplir ces tâches à leurs côtés. Nous ne devions jamais penser que nous valions plus qu'elles. Personnellement, ce travail ne me dérangeait pas, car j'aimais vivre dans un monde bien ordonné. À quatre ans déjà, j'étais maniaque : je remettais en place les chaussures devant la porte et redonnais un coup de balai sur le sol en ardoise de la cour.

Claire, en revanche, détestait ces corvées. Elle qui mourait d'impatience de gagner son indépendance refusait qu'on la freine dans la réalisation de ses grands projets. Elle avait prévu de partir étudier au Canada. Comme de nombreux Rwandais, elle avait choisi ce pays qui avait l'avantage de ressembler à l'Amérique, mais où l'on parlait français. Le Rwanda étant une ancienne colonie belge, cette langue était la seconde que l'on apprenait à l'école. Au cas où elle ne serait pas parvenue à immigrer au Canada, Claire comptait voyager en Europe – partir vivre à tout prix *iburayi*, l'expression rwandaise passe-partout signifiant

« à l'étranger » ou « loin ». La marraine de ma sœur qui vivait à Montréal lui avait envoyé des cadeaux fabuleux : une montre avec un bracelet en argent, une tenue complète de couleur verte pour la pluie, avec un ciré, des bottes et un parapluie assortis.

Mes rêves, à quatre ans, étaient bien moins aventureux que les siens. Je voulais manger des glaces et des gâteaux à l'ananas. Je voulais avoir un uniforme d'écolière bleu canard et, plus tard, porter les vêtements de Claire.

Ma mère s'habillait toujours avec soin et sobriété, comme si elle voulait signifier : « Je suis là, mais je ne suis pas là. Ne me regardez pas. » Lorsqu'elle jardinait, elle revêtait un t-shirt et un kitenge[3] chatoyant, ou s'enveloppait d'un long pagne ; pour se rendre à l'église, elle mettait une longue jupe plissée, un chemisier et de confortables chaussures plates noires. Ses talons ne faisaient jamais de bruit. Elle ne se maquillait pas, à l'exception d'un soupçon de Vaseline pour donner un peu de brillant à ses lèvres. Elle avait intégré la mentalité postcoloniale bien ancrée chez les catholiques rwandais : chacun devait rester aussi invisible que possible en évitant d'attirer les regards. C'est l'enseignement que j'ai reçu en grandissant. Je devais apprendre à me tenir convenablement, à rester sage et silencieuse. J'étais une élève tout sauf enthousiaste.

Beaucoup de familles du quartier étaient exubérantes et différentes de la nôtre : elles étaient musulmanes et non catholiques ; zaïroises et non rwandaises. J'avais envie de goûter à la manière dont elles préparaient leurs haricots et d'étudier les motifs qui ornaient leurs plats. Je voulais célébrer le Ramadan, ainsi que Divali, la fête indienne des Lumières. Certains jours, quand je rendais visite à mes voisins, j'entrais dans leurs chambres et leurs salles de bain,

3. Carré de tissu africain utilisé comme vêtement : attaché autour de la taille ou de la poitrine, utilisé en foulard de tête, ou en porte-bébé.

je passais en revue les brosses, les brosses à dents, les médicaments et les savons. Je souhaitais connaître leurs secrets – non pas les plus obscurs, seulement les plus humains – et savoir à quoi ressemblaient leurs corps.

Ma mère tentait de décourager ma curiosité, elle me sermonnait avec ces mots : *ushira isoni*, « tu n'es pas timide ».

Les Rwandais, en particulier les filles, devaient faire preuve de réserve, de retenue, adopter une attitude presque fermée. Lorsque je me promenais en ville avec ma mère, je pointais du doigt chaque maison et demandais : « Qui habite ici ? Ils ont combien d'enfants ? Y a-t-il quelqu'un qui est malade ? » Je ne savais pas me tenir.

Un jour, alors que ma mère jardinait, elle a appris à la radio la mort d'un ami. On disait *kwitaba imana*, ce qui signifiait : « Dieu l'a rappelé à Lui. » Elle a commencé à pleurer. C'était la première fois que je la voyais verser une larme. Ça ne se faisait pas chez les adultes rwandais. Quant aux enfants, ils y étaient autorisés tant qu'ils ne savaient pas parler. Ensuite, ils ne pleuraient plus. Si, après ça, quelqu'un ne pouvait pas s'en empêcher, il devait le faire en chantant, comme un oiseau mélancolique.

J'ai supplié ma mère de m'emmener à l'enterrement. Je voulais voir comment ça se passait. Mukamana, ma nounou que j'adorais, a repassé ma plus belle robe de coton et m'a habillée. J'ai glissé ma main dans celle de ma mère et nous avons emprunté la route gravillonnée avant de traverser le pont pour gagner la ville.

Le Rwanda est un pays de collines. Mukamana racontait que le Créateur, Imana, n'avait pas voulu étirer la Terre, car il voulait que le Rwanda soit un pays unique. Près de l'église, nous nous sommes mêlées à une cinquantaine de personnes installées à l'ombre d'un arbre sur de longs bancs disposés en rectangle. Tout le monde gardait le silence ou chuchotait. Ma mère, comme les autres adultes, était calme et posée. Je me suis assise et j'ai dévisagé les gens. J'étais totalement perplexe.

Je n'ai pas entendu Dieu parler à qui que ce soit, seulement le prêtre, qui offrait son soutien, et quelques hymnes. Après le service, j'ai demandé à certains amis de ma mère s'ils avaient vu ou entendu Dieu. Ils ont pris mes mains dans les leurs, les ont tapotées comme pour me dire : « Tu comprendras bien assez tôt. »

Mais bien assez tôt, c'était trop loin. Je voulais comprendre tout de suite. Durant ma courte existence, la mort ne représentait qu'une menace en l'air, une blague entre frères et sœurs, comme lorsque Pudi ou Claire affirmaient que ma mère allait me tuer si je cueillais trop de roses. Celle-ci s'est efforcée de m'expliquer sa signification avec toute sa réserve rwandaise. Elle m'a dit que la mort était un foyer accueillant. Mais cette description n'a fait que me mettre en colère. Je me suis sentie presque insultée par cette explication excessivement simpliste. Du haut de mes quatre ans, j'étais persuadée que je pouvais supporter la vérité. Je pensais que j'avais le droit de savoir, et je l'exigeais.

Après les funérailles, j'ai passé autant de temps que possible auprès des personnes âgées ou malades. J'accompagnais ma mère lorsqu'elle allait leur lire des passages des Écritures. Je voulais écouter Dieu leur parler, les rappeler à Lui. Devait-on Lui répondre quand Il nous appelait ? Et si on préférait vivre ? Si Dieu se contentait de lancer une invitation, on pouvait refuser, non ? On pouvait dire « non merci », et rester là où on était.

Mes journées étaient ponctuées de caprices dignes d'une petite fille gâtée. Je détestais la crème dont m'enduisait ma nounou après le bain. Je détestais ma robe de chambre. J'en voulais une qui se boutonnait, comme celle de Claire, et si je ne l'obtenais pas, je voulais qu'on me laisse m'habiller comme Pudi. Le prénom de Pudi était Claude, et son surnom venait de sa passion pour les Puma et les Adidas. Pour lui faire plaisir, ma mère l'autorisait à porter son maillot de foot Adidas rouge vif, même malodorant, sous son uniforme scolaire.

Il ne se passait pas un jour, pas une heure sans que je demande à Mukamana de me raconter une histoire pour m'aider à comprendre le monde. J'aimais bien celle où les dieux secouaient l'océan comme un tapis pour faire des vagues. Mais ma préférée était celle d'une fille magnifique aux pouvoirs magiques qui errait sur la terre : la fille au sourire de perles. Son récit presque achevé, Mukamana me disait : « Et ensuite, que crois-tu qu'il s'est passé ? » Quelle que soit ma réponse, quelle que soit la suite que j'imaginais, ma nounou donnait vie à mon histoire. Elle nouait un splendide tissu dans ses longs cheveux frisés et dormait dans ma chambre, où nous avions chacune notre lit. Elle m'apprenait des chansons pour m'aider à accomplir les rituels matinaux : me lever, prier, faire mon lit, me brosser les dents, me laver le visage, me coiffer, m'habiller et saluer tout le monde.

Je refusais de faire quoi que ce soit tant que je n'avais pas eu mon histoire, et elle savait en profiter. « Eh bien, si tu fais la sieste, tu en auras une. Mais si tu ne vas pas dormir, tu n'en auras pas. »

Je voulais devenir comme elle en grandissant. Je voulais raconter des histoires, danser pour les autres comme elle le faisait pour moi. Tous les récits de Mukamana incluaient des chansons, des danses ou des tapements de pied pour marquer le rythme. Il n'y avait jamais de fin prédéfinie et elle demandait toujours : « Et ensuite, que crois-tu qu'il s'est passé ? Peux-tu le deviner ? » Elle était la seule à vouloir m'aider à comprendre pourquoi le ciel était si haut, ou d'où provenait l'eau.

Mon père était propriétaire d'un garage. Il avait développé son commerce petit à petit, comme tout bon entrepreneur : d'abord avec une voiture, puis avec deux ; il avait ensuite mis en place un petit parc de minibus et, peu avant ma naissance, son garage qui sentait l'huile de voiture et la poussière était devenu une belle affaire commerciale implantée sur une artère importante.

Il était costaud, avec de larges épaules, un front haut et un grand sourire ; ses oreilles décollées le rendaient un peu moins impressionnant. Il travaillait énormément et je le voyais peu. Le soir, lorsqu'il rentrait à la maison, je me battais avec Claire pour savoir qui lui apporterait ses chaussons en cuir. Ma sœur savait que c'était le meilleur moment de la journée pour lui demander de l'argent ou de nouvelles Nike. Quant à moi, je voulais échanger ses chaussons contre une petite gorgée de bière.

Mon père travaillait très dur pour nous offrir ce foyer de classe moyenne. Quand mes parents s'étaient mariés, ils n'avaient pas eu assez d'argent pour organiser une fête. À présent, certains après-midi, s'il faisait très chaud ou que les affaires étaient calmes, mon père rentrait à la maison pour faire la sieste. Je savais que je devais rester sage, arrêter de jouer et de crier dans le jardin, surtout près de la fenêtre ouverte de sa chambre. Mais une fois, Pudi et moi jouions dans le manguier et j'ai oublié.

D'habitude, la discipline était le domaine de ma mère. Elle était sévère mais pondérée. Quand nous nous conduisions mal, elle nous faisait nous agenouiller au coin, face au mur, parfois avec des pierres sur nos têtes. C'était affreux. Lorsqu'un membre de la famille mentait – en général, c'était moi –, ma mère faisait bouillir de l'eau et nous demandait à tous de nous asseoir autour de la casserole. « Si vous êtes malhonnêtes et que vous mettez votre main là-dedans, vous allez vous brûler. Et si vous n'avez rien fait, vous ne sentirez rien », nous expliquait-elle. L'un de nous se dénonçait à chaque fois.

Claire détestait les punitions de ma mère plus que Pudi et moi. Elles l'emplissaient de colère et de honte. « Pourquoi tu ne nous bats pas comme tout le monde ? » demandait-elle.

Mais cet après-midi-là, lorsque mon père est rentré à la maison pour faire la sieste et que je n'ai pas fait attention, ce n'est pas ma mère qui m'a punie, mais mon père. Il a ouvert la fenêtre, m'a convoquée dans son bureau et m'a giflée. Je peux encore sentir la brûlure sur ma joue. J'ai fait pipi sur moi.

C'était le pire acte de cruauté que j'avais jamais connu.

À l'âge de cinq ans, je suis entrée à l'école maternelle. Entre-temps, j'avais eu une petite sœur et, comme tout enfant plus grand, je m'étais sentie menacée. Chaque jour, je suppliais ma mère d'aller la rendre. J'ai songé à fuguer.

L'école maternelle était un privilège car ni Claire ni Pudi n'avaient pu y aller, par manque de moyens. Mon école, nichée à flanc de coteau, était magnifique et ma maîtresse était très élégante : elle portait des talons hauts qui claquaient dans les couloirs. Les lieux sentaient les crayons de couleur. Nous chantions, fabriquions des bols et des tasses en terre cuite, déjeunions à l'ombre.

Chaque matin, avec mon pique-nique, j'apportais une Thermos verte remplie de thé au lait. Le jour où Mukamana est venue me chercher avec le parapluie, le ciré et les bottes de pluie verts qui avaient appartenu à Claire, je me suis sentie exceptionnelle, voire l'enfant la plus exceptionnelle de tout le pays. C'était la période des moussons, il faisait chaud et il pleuvait à verse. J'ai enfilé les bottes et le ciré, et demandé à Mukamana de nous faire prendre le chemin le plus long pour rentrer à la maison. Je voulais passer par la ville en contournant la colline au lieu de franchir le pont, afin que tout le monde me voie parader dans mon costume de pluie chic.

Mais c'était impossible. Mukamana m'a expliqué que cette route était impraticable en raison des inondations. J'étais furieuse.

Je ne le lui ai pardonné que lorsque Pudi m'a proposé de jouer avec lui. La pluie se déversait de notre toit rouge sur le sol en ardoise de la cour. Mon frère a volé le savon de la cuisine et en a passé sur les dalles. Nous avons couru et glissé jusqu'à ce que ma mère se fâche et nous ordonne de rentrer.

Peu après, Mukamana a disparu. Quand j'ai questionné ma mère, elle m'a répondu que c'était à cause de l'*intambara* – le conflit. Ce mot n'avait aucun sens pour moi, car il n'était lié à aucune histoire de ma connaissance.

Une autre nounou est arrivée. Elle s'appelait Pascazia. Mais elle n'était pas Mukamana, et je l'ai détestée. Elle ne me racontait pas les histoires de la même façon. Elle ne nouait pas de beaux tissus dans ses cheveux. Un jour de pluie, elle est venue me chercher à l'école, mais elle n'a pas apporté les bottes vertes et le ciré.

Sur le chemin de la maison, nous avons croisé un groupe d'hommes qui chantaient et dansaient dans la rue. Ils étaient en sueur et brandissaient des drapeaux vert, or et rouge. La scène semblait si festive, on aurait cru un carnaval. J'étais fascinée par l'énorme percussion. Une dizaine de pick-up étaient garés sur le bord de la route, où une foule de badauds assistait au défilé. J'avais envie de me joindre aux hommes pour danser avec eux. D'habitude, Pascazia aimait bien traîner en route. Elle m'achetait souvent des *mandazi* – des beignets – afin de me faire patienter pendant qu'elle s'arrêtait pour parler avec ses amis. Ce jour-là, je lui en ai demandé. Je comptais me mêler aux spectateurs et regarder. Elle a refusé.

La semaine suivante, avant de traverser le pont et de monter la colline jusqu'à notre maison, nous avons vu une foule qui formait un cercle. On nous a appris que quelqu'un se faisait lapider car il avait volé. Je ne comprenais pas ce qui se passait. Il y avait encore plus de drapeaux rouge, noir, jaune et vert, plus de chants et de gens qui défilaient. J'étais subjuguée. Mukamana m'avait raconté une vieille histoire où des hommes s'étaient battus dans les collines avec des lances. Les armes avaient brisé bien des cœurs et des corps. Depuis, m'avait-elle expliqué, ces hommes détruits vivaient cachés. À cet instant, dans ces collines, étions-nous parmi eux ? J'ai posé la question à Pascazia. Elle m'a tirée par le bras et nous sommes parties.

J'ai tout raconté à ma mère. J'ignorais ce que j'avais vu, mais le spectacle m'avait fascinée et je savais que je n'aurais pas dû y assister.

« Où êtes-vous allées ? Pourquoi êtes-vous passées par là ? » a demandé ma mère à Pascazia en la réprimandant d'un ton sec, elle qui pourtant n'élevait quasiment jamais la voix. Ses lèvres serrées étaient pressées entre ses dents. « Tu n'aurais pas dû. »

Quelques jours plus tard, Pascazia a disparu. Je ne suis jamais retournée à l'école.

Vous connaissez ces petites boules de bain que vous jetez dans l'eau et qui se transforment en grosses éponges ? Eh bien ma vie, c'était le contraire. Tout se rétrécissait.

D'abord, on m'a interdit de jouer dans le manguier. Pudi a essayé de me distraire dans la maison en faisant semblant de lire en français. Il était censé apprendre la langue à l'école mais il n'étudiait jamais. Nous nous sommes donc contentés de regarder les images des albums de Tintin pendant que Pudi inventait des histoires. Nous voyagions tous les deux dans la jungle avec Milou. Un lion surgissait, et nous nous échappions dans les grottes.

Ensuite, je n'ai plus eu le droit de jouer avec mon amie Neglita. Elle était ma plus ancienne camarade, elle avait mon âge et je la trouvais parfaite. Nous nous créions des univers merveilleux dont elle me laissait dicter les règles. Nous allions chercher des pétales de fleurs et des morceaux de mousse ; les premiers servaient de robes aux fées, les seconds, de maisons.

Peu avant la lapidation, ma mère m'avait emmenée jouer chez Neglita. Sur le chemin, nous avons ramassé des cosses. Plus tard, dans le jardin de mon amie, nous les avons déposées sur une pierre chaude et avons attendu qu'elles éclatent. Cette nuit-là, j'ai dormi chez Neglita, et lorsque ma mère est venue me chercher le lendemain, je ne voulais plus partir. Ma mère a suggéré que je prête un pull à mon amie et que j'emporte un des siens à la maison. Ainsi, nous aurions une raison de nous revoir vite, afin de nous rendre nos vêtements. Son pull était bleu et sentait l'eucalyptus. Je voulais récupérer le mien. Mais je n'ai jamais revu Neglita.

Pudi m'a emmenée voir *Rambo*. Le film était projeté sur un drap chez nos voisins. Je n'avais jamais vu quelqu'un se servir d'un fusil ni assisté à de vrais combats. J'ai eu si peur que je me suis enfuie toute seule chez moi en oubliant mes chaussures. À partir de ce jour, les enfants du quartier ont été obsédés par ce film. Ils ont coupé les manches de leurs t-shirts pour se faire des débardeurs et se sont mis à porter des bandanas sur le front. Ils prenaient des bâtons et, cachés derrière des arbres, ils faisaient semblant de tirer.

Les maisons ont été cambriolées. Les voleurs voulaient simplement prouver qu'ils pouvaient le faire. Ils laissaient des mots où ils exigeaient de l'essence, du sucre ou une télévision. Quand je demandais des explications aux adultes, leurs visages se fermaient et ils me renvoyaient m'occuper de mes affaires. Parfois, des hommes laissaient des grenades, du moins c'est ce que j'avais entendu dire, ne sachant pas vraiment ce que c'était. J'avais seulement compris que cette arme pouvait couper les gens en centaines de morceaux. Elle devait sûrement contenir des centaines de minuscules flammes. Car comment aurait-elle pu faire exploser un corps entier ? Une chose si petite, avec de si grands pouvoirs ?

Certains jours, le monde me paraissait vert, d'autres jours, jaune, mais jamais d'un jaune joyeux.

Toutes les jeunes filles qui vivaient chez nous sont retournées dans leurs villages. Il n'est plus resté qu'un vigile. Le soir, lorsque mon père était au travail, il surveillait la maison depuis le jardin de devant en fumant des cigarettes. Quand mon père rentrait à la maison, je lui apportais toujours ses chaussons et il me donnait une gorgée de bière. Mais il écoutait la radio, qui était branchée en permanence, et ne m'adressait plus de grands sourires. Il se contentait d'un : « Bois et sois sage. »

Nos rideaux, que ma mère avait l'habitude d'ouvrir à 5 heures chaque matin, sont brusquement restés fermés. Le bruit des percussions, puissant et lointain, a résonné de nouveau. Puis le vacarme des klaxons. Mon père a arrêté de travailler après la tombée de la nuit. Ma mère a aperçu des hommes, et non plus des enfants, chaussés de bottes dans le style de Rambo qui défilaient près de l'église. Elle a cessé d'y aller. En revanche, elle est venue prier dans ma chambre, où mes frère et sœurs venaient parfois dormir car la fenêtre était la plus petite de la maison.

Nous n'avons plus reçu d'invités à dîner. Ma mère nous servait des carottes et des lentilles en grande quantité. Les pommes de terre qui avaient disparu des ragoûts provenaient du marché, et aucun membre de la famille ne s'y rendait plus.

Il y avait des coupures d'électricité et nous étions privés d'eau courante. On nous demandait sans cesse de nous taire, de rester calmes et silencieux. *Checkeka* – chut, tais-toi. Mes parents me répétaient *checkeka* une centaine de fois par jour.

J'avais l'impression de vivre plus de nuits que de jours et me mettais à pleurer lorsque le soleil se couchait. Quelqu'un a lâché une grenade dans la maison de nos voisins. À ce moment-là, j'ai eu six ans.

Peu après, mon oncle est décédé. « Il est mort », a déclaré ma mère. Quand je lui ai demandé si Dieu l'avait rappelé à Lui, elle m'a répondu non. J'ai entendu des conversations que je n'ai pas comprises où on disait qu'« ils » arrivaient. « Ils », toujours « ils », au pluriel, prononcé dans un chuchotement. Les invités avaient toujours été importants, particuliers, chez nous. Lorsqu'ils venaient, ma mère leur offrait des noix grillées et du Coca. « Ils » n'étaient pas des invités.

Nous restions assis à l'intérieur de la maison, lumières éteintes. Tout le monde priait mais personne ne parlait. Claire et Pudi ne s'amusaient plus à me faire croire que j'étais adoptée, ou que lorsqu'une de mes dents allait tomber, aucune autre ne pousserait pour la remplacer. Il ne restait plus rien – aucune parabole pour expliquer que le monde se refermait sur lui-même, ni d'histoire fantastique comme celle du ciel qui embrassait la terre pour créer la rosée du matin.

Personne n'expliquait rien, à l'exception de Pudi, qui de temps en temps sortait de son univers à la Rambo pour inventer des histoires ridicules : « Il y a un oiseau qui capture les poulets, les bébés et les petits enfants, c'est pour ça que tu ne peux pas sortir à midi. S'il y a de l'orage, tu ne dois pas porter de rouge, parce que si tu en portes, tu es une cible pour le tonnerre qui va te dévorer. »

Le tonnerre grondait souvent, durant cette période. Chaque fois que nous entendions une explosion, Pudi déclarait : « C'est l'orage », et devant ma mine troublée, il ajoutait : « Tu n'as jamais entendu l'orage sans pluie ? » Il me disait que si quelque chose de pire que le tonnerre survenait, je devais grimper me cacher dans l'espace entre le plafond et le toit. Il faudrait beaucoup de temps pour m'y trouver.

Les visages de mes parents se transformaient en visages que je ne leur avais jamais vus. J'entendais des bruits que je ne comprenais pas. Ce n'était pas des cris, c'était pire. Ma mère pleurait de nouveau. Mes parents chuchotaient et je tendais l'oreille. Je les ai entendus raconter que des voleurs avaient saccagé une autre maison voisine. Ils avaient volé de l'argent, arraché les photos des murs, brisé et brûlé les meubles. Ils avaient cloué un mot sur la porte informant les habitants qu'ils reviendraient bientôt pour prendre leurs filles.

Un jour, ma mère a demandé à Claire et à moi de préparer quelques affaires pour partir à la ferme de notre grand-mère à Butare, à quelques heures de route vers le sud, près de la frontière burundaise. Ma sœur et moi adorions cet endroit et vénérions notre aïeule. Elle vivait dans une maison construite en adobe, avec de petites fenêtres et un toit de chaume ; à l'arrière s'étendaient des rangées et des rangées de tournesols. C'était une maison de contes de fées. Là-bas, je me sentais libre et marchais toujours pieds nus. Après la guerre, ma grand-mère était retournée à Butare avec ses cinq enfants, dont ma mère, sa deuxième fille. Mon grand-père était resté en Ouganda.

Tôt le lendemain matin, un ami de mon père est arrivé au volant d'une camionnette. Il faisait encore nuit. Je voulais montrer à ma grand-mère une tasse en terre cuite que j'avais fabriquée à l'école. J'ai demandé à ma mère de la prendre sur l'étagère où elle conservait nos œuvres, mais elle a refusé. J'étais folle de rage. Ma mère, totalement indifférente à ma réaction, m'a tendu un sac de vêtements et m'a installée avec Claire dans le véhicule en me faisant promettre de rester bien sage. Au moment du départ, elle m'a dit : « S'il te plaît, ne parle pas. »

En quittant Kigali, nous nous sommes arrêtés pour prendre deux de mes cousines qui avaient l'âge de Claire. Leur père, mon oncle, était celui qui était mort mais que Dieu n'avait pas rappelé à Lui. Le conducteur a frappé à la porte. Personne n'est sorti. Nous sommes partis vers d'autres maisons ; d'autres filles nous ont rejointes dans la camionnette.

Nous nous sommes pressées les unes contre les autres au milieu de la rangée de sièges, le plus loin possible des vitres. Parfois, nous nous accroupissions sur le sol. Nous avons gravi et parcouru les collines, descendu les pentes douces et rondes comme les formes d'un corps, nous avons vu défiler les bosquets, les rizières, les fleurs d'hibiscus, les maisons aux toits rouges et celles aux toits de tôle, l'université.

Le voyage n'en finissait pas. Dès que je posais une question, Claire insistait pour que nous jouions au jeu du silence. Nous n'avons pas mangé de brochettes ni acheté le savon que nous offrions toujours à ma grand-mère. Nous ne nous sommes même pas arrêtés pour aller aux toilettes.

À notre arrivée à Butare, quelques-unes de mes cousines étaient déjà dans la cuisine de ma grand-mère. Les filles les plus âgées épluchaient des pommes de terre comme des citadines, c'est-à-dire pas très bien. J'idolâtrais mes cousines, avec leurs taches de son noires et leurs habits à la mode. Ma grand-mère tournait autour d'elles comme un lion furieux, déterminée à garder sa meute groupée et en sécurité. Car plus tôt ce jour-là, mes cousines étaient sorties en douce de la maison, elles avaient pris la route en terre rouge pour emprunter à une voisine sa crème pour peau sèche.

Toutes les heures, j'insistais pour savoir quand mes parents allaient venir, ou au moins mon frère Pudi. Il me manquait. Ma grand-mère, mes cousines et ma sœur répondaient simplement : « Bientôt. » Personne ne voulait jouer avec moi. J'étais scandalisée par la façon dont j'étais traitée. Je me suis arrêtée de manger, et j'ai refusé de me laver et de laisser qui que ce soit me coiffer. Après quelques nuits, ma grand-mère nous a emmenées, moi, Claire et mes cousines dans une autre maison pour dormir.

La nuit suivante, elle nous a conduites à l'extérieur et nous a demandé de nous glisser dans le grand trou creusé dans le sol qui servait à enfouir la cuve en bois utilisée pour faire du vin de banane. Les couleurs et les sons se sont intensifiés puis ont explosé autour de moi. Je n'ai pas dormi.

Le jour où c'est arrivé, nous avons entendu quelqu'un frapper à la porte. Ma grand-mère nous a fait signe de nous taire – *checkeka checkeka checkeka.* Puis elle nous a donné le signal de nous sauver, ou plus exactement de ramper. Nous avons longé les rangées de tournesols éclatants avant de nous cacher dans le champ de patates douces.

Je tenais une couverture aux couleurs de l'arc-en-ciel qui s'est révélée être une serviette de bain. Claire me tirait par le bras. La terre était douce et bosselée, comme un seau de craies cassées. Lorsque nous avons atteint les grands arbres, nous nous sommes mises à courir pour de bon. Nous avons quitté la ferme, ses plantations en rangs bien ordonnés, et nous nous sommes enfoncées dans l'épaisse bananeraie où nous avons découvert d'autres personnes, surtout des jeunes, certains blessés et en sang.

J'avais tant de questions à poser. Les coupures paraissaient trop grandes, trop incroyables, comme des bouches béantes sur des peaux noires comme la nuit. Mais Claire faisait la sourde oreille. Ce moment a duré une seconde, ou peut-être une éternité.

Nous avons marché durant des heures jusqu'à en avoir mal partout. Nous n'avions pas de destination, il fallait seulement fuir. Nous nous sommes enduit le corps de boue rouge-brun et frottées avec les feuilles d'eucalyptus pour être invisibles. Des épines égratignaient mes chevilles. Nous avons monté, parcouru, contourné et descendu tant de collines. Nous entendions rire, hurler, supplier, pleurer, puis un rire cruel retentissait à nouveau.

Je ne savais pas comment nommer ces bruits. Ils étaient à la fois humains et inhumains. Je n'ai jamais appris les mots exacts en kinyarwanda. J'espère qu'ils n'existent pas. Mais sans mots, mon esprit n'avait aucun moyen de définir ou de comprendre ces sons atroces, il n'avait nulle part où les enregistrer. Au milieu de toute cette végétation, il faisait froid et humide, les buissons frémissaient, mes jambes tremblaient. Et les yeux, il y avait tous ces yeux.

Mes pensées et mes sens se sont embrouillés : j'avais l'impression que le temps était brûlant ; le silence était assourdissant ; ma peur était d'un bleu éclatant.

Nous progressions, l'oreille aux aguets. Nous avons évité les routes, préférant les petits sentiers utilisés par les animaux. Nous nous faufilions entre les broussailles et, au moindre bruit, nous nous baissions et ne bougions plus.

Je n'avais jamais vu une expression pareille à celle qui marquait le visage de Claire. Je ne supportais pas de regarder ses yeux. À un moment, nous nous sommes agenouillées devant un ruisseau pour nous désaltérer. Je tremblais malgré la chaleur. « Je veux rentrer à la maison », ai-je supplié. Ma sœur s'est redressée, m'a tirée par le poignet : « On ne peut pas rester ici, m'a-t-elle répondu. Des gens vont arriver. »

Je me suis agrippée à sa chemise, trop fatiguée pour lui tenir la main. Nous avons croisé quelques personnes.

Une femme nous a proposé de la nourriture, mais nous avions trop peur pour accepter. Les fuyards étaient aisément reconnaissables à leurs pieds gonflés, leurs vêtements en loques et leurs genoux écorchés.

Un homme nous a affirmé qu'il savait où nous serions en sécurité. Nous l'avons suivi jusqu'à la frontière burundaise et à la rivière Akanyaru. Des corps flottaient à la surface de l'eau. Je ne comprenais pas encore ce que signifiait « tuer ». Pour moi, les cadavres n'étaient que des gens endormis. Des gens qui dormaient profondément. C'est tout ce que je croyais.

Nous avons marché jusqu'au crépuscule sans savoir où nous allions. Nous franchissions une colline après l'autre, encore et encore, traversions des rivières, croisions toujours plus de corps endormis. J'ai cessé de penser à mes pauvres pieds, je ne songeais qu'à trouver un endroit pour me reposer.

Cette nuit-là, le monde s'est déchiré en deux. Le ciel s'est ouvert pour déverser une pluie si violente et abondante qu'il était vain de tenter de s'en protéger. Le tonnerre a ébranlé la terre et a fait vaciller nos jambes. Nous avons été mitraillées par la grêle.

J'entendais Claire demander à Dieu pourquoi nous devions subir cette épreuve, pourquoi Il nous testait ainsi. Puis elle s'est tue. Notre mère nous avait raconté que l'Enfer était un feu qui ne s'éteignait jamais, et que ses flammes se nourrissaient du bois et du charbon de nos péchés. Nous étions en Enfer, c'était évident, mais pas dans le bon. Claire a cessé de parler à Dieu à voix haute.

Avant l'aube, nous avons trouvé une maison dont la porte d'entrée avait été défoncée. Le lieu avait été pillé et saccagé. Nous sommes restées cachées sous un lit toute la journée.

Mes ongles de pied sont tombés. On se nourrissait de fruits. Le jour, nous nous cachions, la nuit, nous marchions.

J'avais l'impression d'avoir cent ans, d'être la fille de l'orage, dans le conte de Mukamana. J'avais toujours voulu avoir l'âge de Claire ou celui de ma mère. Je savais que j'avais six ans. Mais l'âge n'avait désormais plus aucun sens.

J'avançais, tenant toujours ma serviette de bain et me méfiant des chiens errants. Nous avons trouvé une école, un long bâtiment étroit dont la façade était ornée d'une rangée de petites fenêtres. Avec sa cour de récréation, le lieu m'a paru rassurant. Des gens avaient trouvé refuge à l'intérieur. Leurs yeux écarquillés, effrayés, furieux et ardents dévoraient leurs visages. À mon grand regret, les fenêtres n'avaient plus ni carreaux ni volets.

Nous avons passé tout l'après-midi dans l'école. Une femme s'est mise à pleurer de désespoir sans interruption. Au crépuscule, le ciel s'est embrasé. Pudi m'avait raconté qu'il prenait cette couleur orange vif lorsqu'une bonne sœur ou un prêtre mourait. Nous sommes parties à la nuit tombée, au son des chants stridents des criquets.

Plusieurs jours ou une semaine plus tard – j'avais perdu toute notion du temps –, nous avons débouché sur un champ de maïs où l'on entendait jouer des enfants. Le monde avait tellement changé pour moi que leurs cris m'ont déconcertée. Ma sœur et moi n'avons pas échangé un mot. Nos bouches, nos corps étaient devenus silencieux. Seuls nos yeux s'exprimaient encore, mais par à-coups : je voyais, puis je ne voyais plus, comme si des lumières clignotaient dans ma tête. Nous nous sommes accroupies pour nous cacher au milieu des tiges de maïs géantes. Nous avons épluché un épi pour essayer de manger les graines. Elles avaient le goût de la colle de l'école.

Claire a décidé de trouver les parents des enfants qui jouaient. Nous avons donc quitté le champ, marché sur une route en terre rouge-brun avant d'apercevoir des fermiers. Claire s'est approchée d'une femme, dont la peau tannée et plissée pendait de ses bras vigoureux, et lui a expliqué que nous venions de l'autre côté de la colline.

La femme lui a posé des questions sur notre famille. Ma sœur n'a pas cillé lorsqu'elle a affirmé : « Elle va bientôt arriver. »

La femme, se doutant qu'elle n'obtiendrait pas d'autre réponse, s'est contentée de ces vagues explications. Elle a proposé de nous garder avec elle jusqu'à l'arrivée de nos parents. Puis elle a sifflé pour appeler des hommes qui coupaient de la canne à sucre de l'autre côté de la route. Ils nous ont offert d'épais bâtonnets sucrés et des bouteilles d'eau en plastique en nous dévisageant comme si nous revenions du royaume des morts.

J'avais l'impression d'avoir été arrachée du sol. Je n'étais pas prête à être déracinée, je me sentais déjà morte et enterrée.

« Tu ne peux faire confiance à personne, a murmuré Claire. Ne dis rien à cette femme. »

Celle-ci nous a emmenées dans sa hutte, une pièce unique où elle dormait sur un lit de paille avec son mari et leurs quatre enfants. Ils étaient tellement pauvres. Ils cultivaient le maïs, quelques patates douces et possédaient une rangée d'ananas. Ils conservaient une partie de leur récolte pour se nourrir et vendaient le reste, c'est-à-dire pas grand-chose, à la communauté de religieux installée un peu plus loin.

Je me suis grattée toute la nuit. Au matin, j'étais couverte de boutons. Les enfants de la femme se sont moqués de moi car je n'avais jamais vu de poux.

Nous sommes restées chez cette famille. Nous avons travaillé aux champs, mangé du maïs bouilli et des patates douces sans huile ni sel. C'était la pire nourriture que j'avais jamais goûtée. Nous dormions et prenions nos repas en même temps que les enfants. Les champs étaient situés dans une vallée et la hutte était sur la colline. La journée terminée, nous montions jusque chez nos hôtes pour surveiller la route. J'imaginais que ma mère, mon père ou ma grand-mère allaient venir me chercher. Je pleurais jusqu'à épuisement. À ma connaissance, on ne menait de telles existences – où l'on dormait sans matelas au milieu des rats – que dans les livres. J'attendais qu'on me retrouve pour que je puisse partir d'ici, car il était inconcevable que je vive de cette façon.

Quelques semaines plus tard, nous avons vu des gens marcher le long des routes. Ils étaient des centaines, peut-être des milliers, ils portaient des sacs, des enfants, des paniers. Un homme tenait un chien. Claire a décidé de les suivre.

« Si vous partez et que vous ne trouvez rien ? » a demandé la femme. Elle a enveloppé quelques patates douces qu'elle a données à Claire.

« On doit partir », a déclaré ma sœur.

Qu'il est étrange d'être une personne qui est loin de chez elle et de devenir quelqu'un qui n'a plus de foyer. L'endroit auquel on est censé appartenir nous a chassés. Il n'y a aucun autre lieu pour nous accueillir. Personne ne veut plus de nous nulle part. On est un réfugié.

Nous avons suivi la foule. Nous avons traversé des forêts et grimpé des collines qui m'ont paru aussi escarpées que des montagnes. J'entendais continuellement des enfants qui pleuraient leur mère. « Maman. Ma-MAN. Maman maman maman. » Contrairement à eux, je restais silencieuse. Je n'osais pas parler. Mais leurs cris résonnaient sans cesse dans ma tête.

Ne formant plus qu'une masse indistincte et désespérée, nous avons continué à avancer. Nous ne nous sommes arrêtés qu'une fois vaincus par le sommeil. Pendant que j'essayais de dormir, j'entendais des gens demander :

« Avez-vous vu ma fille ? » « Connaissez-vous Umutoni ? » Ils parlaient trop fort.

Nous sommes repartis à travers les collines et les forêts, jusqu'à ce que nous débouchions dans une vaste clairière, ou dans ce qui en est devenu une après que la foule que nous formions a écrasé les jeunes arbres. Les adultes ont décidé de s'y installer. Un kilomètre plus loin environ coulait un cours d'eau. Si l'on marchait vers la ville, on pouvait demander aux fermiers locaux de nous donner quelque chose, même s'ils n'avaient rien. S'ils étaient absents, on prenait quelques patates douces et du maïs et, en échange, on laissait un plant de patates douces ou une chemise : nous voulions qu'ils sachent que nous reconnaissions notre tort. Mais nous n'avions tout simplement pas le choix.

Les pleurs. Les gémissements. Les visages. Les expressions de souffrance. Je ne posais pas de questions. J'étais contente que nous n'ayons pas de miroir tant je voulais croire que je n'avais pas changé.

La clairière s'est remplie pour devenir une vraie colonie, et les gens ont commencé à mourir. Choléra, dysenterie, blessures infectées. Mouches et insectes pullulaient. Je n'en avais jamais vu autant. On se regroupait pour se sentir en sécurité. « Vous avez des filles, nous en avons aussi. » « Vous êtes jeunes, nous aussi. » On ne parlait plus ni du passé ni du futur. Le temps s'était recroquevillé sur lui-même.

Nous sommes restées avec les jeunes parents qui avaient des filles et n'avons changé de place dans la clairière que lorsque notre coin s'est transformé en terrain de boue.

Une nuit, je me suis réveillée. Les étoiles et la lune brillaient comme si tout était normal. Partout, des corps étaient étendus, sans vie et pourtant vivants.

Je me suis éloignée pour uriner et, lorsque je suis revenue, je n'ai pas retrouvé Claire. Elle dormait toujours sur le côté, le coude replié sous la tête. Je ne parvenais pas à reconnaître sa silhouette. Je me suis arrêtée devant chaque corps, me suis agenouillée pour toucher chaque visage.

J'ai réveillé une femme allongée sur un *kanga* – un grand pagne. Sa chemise en coton avait pris la couleur de la terre. Elle était avec son bébé. Je lui ai demandé de m'aider à retrouver ma sœur.

Elle a tapoté son *kanga*. « Viens dormir ici. On va attendre le lever du soleil », m'a-t-elle dit.

J'ai secoué la tête.

Elle s'est levée, a pris son bébé et a marché avec moi au milieu des corps endormis. Nous n'avons pas vu Claire. J'ai pleuré jusqu'à me sentir vidée. Je songeais à toutes les choses affreuses qui risquaient de m'arriver si je ne trouvais pas ma sœur. Je deviendrais une orpheline. Je serais perdue pour toujours. Personne ne saurait jamais que je voulais avoir une robe de chambre avec des boutons. Ou que Mukamana devait me chanter une chanson pour que je me lave les dents.

La femme à la chemise couleur de terre rouge avec son bébé était épuisée mais calme. Elle a fait de son mieux pour m'aider à comprendre que j'allais revoir Claire. Alors tous les trois, moi, cette femme paisible et son bébé, nous nous sommes assis et avons attendu l'aube.

Lorsque j'ai aperçu Claire venir vers moi, elle avait l'air désorientée et malheureuse. Je me suis précipitée vers elle. Elle m'a secouée et a hurlé que je ne devais plus jamais, jamais aller où que ce soit sans elle. J'ai hoché la tête.

2

Je n'ai quasiment aucune photo, aucun vestige ou souvenir pour me remémorer l'horreur et la beauté des jours, des mois et des années durant lesquels Claire et moi nous sommes efforcées de survivre. Quand nous avons atterri à l'aéroport international d'O'Hare aux États-Unis, nous n'avions plus rien. La compagnie avait égaré notre unique valise. Cela nous était arrivé tant de fois. Nous avions tout perdu. On nous avait spoliées sans arrêt, jusqu'à l'os.

Cette grosse valise noire et souple continue de me hanter. Elle était le résultat de tant de luttes et contenait tout ce pour quoi ma sœur avait travaillé tellement dur : des vêtements pour ses enfants, mon pull rouge préféré et ma jupe boutonnée sur le devant, l'album photo avec sa couverture en plastique que Claire avait commencé en Afrique du Sud, quand ma nièce Mariette était encore un bébé et que, pendant un bref moment, nous nous étions senties riches. Il y avait plusieurs photos d'anniversaire de Mariette, et la date de cette célébration me servait à me repérer dans le temps, car plus personne ne fêtait le mien. Sur l'un des clichés, nous étions au parc aquatique de Durban, en Afrique du Sud. Rob, l'ex-travailleur humanitaire pour l'association CARE que ma sœur avait épousé, portait Mariette dans ses bras. En arrière-plan, on distinguait des fontaines, dont les gouttes d'eau brillaient au soleil. Nous ressemblions à une famille heureuse.

La perte, les lumières… les couleurs éclatantes de l'Amérique ont envahi mes sens, y compris mon sens de la réalité et de l'Histoire, et les couleurs de l'Afrique ont commencé à s'estomper. Mon passé s'est effacé, il est devenu flou, confus et déformé. Je ne parvenais plus à distinguer le vrai du faux. Tout, même le présent, me paraissait contenir à la fois trop de choses et rien du tout. Le temps, de nouveau, refusait d'avancer de manière chronologique ; les pages du livre de ma vie étaient éparpillées, sans lien. Cela m'arrive encore : mon existence me paraît illogique, désordonnée, elle n'a rien d'une évidence. Je n'y vois aucune notion d'action et de réaction ; aucune conséquence ni répercussion ; il n'y a pas de scénario, uniquement des fragments dispersés.

Pour donner du sens à ma vie, pour ré-établir un principe de temps linéaire, je rassemble des sources primaires. Je me documente. Je ramasse et trie déchets et détritus : perles éparses, vieilles cartes géographiques, jouets abandonnés, jolis sacs en plastique, talons de tickets, boutons, livres de poche remplis d'annotations. Je voyage souvent avec mon *katundu* – mon bazar : mon oreiller, ma couverture bleue, une bougie pour que la chambre où je vais séjourner sente comme à la maison.

J'aurais tant aimé détenir encore la tasse que ma mère a refusé de me laisser emporter chez ma grand-mère. Pour compenser, je regarde souvent le pendentif en diamant en forme de cœur que Mme Thomas m'a donné pour mon vingt-et-unième anniversaire. C'est un bijou de famille, le seul que j'ai. Mme Thomas en a hérité de sa grand-mère. La première fois qu'elle a attaché la chaîne autour de mon cou, elle a pleuré et je me suis sentie aimée et apaisée par ses larmes. J'ai songé : « Voilà ce que ça signifie, appartenir. Je ne suis pas seulement une personne qui vit avec quelqu'un. Ma place est ici. »

Je garde aussi un cadeau que ma mère a acheté pour mon vingt-cinquième anniversaire dans son magasin de quartier *Tout à Un Dollar* : un petit miroir rectangulaire avec un poème pré-gravé, message d'amour d'un parent à son enfant. *Je t'aimerai toujours/ Et pour l'éternité/ Tu es le sens de ma vie/ À jamais mon enfant chéri.*

Je conserve les photocopies de pages d'albums confectionnés par d'autres personnes : des clichés de moi, vêtue d'habits empruntés trop petits ; ou à côté du fils de la famille américaine qui nous avait accueillis à notre arrivée. Il porte sans ironie aucune un t-shirt où il est inscrit : J'AI SURVÉCU À UN CAMP DE BASKET. Je garde des catalogues de musées, comme celui sur le tressage des paniers au Rwanda. J'ai aussi un petit poney, un jouet qui a appartenu à la fille cadette de Claire. Un jour que je faisais le ménage chez ma sœur, je l'ai glissé dans mon sac par erreur.

Mon *katundu* est ma base, ma mémoire externe, ma source de réconfort, mon espoir. Une partie de moi est persuadée que si je parviens à trouver le bon agencement des objets – si je peux enfiler toutes les perles dans le bon ordre et les placer sous le bon éclairage –, je peux créer une narration de ma vie qui me paraîtra magnifique et aura du sens.

Un couple tenant des pancartes « BIENVENUE EN AMÉRIQUE » s'avançait vers nous. J'avais douze ans, Claire, vingt-et-un. Nous sommes restées raides et hébétées tandis que l'homme et la femme, blancs tous les deux, nous serraient dans leurs bras : moi, Claire, Rob, Mariette, quatre ans, et Freddy, le deuxième enfant de Claire, âgé de deux ans. Le couple avait apporté des ballons pour Mariette, Freddy et moi, qui étions censés être des enfants. Ils ont donné à Claire et à Rob des cartes-cadeaux Old Navy d'une valeur de cent dollars.

Ma sœur et moi avions vécu dans sept pays différents depuis que nous avions quitté le Rwanda. Les États-Unis étaient le huitième. J'étais insensible et cynique. Je me méfiais de la gentillesse ; selon moi, elle n'était jamais gratuite. J'étais persuadée que je pouvais faire croire aux autres que je n'étais pas profondément meurtrie.

Nous avons dévisagé nos hôtes, une femme allemande d'âge mûr aux cheveux blonds courts et bouclés, et son mari, un homme maigre. Ils tenaient un papier sur lequel étaient inscrits nos noms. Leur voiture sentait le neuf ; leur shampooing, la fleur de frangipanier. Il y avait tellement de béton. Je n'avais pas vu ma mère depuis six ans.

Que ce soit la voiture qui roulait, mes mains, tout me semblait étrange, comme si nous étions toujours en apesanteur, dans les airs, que nous dérivions sans trajectoire précise. Seulement trente heures auparavant, nous habitions dans un bidonville en Zambie, un endroit tellement déshérité que, lorsque j'y suis retournée dix-sept ans plus tard avec Claire, j'ai sauté du taxi, prise d'un accès de rage à la vue des petits va-nu-pieds.

En tant que personne adulte, diplômée et consciente de ma valeur, je voulais que ces enfants comprennent qu'ils comptaient, eux aussi. Alors, en dépit des protestations de Claire, j'ai brusquement quitté notre véhicule climatisé pour me jeter dans la chaleur et sortir quelques barres de chewing-gum de mon sac.

C'était une très mauvaise idée. Claire le savait et moi aussi, même si je l'avais refoulé. Quand les parents m'ont vue, moi, une étrangère noire d'apparence fortunée en train de distribuer des bonbons, ils ont attrapé leurs petits, les ont grondés et emmenés de force, persuadés que mon cadeau était le premier pas d'un jeu de pouvoir. J'avais été l'une d'entre eux, j'avais été pauvre et avais vécu à cet endroit, et jamais je n'avais accepté le moindre bonbon, pas une fois. Ils coûtaient bien trop cher.

À présent nous étions à Chicago, avec nos ballons, au milieu d'une ville bétonnée. Nous étions heureux, ou du moins nous savions que nous étions censés l'être. Nous avions vu des films. L'Amérique scintillante.

Claire avait toujours sa peau douce et éclatante, son grand sourire, son regard qui semblait plus vivant que celui des autres ; elle avait toujours le talent de se lier avec un inconnu en trente secondes et, en miroir, sa capacité à tenir ses proches à distance.

Ma sœur avait entendu dire qu'il faisait froid à Chicago. Aussi, avant que nous quittions Lusaka, elle nous avait tous acheté des doudounes. Elle était devenue une experte du marché zambien. On pouvait aller la voir le matin pour lui expliquer qu'on recherchait une once d'or et revenir trois heures plus tard : elle avait la marchandise.

Mais à notre arrivée en Illinois, nous étions au mois d'août. Il faisait chaud et humide. Lorsque Michele Becket, la femme allemande aux cheveux courts, nous a déposés devant la maison du pasteur, sur une route goudronnée et boisée de la banlieue de Glenview, nous dégoulinions de sueur.

Le pasteur et sa femme nous ont préparé des lits propres et douillets dans leur sous-sol – « toi tu dors ici, toi ici, et voilà les serviettes ». Pour le dîner, la table regorgeait de poulets grillés au barbecue, de pizzas aux champignons ou au pepperoni, de salade, de côtelettes, de plateaux de fruits. Ils étaient tous si gentils, mus par le sens de leur mission. Mais j'étais tellement blessée et méfiante que je ne comprenais pas pourquoi.

J'ai remarqué que nos nouveaux parrains américains serraient beaucoup les autres dans leurs bras. Claire et moi ne le faisions jamais. Je ne câlinais pas davantage Mariette et Freddy, même si je les adorais et les considérais comme mes enfants, même si j'avais fait tout ce qui était en mon pouvoir pour les garder en vie. Prendre soin des êtres aimés, dans mon monde, n'était pas fondé sur l'affection, mais sur la peur de les perdre.

Nous avons vécu trois mois à Glenview chez les Beasley. Claire était de nouveau enceinte. En dépit de tout, elle demeurait une charmante jeune femme, une future maman ravissante, avec ses cheveux noués en haut du crâne qui formaient une douce couronne. Mariette était une petite fille innocente, Freddy, un bébé. J'étais... quoi au juste ? Une adolescente.

Les Beasley avaient une fille dénommée Sarah qui avait treize ans. Tout sourire, elle m'a offert un sac jaune décoré de motifs de tournesols, contenant de la crème pour le corps et un gel douche. Je les ai utilisés avec parcimonie pour les faire durer.

Les Becket, qui étaient venus nous chercher à l'aéroport, avaient aussi une fille, Julia, âgée de onze ans. Les deux adolescentes me laissaient perplexes. Je ne comprenais pas pourquoi elles riaient sans arrêt, pourquoi tout les amusait. Elles laissaient leurs mères s'occuper des tâches ménagères. Elles dépensaient leur argent pour acheter des baumes à lèvres Smack. Elles étaient tellement à l'aise quand elles s'adressaient aux autres parents, comme s'il n'existait aucune limite. Sarah appelait la mère de Julia par son prénom. Je ne pouvais pas adhérer à ce manque de respect.

Sarah avait sa propre chambre. Elle et Julia souhaitaient me mettre à l'aise, ce qui était une tâche bien ingrate. Elles m'ont organisé une soirée pyjama. En les regardant tapoter leur meilleur oreiller puis me le tendre, je les ai simplement trouvées stupides et faibles. J'étais méprisante, sur la défensive, si prête à recevoir et si difficile à satisfaire.

Je ne parvenais pas à me détendre. Claire non plus. Aucune de nous n'avait la capacité de profiter de ce nouveau monde de luxe. Nous avions tellement lutté, nous avions parcouru tant de kilomètres pour nous enfuir, tout ça pour tourner en rond dans un immense cercle pervers. Et maintenant nous étions là. Les Beasley acceptaient uniquement que nous fassions la vaisselle, et rien d'autre. Dans ce système économique qui nous dépassait, nous perdions pied, nous perdions tout pouvoir, du moins c'est ce que nous pensions. Claire ne gagnait plus d'argent, elle qui avait toujours réussi à le faire. À présent, ma sœur, avec ses yeux pleins de vie, regardait passer les voitures.

Au milieu de la première nuit passée chez les Beasley, lorsque je me suis réveillée pour aller aux toilettes, j'ai grimpé les escaliers et ouvert le réfrigérateur. Je n'en avais jamais vu d'aussi énorme, sauf dans des magazines ou à la télévision. J'étais stupéfiée et impressionnée. Je n'ai pas pu m'empêcher de penser à nos voisins, dans notre bidonville en Zambie. À ma place, ils auraient été effarés. Comment pouvait-il exister quelque part un tel excès de nourriture tandis qu'ailleurs, à quelques heures d'avion, des gens mouraient de faim ? À cause de la malnutrition, les bras de Freddy étaient rachitiques et son ventre énorme et gonflé. Ici, maintenant, mon neveu allait manger à sa faim et serait soigné. Mais il y avait tellement de Freddy dans le monde.

Puis soudain j'ai songé : « C'est ma vie, et en même temps ce n'est pas ma vie. Je mérite tout ça parce que j'ai souffert. » Mais une autre petite voix s'est élevée en moi. Est-ce que tous ceux qui possédaient de tels réfrigérateurs avaient souffert, eux aussi ?

Tout le monde souhaitait que je me détende, que j'arrête de m'inquiéter pour les enfants de Claire et de nettoyer de manière compulsive ; on voulait que je me comporte, enfin, comme une enfant, et qu'après tout ce que j'avais perdu, je commence à me rattraper. J'avais douze ans, mais j'avais l'impression d'en avoir trois et cinquante à la fois. Pourtant, je savais que je devais m'intégrer. Les filles de mon âge portaient des shorts courts, alors j'en ai porté aussi. Mais je ne pouvais pas être nonchalante et insouciante comme elles. J'étais incapable de comprendre le concept de bien-être physique, et ce en aucune langue. Je bouillonnais de colère et de jalousie, et souvent je confondais les deux.

Un jour, assise dans l'herbe, je regardais passer les voitures. Mme Becket, qui habitait la maison d'en face, a ouvert son garage. L'intérieur était poussiéreux et encombré de matériel de sport, de chaises pliantes, d'outils de jardinage, de pots de peinture, d'échelles, de cartons.

J'ai tout sorti dans l'allée, puis j'ai nettoyé le sol en béton et épousseté chaque surface. Ensuite, j'ai remis les affaires en place : j'ai rangé les boîtes et les objets, déniché des crochets pour suspendre les échelles et les chaises. Tandis que je m'activais, Mme Becket n'a cessé de répéter : « Clemantine, *non*[4]. » Je ne parlais pratiquement pas anglais, à peine français et, dans les rebuts de leur vie, je ne pouvais voir que de la richesse.

Tout le monde débordait de gentillesse et de générosité. Les membres de l'Église du Rédempteur nous ont apporté des vêtements de seconde main, des livres et des jouets pour Mariette et Freddy. Les gens voulaient nous aider. Cela leur permettait de se sentir bien. Aujourd'hui, je comprends et respecte cette démarche, mais à cette époque, j'avais quitté le bidonville zambien quelques semaines plus tôt. La bonté était suspecte et rien n'avait de sens.

Un matin, après le petit déjeuner, Mme Beasley a dessiné une maison sur une feuille de papier. Elle l'a glissée vers moi sur la table de la cuisine avec une boîte de crayons de couleurs pour que je puisse lui montrer à quoi ressemblait ma maison au Rwanda.

4. En français dans le texte original.

Je n'ai pas répondu à sa demande. J'en étais incapable. Je n'ai pas compris, à ce moment-là, qu'elle savait pertinemment ce qu'elle me demandait. Je ne voulais pas fouiller dans ma mémoire. J'ignorais même comment remonter jusqu'à ce foyer autrefois sécurisant, avec sa cuisine en plein air, son toit rouge, ses oiseaux de paradis. La nostalgie était un sentiment destructeur, un petit coup sur une blessure encore sensible et mal refermée.

Claire et moi ne parlions de rien, jamais. Avouer que la maison de notre enfance me manquait m'aurait paru bizarre, comme si j'avais dit à ma sœur que je voulais porter de nouveau mes chaussures de bébé. L'unique concession de Claire à ce passé tant regretté, c'était son envie de cuisiner l'*ugali*, ce porridge épais à base de semoule de maïs que nous avions tant de fois mangé durant les six dernières années. Selon Claire, l'*ugali* n'était pas un souvenir mais un moyen de subsistance. C'était un signe de pouvoir : « On s'est fait un peu d'argent, d'accord, alors aujourd'hui, on ne va pas mourir de faim. » Mme Beasley nous a emmenées en ville, au *World Market*, où se fournissaient les immigrants africains et latino-américains de Chicago. L'espace d'un instant, à la vue du manioc et de la poudre d'arachide, ma sœur a semblé s'être retrouvée.

De retour à Glenview, elle a préparé son *ugali*. Elle est restée devant la cuisinière avec son gros ventre et a mélangé le porridge. « Si tu ne manges pas d'*ugali*, m'a-t-elle déclaré en swahili au moment de servir, tu n'as pas mangé. »

3

Au Burundi, les fermiers ont dû se plaindre. Nous avions trop de besoins. Désormais, nous volions de la nourriture et ne laissions rien, car nous n'avions plus rien à donner.

Un jour, un camion de la Croix-Rouge est arrivé. Les autorités se sont montrées rassurantes. Le conducteur a invité les femmes enceintes et les blessés à venir s'asseoir à l'arrière du camion. Il a demandé aux autres de les suivre à pied. Nous n'étions qu'une foule, une masse. Nous avons marché presque une journée entière avant d'arriver à Ngozi, deux collines couvertes de tentes bleu et blanc.

Je me suis jointe à la chorale de voix discordantes appelant leurs proches ; j'ai gémi : « Pudi ! PU-DI ! », certaine que mon frère serait là. Des dizaines d'hommes montaient la garde, et quelques-uns m'ont fait rentrer dans le rang près de Claire. Il leur suffisait de hurler leurs ordres pour imposer leur pouvoir. Ils nous ressemblaient, mais nous étions désespérés et eux ne l'étaient pas. Nous leur avons obéi.

Lorsque nous sommes arrivées au début de la queue, une femme a attrapé ma main et l'a plongée dans un seau d'encre violette. La teinture sur ma peau signifiait que j'avais été comptée. Personne ne m'a demandé mon nom – nous étions trop nombreux –, personne n'a paru se soucier du fait que je n'avais que six ans. Claire et moi avons reçu une tente, deux cruches d'eau, deux couvertures qui grattaient, un grand sac en plastique et une casserole.

Un homme a indiqué la partie de la colline où nous devions planter notre tente, puis le vallon entre les deux collines où nous devions faire la queue, une fois par mois, pour remplir notre sac en plastique de maïs et de haricots. Les toilettes du camp étaient situées près de la fosse que les travailleurs humanitaires avaient creusée pour enterrer les cadavres. J'avais peur d'y aller, contrairement à Claire.

Les heures suivantes, je suis restée tout étourdie. J'étais sûre que nous allions retrouver nos parents ici. Puis j'ai regardé autour de moi. Par terre, des centaines de personnes malades gémissaient. Des dizaines de blessés criaient. Notre tente faisait partie d'un ensemble de douze autres tentes. Au milieu d'elles, il y avait un réchaud, si on pouvait l'appeler ainsi. Des groupes comme le nôtre – des unités – s'étendaient dans toutes les directions.

J'ai perdu la notion de qui j'étais. Je n'étais plus qu'une charge, un réceptacle de besoins. J'avais faim, j'avais soif, j'avais besoin d'aller aux toilettes, d'un endroit pour dormir. J'étais tellement perturbée. Je ne faisais que ressasser. « Comment suis-je arrivée ici, où je ne suis rien ? On a marché pendant tout ce temps pour ça ? »

Partout où l'on posait les yeux, on voyait des gens figés comme des statues. Si on les avait touchés, ils se seraient transformés en poussière. Aussi restaient-ils immobiles et silencieux pour essayer de ne pas s'effondrer. Il était impossible de raconter son histoire : « J'ai perdu mes enfants, mon mari, toute ma famille. Je n'ai aucune idée de l'endroit où je me trouve. »

Cela me demandait tant d'efforts de rester en vie. Nous devions faire la queue pendant cinq heures pour recevoir du maïs, puis de nouveau cinq heures pour les haricots. Nous devions aller chercher du bois. Mais comme personne n'avait d'allumettes, le simple fait de démarrer un feu était une véritable épreuve. On devait guetter les nuages de fumée, et dès qu'on en apercevait un, on partait dans sa direction avec du petit-bois. Ensuite, on retournait jusqu'à notre unité en tenant notre bois embrasé.

Il fallait se souvenir du numéro de son unité, ce qui était loin d'être évident à mon âge.

Il fallait s'accrocher à son nom, même si personne n'en avait que faire. On devait essayer de rester quelqu'un, s'efforcer de ne pas devenir invisible. Si on lâchait prise, si on se laissait sombrer dans le chaos, on était perdu ; on n'était plus qu'un numéro dans une unité, elle-même un simple numéro. Si on mourait, personne n'était au courant. Si on se perdait, personne ne s'en rendait compte. Si on renonçait, si on se brisait intérieurement, personne ne le savait.

J'ai commencé à dire à tout le monde : « Je m'appelle Clemantine, je m'appelle Clemantine, je m'appelle Clemantine ! Je ne veux pas me perdre. Je m'appelle Clemantine ! »

J'ai pensé que si je répétais mon nom suffisamment de fois, je retrouverais mon identité. Je l'ai écrit dans la terre. Je l'ai écrit dans la poussière. Mais un nom est une étiquette, un substitut. Il ne révèle pas toute l'histoire. Un nom, c'est comme une bassine qui fuit et que l'on doit sans cesse remplir. Si on ne le fait pas, l'eau s'épuise. La bassine reste là, telle une coquille sèche et vide.

De toute façon, j'ai perdu mon identité. Elle s'est totalement effacée. J'avais toujours aimé les jolis savons que je trouvais dans la maison de ma tante. J'aimais surtout ceux qui sentaient bon le géranium et le lilas. Ici, nous n'avions pas de papier toilettes. Personne n'en avait dans le camp. L'UNHCR, le Haut-Commissariat des Nations unies pour les réfugiés, avait visiblement décidé que la dignité humaine était accessoire. Nous étions trop nombreux pour qu'il tente de conserver la nôtre.

Je cherchais des feuilles d'arbres douces, comme celles des jeunes eucalyptus irisés. Je les lissais et les dissimulais dans un coin de notre tente. Toute personne qui n'avait pas complètement capitulé gardait une cachette secrète. Nous déambulions tous avec des feuilles dans nos poches et avions la politesse de prétendre de ne pas le voir.

Je sentais les poux grouiller le long de ma nuque, sur mon crâne, derrière mes oreilles. J'observais les gens assis pendant des heures devant leur tente, occupés à retirer les insectes de leurs ourlets. Les poux sur les vêtements étaient plus petits et plus difficiles à tuer que ceux qui pullulaient dans nos cheveux. Je vérifiais les coutures : l'élastique qui ceinturait ma jupe violette, les revers de mon pull rouge. J'y ai déniché des centaines, peut-être des milliers de royaumes sordides.

Lorsque la température baissait pendant quelques jours, les poux m'accordaient un répit. Mais dès qu'il faisait chaud, je devenais obsédée. Même mon corps ne m'appartenait plus. Mes cheveux, mon lit étaient bombardés et infestés. Pareil pour mes habits. Il y avait des œufs partout. Ils continuaient d'arriver. Ils se multipliaient. On ne pouvait pas lutter.

Alors j'ai capitulé. J'ai sombré dans l'océan de l'humiliation. Claire m'a emmenée voir un homme, dans le camp, qui avait un rasoir. Il m'a rasé la tête. Ici, presque tous les enfants étaient chauves. Je voulais être différente d'eux. Je voulais être une enfant spéciale. J'ai pleuré pendant des jours.

Dans notre lutte pour demeurer une personne, chaque surface, chaque millimètre de notre corps était un champ de bataille. Ma mère me manquait surtout au moment de me laver. Claire ne m'aidait pas. Je n'arrivais pas à atteindre un point dans mon dos. En plus des poux dans la tête, d'autres espèces d'insectes se logeaient dans nos pieds. Nous leur menions une guerre sans espoir. L'unique stratégie pour gagner était impossible : garder nos pieds propres.

Claire a trouvé une grosse pierre plate et l'a installée près de notre tente. Tous les matins, chacune notre tour, nous y posions les pieds et utilisions l'eau de vaisselle de la veille pour les frotter. Ensuite, toujours sur la pierre, nous enfilions nos chaussures. Pendant le reste de la journée, nous tentions d'éviter tout contact avec la boue où les larves proliféraient. Chaque jour, nous perdions la partie. Comment aurions-nous pu gagner ? Nos vies étaient vouées à l'échec. Nos chaussures étaient en lambeaux. Nous vivions en plein air. Une fois que les insectes s'étaient nichés dans nos pieds, on ne pouvait plus marcher durant des jours. Il fallait prendre une aiguille, si on en trouvait une, pour les déloger. Si on ne parvenait pas à les atteindre, ou si on laissait par mégarde la tête d'une de ces bestioles dans notre chair, on devait baigner nos pieds dans un mélange de cendres et d'eau salée. Encore fallait-il trouver du sel.

Si on ne se débarrassait pas des insectes, ils creusaient sous la peau et se propageaient. Dans ces cas-là, on finissait avec de la fièvre. Et là, il ne restait plus qu'à souhaiter bonne chance aux réfugiés qui tombaient malades.

Le maïs était grisâtre et dur comme de la pierre. Il était quasi impossible à cuire.

Notre réchaud consistait en trois blocs de béton entourés d'un cylindre en terre cuite. On introduisait du petit-bois dans les trous des blocs. J'étais la personne la moins responsable de notre unité, aussi m'avait-on attribué la fonction la plus modeste : surveiller la marmite, ajouter de l'eau au maïs et du bois pour le feu pendant quatre, six, voire huit heures. Le réchaud dégageait tellement de fumée que j'avais peur de finir aveugle.

Mais peu désireuse d'être la cible des regards angoissés et furieux des adultes, je faisais très attention. Pas une fois je n'ai laissé brûler la nourriture. Nous n'avions pas d'assiettes et nous nous servions des couvercles des casseroles pour manger. Toutes les méthodes pour consommer le maïs étaient mauvaises. Si on le mangeait tout de suite, on se brûlait les doigts. Si on le laissait refroidir, on se faisait mal aux mâchoires à force de mastiquer. En quinze minutes, il durcissait complètement, comme s'il n'avait jamais été cuit. Il n'avait ni odeur ni saveur. Je détestais le maïs et avais envie de boycotter les repas. Mais quand je ne mangeais pas, mon estomac gargouillait la journée entière.

J'ai dressé la liste de tout ce qui pouvait me faire pleurer. Ainsi, si quelqu'un me demandait : « Pourquoi tu pleures ? », ma réponse était prête. « J'ai mal au ventre, j'ai fait un cauchemar, ma mère me manque, le grand garçon m'embête. »

En général, je ne savais pas pourquoi mes larmes coulaient. J'ignorais que je n'allais pas rentrer chez moi. La plupart des gens du camp étaient des fermiers pauvres du sud du Rwanda et du Burundi. Ils savaient qu'ils n'étaient pas près de revoir leur maison. Nous étions des privilégiées – *abakire*. À Kigali, j'avais une télévision. Mon père avait des voitures. Ici, j'avais une sœur qui était invincible, même si elle ne m'aimait pas. Mon destin était différent du leur.

Nous n'étions pas très appréciées. Nous étions les petites filles riches qui avions beaucoup à apprendre. Tous les petits luxes de la vie citadine, les bonnes manières à table, les fleurs coupées, les rêves de Claire d'aller à l'université canadienne de McGill, tout cela ne servait plus à rien.

Nous ne voulions pas avouer aux gens que nos parents n'étaient pas dans le camp. Lorsqu'on nous posait la question, Claire répondait : « Ils ne sont pas avec nous actuellement. » Et on lui répondait : « *Mana yanjye we !* » – « mon Dieu, les pauvres, que c'est malheureux ! » Ils ne nous regardaient pas dans les yeux mais de haut en bas.

Quand je ne surveillais pas le fourneau, je restais assise sur une pierre et regardais les gens qui arrivaient au camp, le visage marqué par la défaite et le soulagement. Je n'avais plus d'espoir. Je ne croyais plus revoir un jour les magnifiques cheveux ondulés de ma mère, ni les bras maigres de Pudi. Je me souvenais à peine de lui.

Pourtant, j'attendais. Je disais aux autres enfants que s'ils s'asseyaient à côté de moi pour me tenir compagnie, je leur donnerais des bonbons ou des ballons. Les plus jeunes me croyaient. Je n'éprouvais aucun remords.

En un mois, je m'étais construit une carapace, fine mais coriace. Chaque matin, pour aller chercher de l'eau, je marchais pendant deux à trois heures. Puis je faisais la queue devant la pompe durant au moins une heure, une bonbonne de quatre litres dans chaque main. Les autres femmes, qui ne devaient pas avoir plus de dix-sept ans, ont essayé de me chasser de ma place.

« Tu crois que tu vas pouvoir porter ce bidon ? Il est plus large que ta tête. Plus grand que tout ton corps. » Je leur jetais mon regard nouvellement mis au point qui signifiait : « Ne me cherche pas. » Je l'avais élaboré en me répétant que j'étais deux fois plus âgée et cinq fois plus forte que ces pauvres femmes, qui avaient besoin de rabaisser une petite fille de six ans pour se sentir mieux. Mon attitude n'était pas souvent bien perçue et je ne l'affichais pas toujours à bon escient.

J'ai décidé de m'occuper des autres enfants du camp, qui suscitaient en moi autant de mépris que de colère. Beaucoup d'entre eux traînaient tout nus. Je les trouvais pitoyables et faibles. Durant ma courte vie, j'avais appris au moins une chose : je savais ce que c'était d'être un enfant dont on prenait soin. Et ce n'était pas le cas de ces petits.

Un jour, les travailleurs humanitaires de l'UNHCR ont mis à disposition des sacs de vêtements : vieux t-shirts, pulls, sous-vêtements, pantalons. J'en ai attrapé une brassée, je l'ai rapportée à notre tente puis j'ai rassemblé un maximum d'enfants nus pour distribuer mon butin. Quand mon stock a été vidé, j'ai hurlé : « Où est ta mère ? File et va lui demander de t'habiller. »

Les parents se sont plaints à Claire : « Ta petite sœur terrorise nos petits. » Je ne pouvais pas m'en empêcher. Je ne pouvais pas supporter de voir ces gamins de deux ou trois ans tout nus. Ils paraissaient si abandonnés – sales, délaissés, baveux, des insectes rampant sur leurs visages, des mouches agglutinées autour de leurs yeux sans que personne ne se donne la peine de les écraser.

Une fois, j'ai essayé de laver un petit garçon sur notre pierre. Il s'est dégagé pour s'enfuir mais je lui ai saisi le poignet en criant : « Assieds-toi ! » Peu après, j'ai sermonné les parents : « Tenez vos enfants en laisse ! » On m'a ensuite interdit d'entrer dans certaines parties du camp.

Je m'efforçais de me rendre aux toilettes aussi rarement que possible. Je n'avais qu'une terreur : tomber dans les ignobles latrines à fosse. C'est ce qui est arrivé un matin à un petit garçon. Un homme l'a repêché à l'aide d'un seau.

Dès que le grondement des camions du Programme alimentaire mondial se faisait entendre, tous les enfants couraient, pieds et torses nus, ils se bousculaient et se faisaient tomber le long des chemins cabossés. Les adultes ne se pressaient pas. Ils marchaient d'un pas traînant à travers la colline, leurs sacs en plastique déchirés à la main. Si on les questionnait, ils montraient leur carte rouge indiquant la quantité de maïs qu'on allait leur distribuer.

Au bout d'un certain temps, on n'arrivait plus à en avaler. Le maïs provoquait des crises de constipation qui duraient des jours. Une nuit, un jeune homme de notre unité s'est faufilé hors du camp et a trouvé en ville un meunier qui a moulu le maïs en farine.

De la farine ! Ça m'a grandement simplifié la vie. Désormais, je pouvais la cuire en la jetant puis en la mélangeant dans l'eau bouillante, avant de la laisser mijoter pendant quinze minutes. Ou bien, je formais une pâte épaisse avec juste assez d'eau, je l'enveloppais dans des feuilles de bananier et la faisais cuire à la vapeur au-dessus de l'eau bouillante. Ou encore, je mélangeais la farine et l'eau, pétrissais la pâte que je faisais cuire à la chaleur sèche en déposant notre casserole sur des pierres chaudes.

Visiblement, quelqu'un, quelque part à l'UNHCR, s'est suffisamment intéressé à nous pour se rendre compte que le maïs ne suffisait pas à nourrir un corps en pleine croissance. Aussi, une fois par mois, les travailleurs humanitaires appelaient tous les petits à rejoindre le Centre pour enfants. Ce lieu n'était rien de plus qu'une large bâche tendue afin de protéger du soleil, et plantée au-dessus d'un sol en terre. Chaque enfant recevait une demi-vitamine rouge – une demie, pas même une entière.

De plus, une fois par mois, un jour différent, nous recevions chacun un biscuit. Fait à base de soja et de protéine en poudre, il avait un goût de carton trempé dans du sucre.

Une fois par mois : une demi-vitamine. Une fois par mois : un biscuit. Pour moi, c'était une abominable plaisanterie.

J'ai essayé de lutter contre les insectes. Je me suis efforcée de rester propre, de me rappeler qui j'étais « avant ». J'ai tenté de retenir mes larmes. Malgré cela, mes pieds, mes vêtements, mon lit étaient toujours infestés de bestioles. Je me suis efforcée de prétendre que c'était supportable, que je ne me sentais pas répugnante, que mon univers n'avait pas pris une teinte d'un jaune-vert toxique, que je n'avais pas l'impression d'être enterrée quelque part ni que je ne servais à rien, sauf à faire la cuisine. Je réussissais à donner cette image aux autres. Quand je polissais mon armure, je leur transmettais le message suivant : « Je m'appelle Clemantine. Je suis précieuse. Je suis une battante. Je suis un être humain. »

Mais je ne pouvais pas me tromper moi-même.

La seule faiblesse que je m'autorisais, c'était de chanter avant d'aller dormir. Ma mère m'avait appris une chanson :

Rapproche-toi de Dieu et dis-Lui
Tout ce qui blesse ton cœur
Tout ce qui te rend triste
Tout ce qui te fait te sentir seule...
Murmure-le à Dieu
Dieu ne t'a pas délaissé ni abandonné.

Ma mère m'avait appris cette chanson pour que je retrouve ma bonne humeur si j'estimais qu'on m'avait fait du mal ou si j'étais contrariée ; par exemple, si Pudi ne voulait pas jouer avec moi ou si j'avais cassé mon jouet préféré. Je chantais cette chanson dix minutes tous les soirs. Je souffrais tout le temps.

4

La veille du jour où j'ai commencé l'école, je suis restée éveillée pour réviser : « Bonjour. Je suis contente de vous rencontrer. Je m'appelle Clemantine. Merci. »

Nous avions emménagé dans un appartement de location sur North Winthrop Avenue, dans le nord de Chicago, près de la station Thorndale, sur la ligne rouge du métro. Ce deux-pièces au troisième étage nous paraissait extrêmement luxueux. L'église avait organisé une collecte pour que nous puissions nous acheter des meubles. J'avais à présent mon propre canapé-lit, blanc avec plein de coussins, installé dans le salon. Chaque fois que je déambulais dans notre appartement, je me disais : « C'est mon lit, mon lit. »

Je le partageais avec Mariette mais je le considérais comme le mien.

Mon réveil a sonné à 5 heures. J'ai repassé ma jolie tenue toute neuve de collégienne américaine : mon jean et mon pull achetés chez Old Navy ; puis j'ai attaché le collier ras-du-cou que Julia Becket m'avait donné comme cadeau d'au revoir. À 6 heures, je m'étais coiffée et brossé les dents ; à 7 heures, Claire m'a accompagnée à pied au coin de la rue jusqu'à la Swift School. La George B. Swift Specialty School était une école de deux étages, avec de longues rangées de fenêtres hautes donnant sur la rue, une cour carrée dotée d'une cage à poule. J'ai remarqué que quelques enfants se rendaient dans la cafétéria pour manger un petit déjeuner gratuit et, en bonne ex-réfugiée que j'étais, je suis entrée dans la cafétéria pour manger moi aussi le petit déjeuner gratuit.

Je me suis retrouvée en sixième, car j'étais trop âgée pour aller dans une classe de niveau inférieur. Mon professeur, Mme Garcia, qui portait du rouge à lèvres et des lunettes aux montures noires carrées, semblait très compétente. Elle avait des bonbons à la menthe sur son bureau. Lorsqu'elle m'a présentée à la classe, elle a parfaitement bien prononcé mon nom.

Je me suis assise au troisième rang, près des fenêtres. J'ai passé mes journées à dessiner sur des feuilles de papier avec des crayons de couleur. Je n'avais aucune idée de ce qui se passait.

Les dimanches, Mary Anne, une des membres de l'Église du Rédempteur, venait chez nous pour me donner des cours d'anglais. Elle coinçait ses cheveux bruns derrière ses oreilles. Elle avait l'air de ne jamais avoir connu la peur de toute sa vie.

Chaque semaine, elle apportait une pile de cartes. Au recto, il y avait le dessin d'une chaussure, d'une voiture, d'un nez, etc. ; au verso, le mot CHAUSSURE ou VOITURE. Je devais colorier les images. Je trouvais cette tâche à la fois très infantile et apaisante.

Les gens me demandaient si j'étais « heureuse ». Je n'étais pas très sûre de ce que signifiait ce mot. À l'école, je buvais un chocolat au lait au déjeuner chaque vendredi. Les membres de l'église ont organisé une fête prénatale pour Claire et l'ont inondée de cadeaux pour le bébé : des brassières, une boîte géante de couches et une poussette double.

Je faisais de mon mieux pour incarner mon nouveau rôle : une jeune fille reconnaissante se conduisant comme une adolescente. Pourtant, je me sentais souvent triste et abattue. Je rêvais de sauter du toit de l'école et de voler. Les Becket nous ont invités pour Thanksgiving. Ce jour-là, nous avons parfaitement illustré le stéréotype de la famille de réfugiés. Claire m'a chuchoté qu'elle avait envie d'embarquer toute la nourriture qui restait sur le buffet et de la rapporter chez nous pour aller la vendre.

Noël s'est déroulé de la même façon : tout était excessif. Une dinde et un jambon. Les couleurs, les parfums, les sons m'ont étourdie. Moi qui étais devenue extrêmement maigre, j'ai refusé de boire et de manger.

Je n'arrivais pas à croire à ce que je vivais, pourtant je faisais des efforts. J'avais besoin de voir le monde bien en face pour pouvoir jouer mon personnage. J'avais besoin de craquer le code. Dans notre ancienne vie, très souvent, il m'avait fallu être quelqu'un d'autre pour éviter de me retrouver dans un camp de réfugiés, en prison, ou pour survivre. J'avais joué la mère ou la petite sœur servile. Je n'étais plus personne, je m'étais rendue invisible. Maintenant, j'étais devenue cette étrange créature : une adolescente américaine.

Pourtant, je n'étais pas comme les autres élèves de mon école. Ma mère et mon père étaient... qui ? Je n'avais personne pour se rendre aux réunions parents-professeurs. Personne ne me prenait de rendez-vous médicaux. Personne ne vérifiait si je faisais mes devoirs.

Finalement, Mme Becket est intervenue. Vers la fin de l'année, elle est allée parler à mon professeur. J'avais besoin de plus de ressources, plus de conseils, d'un environnement familial plus stable, où je pourrais vraiment être une enfant. J'avais besoin d'aller dans une meilleure école.

La femme que j'allais appeler ma maman américaine était blonde et menue, originaire du sud et très comme il faut. Tout ce que je savais sur elle, avant qu'elle vienne me chercher à la maison dans sa Mercedes beige, c'est qu'elle portait des cols roulés rouges et des bijoux à l'église.

Mme Becket avait discuté avec Mme Beasley, la femme du pasteur, qui enseignait dans une école appelée la Christian Heritage Academy. Mme Beasley, à son tour, avait convaincu l'administration de l'établissement de m'intégrer en me faisant redoubler ma sixième. La Christian Heritage Academy était à Northfield, une banlieue proche de Glenview, à plus de trente kilomètres de la ville et trop loin de notre appartement d'Edgewater pour que je puisse faire l'aller-retour chaque jour. Pour aller à cette école, j'avais besoin d'un endroit où vivre du lundi au vendredi.

C'est là qu'est entrée en scène ma nouvelle maman américaine, Mme Thomas. Ses fils aînés étaient partis à l'université. Elle avait des chambres libres chez elle, à Kenilworth. Nous étions fin juin. J'avais treize ans. J'étais aux États-Unis depuis un an.

Rob est sorti pour s'entretenir avec Mme Thomas. Il voulait lui faire bien comprendre que je n'allais pas chez eux pour leur servir de bonne. J'ai déposé mon sac-à-dos marin et mon petit fourre-tout rouge dans le coffre de la Mercedes. Je n'apportais que quelques affaires.

La climatisation était en marche. J'avais très froid. Caulay, la fille des Thomas, âgée de seize ans, était assise sur le siège avant. Personne ne m'avait jamais demandé si je voulais déménager. Je n'étais jamais partie toute seule. Avec son accent traînant et chantant du sud, Mme Thomas m'a indiqué les lieux de mon nouvel environnement : « Voilà le lac Michigan. Là, c'est Northwestern. Et là, la plage où nous allons nous baigner. »

Nous nous sommes arrêtées devant une maison à bardeaux verts avec une belle pelouse, une grande véranda et un garage indépendant à l'arrière. À l'intérieur, il y avait des chaises et des tapis verts. Caulay m'a conduite au deuxième étage et m'a introduite dans une vaste chambre dotée de deux lits jumeaux, d'un bureau, d'étagères, d'une radio et d'une boîte remplie de cassettes. La pièce, située sous le faîte du toit, avait sa propre salle de bain.

Les Thomas avaient deux chiens, Cotton et Ginger. Ils traitaient leurs animaux comme des humains. C'était une nouvelle expérience pour moi. Au Rwanda, pendant la guerre, les chiens étaient devenus de vrais cauchemars. Ils mangeaient les cadavres.

Je me souviens que j'avais envie de demander : « Tout ça est à moi ? » La première nuit, j'ai gardé les lumières allumées. Je suis passée d'un lit à l'autre puis j'ai refait le premier. J'ai fouillé parmi les cassettes et les livres.

Cet été-là, on m'a soumise à un test. J'allais habiter chez les Thomas et suivre un cours d'arts plastiques à la Christian Heritage Academy. Si ça fonctionnait – c'est-à-dire, si je prouvais que j'étais une pensionnaire acceptable –, je vivrais avec eux et ferais mon année scolaire dans l'école.

Je ne voulais pas tout gâcher. Le lendemain matin, j'ai fait le second lit, remis en place tous les livres et les cassettes, je me suis habillée et suis descendue quand j'ai entendu les bruits de pas de Caulay. J'ai mangé des céréales pour le petit déjeuner parce que Caulay en mangeait. Mme Thomas m'a fait un sandwich au beurre de cacahuètes pour ma pause-déjeuner. Je lui ai assuré que j'adorais le beurre de cacahuètes et les sandwiches, même si je n'aimais ni l'un ni l'autre.

Mes compétences de réfugiée m'étaient bien utiles. Elles m'aidaient à être la personne qu'il fallait que je sois afin d'obtenir ce dont j'avais besoin. Je remarquais aussi qu'il y avait une sorte de relation de cause à effet : si je jouais bien mon rôle d'écolière, je faisais naître chez les gens un sentiment de joie et de fierté ; ils avaient envie de m'aider et de me conseiller davantage, de me donner toujours plus.

Le jour de la rentrée dans ma nouvelle école, Sarah Beasley a scotché sur mon casier une grande étoile en papier cartonné où était écrit TINA. Mme Beasley avait remarqué que les gens prononçaient mal mon prénom. On dit « Clemantine », et non « Clemantaïne », mais tout le monde se trompait. Elle a donc décidé qu'à l'école je m'appellerais Tina, un prénom qu'on n'aurait aucun mal à dire et qui serait bien plus facile à claironner en cours de sport.

Les après-midi, à la fin de mes entraînements de course à pied ou de mes répétitions de danse, Mme Thomas venait me chercher. Elle se garait systématiquement au même endroit car elle savait que j'avais toujours peur de me perdre ou d'être abandonnée. Arrivée à la maison, je grimpais les escaliers et faisais mes devoirs dans ma chambre. J'adorais mon espace, la paix et l'ordre qui y régnaient, le fait que je pouvais tout maîtriser.

Chaque week-end, je quittais Kenilworth pour Edgewater. Mme Thomas me déposait, je lui faisais un grand sourire, lui disais « Merci ! » et me précipitais hors de la voiture avant qu'elle n'ait le temps de me prendre dans ses bras. Les démonstrations d'affection me mettaient encore mal à l'aise.

La vie de Claire était en tout point à l'opposé de la mienne : elle était désordonnée et pleine de monde. Ma sœur travaillait dans deux hôtels différents, son mariage battait de l'aile et elle élevait seule ses trois enfants. La petite dernière, Michele, était née américaine. Aujourd'hui encore, cela me paraît étrange.

Du vendredi au dimanche, je cuisinais, je faisais le ménage et m'occupais des enfants. Je ne parlais pas de ma vie à Kenilworth et Claire ne me posait aucune question. Elle ignorait que j'avais deux lits dans ma chambre, ou que sous l'escalier du rez-de-chaussée de la maison des Thomas, il y avait des toilettes dont les murs étaient peints dans un rouge magnifique et dont le lavabo était orné d'une collection de savons ronds et colorés. Elle ne savait pas que je rayonnais de fierté lorsque Caulay me présentait comme sa sœur.

À l'école, nous avons tous chanté l'hymne américain, puis je suis allée passer ma première heure de classe dans une salle dont les grandes fenêtres surplombaient la cour de récréation. Peu après, un vent de panique a saisi tout l'établissement. Le principal a suspendu les cours pour la journée. Mme Thomas est venue me chercher.

À la maison, nous avons regardé en boucle à la télévision les tours du World Trade Center s'effondrer. Toutes les cinq minutes, Mme Thomas essayait de joindre son fils aîné Brad, qui vivait à New York, et son mari, qui ne décrochait pas le téléphone de son cabinet d'avocats. Elle n'arrivait plus à respirer. Je ne ressentais rien.

« Ça arrive à plein de gens partout dans le monde », ai-je fini par lui déclarer pendant ces longues heures d'attente. Une expression d'effroi s'est peinte sur son visage. Ces mots n'étaient pas dignes de la gentille petite réfugiée africaine pauvre qu'elle avait accueillie chez elle.

J'étais épouvantable : blasée et méprisante. Mais pourquoi avoir fermé le collège ? me demandais-je. Mes cauchemars ont refait surface. Chaque nuit, je rêvais que je tombais dans le dévaloir à linge des Thomas et que j'atterrissais dans leur sous-sol, où je me retrouvais emprisonnée au milieu d'une foule de gens. Ils avaient ces visages terribles que j'avais vus au Rwanda. J'entendais les bruits de vies détruites.

Je n'arrivais pas à comprendre pourquoi la population portait des pin's du drapeau américain au lieu de faire ses bagages. J'ai rempli mon sac à dos avec une paire de chaussures, un pull, ma bible, une trousse et des barres chocolatées.

J'ai découpé les notices nécrologiques du *Chicago Tribune* et gardé la liste de noms des victimes. Cette reconnaissance dont elles bénéficiaient éveillait en moi de l'envie et du ressentiment. On commémorait leur mort et on les pleurait : n'avaient-elles pas déjà assez de chance ? Chacune était nommée individuellement dans les journaux, on connaissait leur métier, leur famille et leur ville natale.

Autour de Kenilworth, les gens me traitaient comme un objet fragile, j'étais la pauvre petite réfugiée. Avec les meilleures intentions, ils disaient : « On va faire quelque chose de spécial pour toi. On va t'acheter un truc sympa. »

En retour, j'étais méprisante et froide. Toute mon attitude signifiait : « OK, si ça vous permet de vous sentir mieux. Si c'est votre façon de donner, si ça vous aide à dormir la nuit, alors d'accord, faites un truc sympa pour moi, très bien. »

Dans mon école, nous n'étions que trois élèves noirs. Le seul adulte de couleur était le gardien érythréen. Quand les voisins me dévisageaient, Mme Thomas me disait : « Chérie, souris. Tu es splendide. »

Les gens voulaient s'occuper de moi chacun à leur manière. Un jour, une amie de Mme Thomas est venue me chercher au collège dans sa voiture décapotable, elle m'a tendu une paire de lunettes de soleil et m'a annoncé : « Aujourd'hui, nous allons faire du shopping. Appelle-moi tatie Wilma. » Wilma Kline est devenue ma marraine du shopping. Nous sommes allées chez *Marshall Field's*. Il était clair qu'elle était déjà venue au moins deux cents fois dans ce grand magasin.

« Clemantine, nous avons besoin de bonnes bottes pour l'hiver », m'a-t-elle dit, puis elle m'a guidée vers le rayon chaussures où plusieurs vendeuses connaissaient son nom. « Vous auriez celles-ci en solde ? Savez-vous quand elles seront soldées ? Vous avez des Ralph Lauren ? »

Elle connaissait chaque centimètre de chaque étage du magasin. À mes yeux, elle était une sorte de super-héroïne. Avec une assurance inébranlable, elle avait la capacité de se frayer un chemin dans cet immense espace. Durant des années, la vie de Claire et la mienne n'avaient dépendu que d'une compétence : trouver nos repères dans un lieu complexe et inconnu. Grâce à cela, nous devions pouvoir distinguer nos amis de nos ennemis, nous déplacer facilement, survivre et nous échapper.

Je me pose encore ces questions sans arrêt : s'il se passe quelque chose, où irais-je ? Qui se montrera fort dans cette situation ? Cette personne fait beaucoup trop d'efforts : pourquoi ? Celle-ci est extrêmement amicale : que veut-elle ? De l'argent ? Un service ?

« Bon, voilà comment ça marche », m'a expliqué Mme Kline. « On achète des vêtements qu'on peut assortir à ceux qu'on a déjà. Ce n'est pas qu'une histoire de mode, on cherche aussi ce qui va durer le plus longtemps. » Après les bottes, nous avons essayé des habits, des tenues pour le collège et d'autres pour le week-end.

Mme Kline voulait m'apprendre à mieux connaître mon corps et à me sentir plus à l'aise physiquement. Veiller à l'intégrité de mon corps avait nécessité tant d'efforts, m'avait tant coûté. Le protéger avait été une bataille sans fin. Il n'était pas une source de joie. Je le traînais depuis treize ans en essayant de lui éviter toute blessure. J'avais l'impression qu'il m'encombrait.

Chez *Marshall Field's*, Mme Kline a attrapé une robe rouge à pois sur le portant. « Ça, c'est un investissement », a-t-elle dit. Puis elle a rassemblé une brassée de chemisiers blancs, de débardeurs, de shorts, de blousons, de jeans – de tout – et m'a guidée à l'intérieur des salons d'essayage privés aux sons feutrés. Mme Kline avait des opinions tranchées. Elle m'a conseillé de passer d'abord un jean avec un chemisier, puis avec un autre. Ensuite, j'ai essayé le blouson avec les bottes. Elle aimait certains assortiments, d'autres pas.

« On ne veut pas que tu ressembles à une traînée », m'a-t-elle déclaré en écartant un jean taille basse.

À l'époque, je ne comprenais pas vraiment ce qu'elle avait derrière la tête. J'ignorais à quel point j'extériorisais mon chagrin, et combien il était évident aux yeux de Mme Kline qu'il fallait m'aider à m'aimer. Je croyais que j'avais plus d'expérience que cette reine du shopping. J'ai donc essayé les vêtements en songeant, de manière peu charitable : « C'est très bien, mais qu'est-ce que j'en ai à faire ? »

Alors qu'en vérité, j'avais besoin de cette femme, besoin de la confiance et de la positivité qu'elle voulait m'insuffler. Claire ne me parlait jamais de mon corps. J'en connaissais à peu près le fonctionnement parce que j'avais toujours tendu l'oreille quand les gens discutaient. Lorsque nous étions en fuite, nous avions vu des jeunes filles tachées par le sang de leurs règles. Mais il n'y avait jamais ni conversation ni célébration, car seuls régnaient les tabous et la peur.

Aujourd'hui encore, je lutte. Je ne suis pas sûre de vouloir des enfants. Au Rwanda, si on est de sexe féminin, on a une grande valeur à la naissance. Pas en tant que personne, ou pour notre esprit, mais du fait de notre corps. Car grâce à lui, lors de notre mariage, notre famille recevra des vaches et des terres. Cela reste vrai même pour une citadine de Kigali. Cependant, à tout moment, la valeur de notre corps peut nous être arrachée.

Il peut arriver qu'on nous salisse – *konona,* c'est le mot en kinyarwanda pour « viol ». Je l'ai appris à l'âge de quatre ans. Ma mère ne l'utilisait pas, mais je l'ai entendu dans notre voisinage. Si une jeune fille partait jouer, sa mère lui criait après :

« Ne te fais pas salir. Ne laisse personne ruiner ta vie. »

Le mot en lui-même contient une telle violence, car une fois qu'on nous a salie, tout est fini, voilà ce qu'il signifie. Les dégâts sont irrémédiables. On perd toute sa valeur et on ne la retrouvera jamais. Le mal qui est fait à notre corps devient inhérent à notre être. Son eau pure est souillée. Et on reste prisonnière de cette idée.

Aujourd'hui, je travaille tous les jours pour effacer ce langage destructeur, pour l'annihiler et le remplacer par mon propre vocabulaire. On nous affirme qu'avec le *konona*, il n'y a aucun antidote, aucun agent nettoyant. Notre famille ne recevra ni vaches ni terre. On est polluée, bonne à rien, c'en est terminé.

Mon corps est détruit et mon corps est sacré. Je refuse de vivre dans cette histoire de ruine et de honte.

Mme Kline m'a offert une robe pour la remise de mon diplôme de quatrième. J'adorais la façon dont elle me voyait. Sa vision allait au-delà de moi, dans un futur heureux. La robe était en satin noir, sans bretelles, avec une bande bleu ciel de chaque côté. « Tu pourras la porter toute ta vie », m'a-t-elle déclaré.

Ensuite, elle m'a emmenée acheter des sandales assorties. Elle connaissait aussi bien ma morphologie que n'importe qui d'autre, à cette époque : mes poignets fins, mes pieds maigres. Quand elle a donné ma taille à la vendeuse, elle lui a demandé d'apporter des semelles pour m'empêcher de glisser dans les chaussures.

Selon moi, mes pieds étaient mon point faible. Ils étaient comme ceux de mon père : noirs, étroits, avec de petits ongles et des veines qui ressemblaient à des racines d'arbres quand je me tenais debout. Pendant très longtemps, je n'arrêtais pas de me répéter : « Mes pieds sont trop laids et me font trop honte pour que je les montre. Des bêtes ont vécu à l'intérieur. Ils révèlent au monde que je suis quelqu'un de faible. »

Je n'avais rien dit à Mme Kline. Je gardais encore ces sombres pensées pour moi seule. La vendeuse n'a cessé d'apporter des boîtes de chaussures : sandales à brides ou à semelles compensées, slingbacks. Je les ai essayées et j'ai fixé mes pieds.

Mme Kline et la vendeuse préféraient une paire en cuir verni avec une bride autour de la cheville et une simple bande sur l'avant-pied. J'ai essayé de me regarder dans le miroir comme si mes pieds étaient ceux de quelqu'un d'autre, et j'ai décidé qu'ils étaient très bien.

À Kenilworth, c'était tellement joyeux, de faire partie des meilleurs. On souriait, on avait d'excellentes notes, on avait le plus grand nombre d'amis, on exécutait les sauts les plus hauts parmi les majorettes.

Je gardais enfoui mon moi violent. La vie était plus facile ainsi. La seule fois où il a émergé, ça a été avec Susan, une fille de mon niveau, une brute qui était suffisamment jolie pour s'en tirer à chaque fois.

En début d'année, elle a décidé d'organiser une soirée piscine. Elle a fait le tour de la cantine et, table après table, elle a invité toutes les filles à l'exception de Jane, qui était assise à côté de moi. Jane était originaire d'Europe de l'Est ; elle était petite et discrète, une cible facile.

Plus tard dans l'après-midi, nous étions en rang pour le cours d'éducation physique – les professeurs de cette école nous faisaient mettre en rang pour n'importe quoi ; nous devions tous être les serviteurs obéissants de Dieu – quand Susan est partie aux toilettes. J'ai quitté la file, je l'ai suivie à l'intérieur et j'ai verrouillé la porte. Susan se lavait les mains. Quand elle a terminé, elle a sorti de son sac son gel antiseptique, son stick à lèvres et toutes ses crèmes.

Je suis restée devant les lavabos, avant de lancer : « Salut, Susan. »

Je n'ai pas employé ma jolie voix de collégienne de Kenilworth mais celle qui m'habitait toujours à mon insu, et qui signifiait « Ne me cherche pas ». Ne voulant pas être chassée de chez les Thomas ou renvoyée de l'école, j'avais caché cet aspect sauvage de ma personnalité.

Susan a ouvert la bouche pour parler, mais je l'en ai empêchée.

« Si tu es méchante encore une fois avec Jane, tu vas le payer. Ce n'est pas parce que je suis gentille, que je fais la fille sympa et que je n'ai pas envie de participer à tes jeux de sale petite peste que tu as le droit de harceler les gens. »

La peau rose de Susan est devenue écarlate. Les paroles qui s'étaient échappées d'entre mes lèvres étaient féroces, instinctives, agressives, comme un faucon sur son territoire, défendant les petits colibris des griffes des geais cruels. Susan a rangé ses crèmes dans son sac et a tiré sur la poignée de la porte pour sortir, mais j'avais tiré le verrou.

Le plaisir que j'ai ressenti en la regardant prendre peur a été plus grand que ce à quoi je m'attendais, plus intense que ce que j'ai bien voulu admettre.

J'ai ouvert la porte et je suis partie.

J'ai intégré l'équipe des majorettes de la Christian Heritage Academy. Je les avais vues s'entraîner au gymnase. Elles avaient l'air tellement heureuses et exubérantes ; leurs sourires éclatants s'accordaient si bien à leurs jupes bleu et blanc. Je n'avais jamais envisagé qu'on puisse juste sourire et être heureux. Cela m'est apparu comme une compétence utile. Je voulais l'acquérir.

Le défi physique me convenait. Ça me vidait la tête. Car en général, dès que je fermais les yeux et faisais une pause, je voyais une masse confuse plongée en plein chaos. Aussi, à chaque moment libre, je m'entraînais. Sous la douche, j'exécutais les mouvements dans ma tête. Je n'étais pas habituée aux rythmes américains, mais j'aimais contraindre mon corps à se mouvoir selon ma volonté. J'aimais pouvoir le maîtriser.

Des filles m'ont invitée au centre commercial d'Old Orchard. Elles m'ont proposé de venir prendre des milk-shakes chez McDonald's et ont ri lorsque je me suis plainte qu'ils étaient trop sucrés. Je suis allée à des soirées pyjama, mais après deux nuits, j'ai cessé d'accepter les invitations. Les sujets de conversation des filles se limitaient à qui était amoureuse de tel garçon, ou qui étaient les meilleures amies. Elles voulaient partager leurs secrets et nouer des liens.

Je n'avais pas envie de me lier à qui que ce soit. S'il était facile d'accomplir les rituels d'une simple amitié, je ne souhaitais pas aller plus loin. Ces filles qui croyaient être mes pairs ne l'étaient absolument pas. Je me disais : « Nous pouvons partager ce moment, mais nous ne serons jamais les meilleures amies. C'est toujours comme ça que ça commence : elles sont tout sucre tout miel, elles vous offrent un soda et des bonbons, et ensuite, sans prévenir, elles veulent vous tuer. »

5

Claire m'a appris à ne jamais accepter de cadeaux. Elle-même tenait cet enseignement de notre mère. Pas de cadeaux, disait ma sœur. Ni bonbons ni morceaux de pain, surtout de la part des hommes. Elle voulait survivre sans rien devoir à personne, et elle se démenait. L'UNHCR interdisait aux réfugiés de quitter le camp. Mais Claire a remarqué des gens, devant les clôtures, qui marchandaient avec les Burundais des alentours. Les locaux n'avaient pratiquement rien non plus. Ils vivaient aussi pauvrement que la famille qui nous avait hébergées dans leur hutte. Ils cherchaient à obtenir nos bidons en plastique bon marché que l'UNHCR nous donnait pour transporter l'eau, ainsi que la poudre de soja qu'on nous distribuait pour notre apport en protéines.

Cela a réjoui Claire. Elle a apporté tout ce que nous n'utilisions pas devant les grilles. « Tu veux ça ? a-t-elle demandé à un gamin de seize ans en lui montrant un pull pour homme. Il est très beau. Il t'ira très bien. Je te prends ce sac de pommes de terre. »

Un jour, près de notre tente, Claire s'est mise à chanter. L'un des directeurs du camp, un Canadien, avait le pouvoir de donner du travail à quelques réfugiés. Claire savait que pour en décrocher un à son âge dans cet océan de misère, elle devrait démontrer toute sa combativité, son intelligence et sa volonté. Elle s'est donc mise à chanter en boucle la seule chanson en anglais qu'elle connaissait : *Home Again.*

Home again ! Home again ! When shall I see my... Home again ! Home again ! I shall see you when I return... Home again[5] *!*

Elle n'avait aucune idée du sens des paroles, et moi non plus. Mais elle a chanté à tue-tête à l'attention du directeur du camp, comme si cette situation n'était pas complètement perverse. Il était hors de question pour elle de perdre sa dignité, ou de laisser croire à quiconque qu'on avait pu l'atteindre. Elle ne prononçait pas son prénom à haute voix comme moi, qui pépiais bêtement et me plaignais beaucoup trop. Non. Ma sœur répétait son prénom pour elle seule. Elle avait compris que pour obtenir la vie qu'elle désirait, pour préserver son identité, il fallait qu'elle dissimule certains aspects de sa personnalité. Et de façon plus pragmatique, elle avait besoin d'argent. Il lui fallait un travail.

Le directeur l'a entendue. Il lui a demandé : « Quelles compétences utiles peux-tu avoir, à ton âge ? » Ma sœur a expliqué qu'elle pouvait s'occuper des orphelins du camp, leur organiser des parties de volley-ball et de basket-ball, elle pouvait créer des clubs comme ceux des boy-scouts et des girl-scouts, apprendre aux enfants des danses et des chansons.

Claire a décroché le boulot. Elle a entraîné les filles à des activités sportives et en a profité pour leur expliquer de ne jamais accepter de bonbons ou de pain de la part des hommes. Je n'ai pas participé.

Je lavais notre linge à la rivière. Je devais quitter le camp en milieu de matinée afin d'y arriver à midi. En amont, la rivière était utilisée pour boire ; en aval, pour la lessive.

---

5. « Retrouver ma maison ! Retrouver ma maison ! Quand reverrai-je encore ma... maison ! Retrouver ma maison ! Je te reverrai quand je reviendrai... à la maison !

Le rivage était bordé de gros rochers et de grands pins, curieux représentants de la pérennité dans un monde en ruine. J'ai appris à faire la lessive en observant les femmes plus âgées : on forme d'abord un cercle dans la rivière avec des cailloux. On fait tremper les vêtements à l'intérieur du cercle avec des épines de pin brisées. Puis on les tape contre une roche l'un après l'autre pour en extraire la saleté et les insectes.

Les jours de forte chaleur, pendant que le linge trempait, j'allais nager. Je contemplais le nuage de chaleur au-dessus des collines. Au loin, les vallées ressemblaient à la mer. J'avais envie de jouer, de me retrouver de nouveau dans le manguier avec Pudi et de faire semblant d'être dans un bus à destination de Butare. Je demandais aux femmes : « Vous voyez ? Vous voyez l'océan ? » Elles n'avaient pas l'énergie de jouer avec moi.

Vers 13 heures, j'essorais nos affaires et les étalais sur les pierres qui chauffaient en plein soleil. En début d'après-midi, elles étaient si brûlantes que nos jupes, t-shirts et sous-vêtements humides grésillaient à leur contact. J'espérais que leur chaleur détruirait les poux et les lentes. Cela marchait parfois avec les tissus en coton fin mais jamais avec les couvertures, dans lesquelles les larves se nichaient trop en profondeur pour que les pierres les calcinent. Pour les désinfecter, il fallait les faire bouillir dans une gigantesque marmite.

Le soir, dans notre unité, j'écoutais les adultes parler autour du feu. Ils se détendaient en échangeant des plaisanteries salaces, mais leurs rires et leurs histoires me déstabilisaient. J'avais tellement envie d'être protégée, et je ne l'étais pas. Chaque nuit, je me sentais flotter, à moitié endormie, à moitié éveillée.

Dans mes rêves, je me promenais dans le camp en ramassant tout ce que je trouvais : les fourchettes, lits, marmites et chaises de tout le monde, tout ce que les gens avaient laissé. Je les transportais jusqu'à notre tente et les empilais, construisant une incroyable tour de détritus formée de vêtements, de bidons ou de réchauds. Puis je l'escaladais jusqu'au Paradis pour chercher mes parents. Je ne voulais pas mourir pour les retrouver. Je voulais les voir mais rester en vie et leur dire que j'allais bien. Je fabriquais donc ce monticule branlant, grimpais et regardais autour de moi. Dans ces rêves, je me rapprochais de mes parents, je savais qu'ils étaient là, mais je ne les voyais jamais. Je ne demandais même pas à Dieu où ils étaient.

À Kigali, ma mère insistait pour que nous rendions visite à nos voisins âgés. À présent, Claire en faisait autant. Il y avait un vieux couple dans notre unité : ils avaient peut-être quatre-vingts ans, ils étaient vraiment petits, avec des pieds très noirs et ils ne portaient jamais de chaussures. C'étaient des Batwas[6], une des tribus indigènes du Rwanda. La femme, que j'appelais Mucyechuru, ou Grand-mère, se vêtait d'un grand tissu orange et nouait un foulard dans ses cheveux. Elle se disputait avec son mari au sujet de la cuisine de celui-ci. Je n'avais jamais vu une femme tenir tête de cette façon à un homme.

Son mari, que j'appelais Musaza, Grand-père, crachait quand il parlait. Il portait un chapeau marron en lambeaux à large bord, comme celui d'un cow-boy. Ses yeux étaient enfoncés, ses dents terriblement gâtées, et les poils frisés sur son menton étaient gris. Les dimanches, il s'habillait d'un pantalon noir et d'une chemise blanche, et utilisait une corde en guise de ceinture.

Je les adorais. Je m'attardais devant leur tente pour éviter d'aller aux toilettes. J'avais toujours une peur bleue de glisser et de tomber dans les excréments, ou d'attraper des maladies. Alors, je restais là, à sautiller sur place, je leur demandais

6. Batwas ou Twas : une des trois ethnies principales du Rwanda, d'origine pygmoïde.

de me raconter des histoires afin de me distraire de mon envie pressante. Je désirais tellement qu'on m'en raconte, particulièrement en cette période où plus rien n'avait de sens. J'ai appris à me retenir très longtemps de faire pipi.

Parmi les récits que m'a faits Musaza, il y avait un conte populaire : une marmite géante en argile qui était incassable malgré les efforts des gens pour la briser à coups de pierre ou de marteaux. Même la foudre ne pouvait en venir à bout. Elle contenait assez de soupe pour nourrir le monde. Je rêvais de la trouver.

Mucyechuru et Musaza avaient toujours vécu de peu. Lorsque Dieu avait distribué des cadeaux, certains avaient reçu des terres et d'autres, une bonne taille, m'expliquaient-ils. Quand Dieu était arrivé devant les Batwas, il n'avait plus rien de particulier à donner. Il leur avait dit de se partager la forêt.

Un jour, le vieux couple m'a invitée à me joindre à eux pour faire la cueillette dans les bois. Ils cherchaient des feuilles d'amarante afin de rendre le maïs mangeable sans huile.

Nous avons gagné les collines en marchant sur des sentiers à peine visibles avant de nous retrouver au milieu des pins. Le sol de la forêt était couvert d'épines et de trèfles, et Musaza me réprimandait quand je marchais sur les seconds. « Si tu manques de respect aux plantes, me disait-il, elles se fâchent. Et les plantes en colère ont un très mauvais goût. »

Nous avons déniché des champignons enfouis sous le tapis d'épines et de trèfles. Musaza les appelait la « viande de la forêt ». Dans les broussailles, nous avons découvert des tomates vertes. Cela m'a fait l'effet d'un miracle. Je n'en avais pas vu depuis des mois.

Mucyechuru et Musaza bougeaient leurs mains et leurs pieds avec une délicatesse qui me serrait le cœur :

ils m'évoquaient Mukamana et la douceur avec laquelle elle attachait ma robe de chambre. Quand ils ont trouvé un plant de tomates, ils ont disposé des branches de pin autour de la tige et des feuilles pour dissimuler notre trésor.

Personne, dans ma nouvelle vie, n'était tendre et protecteur avec moi. Certainement pas Claire. Elle refusait de faire la queue pour recevoir ses deux mesures de maïs alors que nous aurions pu en avoir quatre. Que signifiait le fait que Mucyechuru et Musaza préservaient les tomates pour le futur ? Allais-je rester là ?

Bien sûr, nous mourions de faim, si bien qu'ils m'ont également appris à manger des insectes, en particulier les sauterelles vertes. Les noires, disait Musaza, se battaient pour rester en vie. Nous pouvions capturer les premières si elles volaient vers nous. Cela signifiait qu'elles étaient reconnaissantes d'avoir vécu et qu'elles étaient prêtes à servir de nourriture.

Nous allions également fouiller dans les fermes. Certes, c'était du vol, mais Mucyechuru et Musaza le faisaient en respectant un certain code. Lorsqu'on prenait les légumes de quelqu'un, m'expliquait Mucyechuru, il fallait laisser quelque chose qui pousserait à la place : on devait couper une plante et la mettre en terre, ou enfouir une graine.

Peu avant Noël, Claire s'est réveillée très mal en point : elle était atteinte de dysenterie. J'avais déjà vu des gens atteints de cette maladie des dizaines de fois : ils se réveillaient avec de la fièvre. Ils vomissaient. Leurs tripes explosaient. Ils hurlaient et hurlaient jusqu'à ce qu'ils soient trop faibles pour le faire. Leurs selles étaient pleines de sang. La nuit venue, leur corps se vidait de son eau et ils perdaient quatre kilos.

Beaucoup d'enfants du camp qui avaient eu la dysenterie en étaient morts. Leurs petits corps déjà sous-alimentés ne pouvaient résister à une attaque aussi brutale. Les adultes eux aussi étaient nombreux à décéder. Le cycle était toujours le même : cris, vomissements, diarrhée, sang ; puis le corps était enroulé dans un drap et emporté près des latrines pour être enterré ou incinéré.

Ce matin-là, Claire avait les yeux vitreux et la douleur la faisait délirer. J'ai couru trouver Musaza et Mucyechuru. Ils ont transporté le lit de Claire – une paillasse – près de l'entrée de notre tente pour qu'elle ait de l'air frais. Musaza lui a fait boire un breuvage à base de charbon et d'une décoction de feuilles vert vif. Claire a continué de hurler, de vomir et de déféquer du sang. Toute la journée, j'ai prié, si on pouvait appeler cela ainsi. En réalité, j'ai plutôt supplié : « S'il vous plaît, ne la faites pas mourir. » Je n'avais aucune alternative, pas de place pour un « Et si… ? » Claire devait absolument s'en sortir. J'avais sept ans.

Pendant trois jours, ma sœur a alterné entre gémissements et pertes de conscience. Je passais la nuit dehors avec Mucyechuru et je regardais la lune. C'était la première fois que je dormais loin de ma sœur.

Enfin, la fièvre de Claire est tombée. J'ai trouvé du charbon que j'ai mélangé avec de l'eau et des feuilles, puis j'ai tenté de le lui faire boire. Elle a refusé.

Désormais, j'avais encore plus peur des latrines. Je restais des heures devant la tente de Musaza et Mucyechuru, et leur quémandais une histoire.

Musaza m'a raconté celle d'une enfant qui pensait être la plus jolie petite fille du monde. Sa marâtre l'avait piégée en lui disant de s'asseoir sur un tapis qui, en réalité, dissimulait un énorme trou dans la terre. La fillette était tombée dedans. Elle avait essayé de grimper pour s'échapper, mais n'y était pas arrivée. Elle avait crié. Personne n'était venu.

Il m'a expliqué que, quand le soleil couchant rejoignait l'océan, c'était le moment où l'on pouvait soulever la mer, se glisser dessous et aller où bon nous semblait ; et si on marchait au clair de lune, on pouvait entrer dans Tera, la terre du passé.

« Il y a des animaux, là-bas ? ai-je demandé.

— Oui, bien sûr, a-t-il répondu.

— Quel genre d'animaux ?

— Qu'est-ce que tu en penses ?

— Des lions ? Il y a des lions ?

— Oui ! Des lions magnifiques, grands et majestueux, qui ne font de mal à personne.

— Et il y a des tigres ?

— Oui, des tigres impressionnants, si rapides et si doux qu'on peut monter sur leur dos.

— Que mangent les lions et les tigres ?

— Des légumes, comme nous.

— Et où dorment-ils ?

— Par terre, ils nous protègent. »

Les plantes, les animaux, l'océan, les gens : dans Tera, tout était vivant et exactement comme je le souhaitais. Pour moi, Musaza a tracé les contours d'un monde et m'a laissée le remplir de couleurs – doré, argent, cuivre et marron.

Je suis allée voir les autres enfants pour leur faire la leçon : « Hé, vous savez ce que Musaza m'a dit, aujourd'hui ? Il m'a raconté qu'il y a très longtemps, on pouvait appeler les crocodiles et ils venaient, et on pouvait s'allonger sur leur dos. »

Nous étions dans le camp depuis plusieurs mois lorsqu'un travailleur humanitaire de l'ONG CARE, un beau Zaïrois, a déclaré sa flamme à Claire. En dépit de notre sort, ma sœur était toujours aussi fascinante, son regard noir, ardent et invaincu. Rob avait vingt-cinq ans. Extrêmement sophistiqué, il se distinguait de la masse grâce à ses cheveux bien coupés, ses jeans propres et nets, ses chemises rayées et ses chaussures cirées.

Claire a expliqué à Rob qu'elle était trop jeune pour s'engager : réfugiée de seize ans, sans parents, avec une petite sœur à charge, elle n'avait sûrement pas besoin d'un bébé en plus. Mais il s'est accroché.

Chaque jour, il revenait à la charge : « Moi, je veux t'épouser. Tu pourras aller à l'école.

— Tu vois bien que je souffre, ici, non ? Tu crois que ce serait mieux si j'étais enceinte ? » lui répondait-elle.

Pourtant, quotidiennement, Rob poursuivait Claire et lui affirmait qu'il était tombé amoureux d'elle le jour où elle était arrivée au camp. Il lui a promis que si elle l'épousait, nous partirions au Zaïre pour vivre chez sa mère.

Nous étions deux filles seules, et Claire savait que nous étions des proies. Dans de tels lieux, chaque femme en est une. Nous n'aurions pas pu résister, nous n'avions aucun espoir. Une des femmes du camp pleurait toute la journée, tous les jours. Les gens lui hurlaient : « Tu ne crois pas qu'on a envie de pleurer, nous aussi ? » Nous savions tous que bien peu nous séparait d'elle.

Dans un camp de réfugiés, on n'a plus aucun but ; on vit juste dans une abominable routine. On apprend des choses qu'on aurait souhaité ne jamais avoir à connaître : comment faire du feu, cuire le maïs, laver le linge dans la rivière et exterminer les poux sur des pierres. On attend, en espérant que les camions nous apporteront autre chose que du maïs et des haricots.

Mais ça ne s'améliore jamais. Il n'y a aucun progrès possible ; quels que soient nos efforts, on ne peut rien faire, personne ne peut nous aider, à moins que les assassins de notre pays baissent les armes et mettent fin à leur guerre pour que l'on puisse rentrer chez nous.

Notre seule échappatoire, c'était le mariage. Qui disait mariage, disait papiers. Ce qui faisait de Rob, avec son beau sourire, notre porte de sortie, notre ticket gagnant. Quand Claire avait fini de travailler, elle allait dans le bureau du camp où Rob, vêtu de ses habits bien propres, lui demandait chaque fois : « Tu veux retourner à l'école ? » *L'école.* Désormais, l'esprit de Claire, au lieu de tourner en boucle dans un monde de terreur, pouvait s'évader, envisager une nouvelle destination, loin de tous ces visages qu'elle aurait préféré, comme moi, n'avoir jamais vus, loin de tous ces cris qu'elle aurait préféré, comme moi, n'avoir jamais entendus.

Et si Claire avait une opportunité, moi aussi. Je ne comprenais pas pourquoi le fait de ne pas avoir de papiers nous obligeait à rester vivre dans ce cauchemar, mais j'acceptais qu'il en soit ainsi. De plus, j'avais ma sœur pour veiller sur moi tandis que Claire n'avait personne, et elle refusait de croire que la vie qu'elle menait ici, au Burundi, était celle qu'elle méritait. Les bestioles, la crasse, la faim, la mort... Claire a dit oui à Rob.

Ils se sont mariés au camp, entourés de quelques réfugiés envieux et d'une poignée d'amis et de collègues de Rob. Je portais ma jupe verte préférée. Ce que j'ai le plus apprécié, ce jour-là, ce sont les *mandazi* frits et sucrés ainsi que les sodas.

Rob a tenu sa promesse. Après les noces, il a emmené Claire à Bujumbura, la capitale du Burundi, afin d'obtenir les papiers officiels du mariage. Ensuite, ma sœur devait poursuivre sa route pour rejoindre la famille de Rob au Zaïre, dans la ville d'Uvira, tandis qu'il retournerait au camp pour venir me chercher.

Ainsi, Claire était partie avec Rob, qui avait prévu de s'absenter trois jours. J'ai passé chaque heure seule, terrifiée, le ventre noué. Je songeais que si aucun des deux ne revenait, je rentrerais à pied au Rwanda. Je n'adressais la parole à personne. Si je parlais, je craignais de me laisser aller et de révéler nos plans, provoquant la jalousie et la cruauté des autres envers moi. Puis Rob est revenu. Il m'a trouvée devant notre tente, muette, effrayée à l'idée de m'en aller.

Nous étions à Ngozi depuis un an. Musaza et Mucyechuru, ces êtres à la fois si simples et mystiques, étaient les seules personnes qui m'étaient proches en dehors de Claire. Nous leur avons laissé tout ce que nous avions, mais je ne leur ai pas dit au revoir. Je me suis contentée d'enfiler mes plus beaux vêtements, ma jupe verte et mon chemisier blanc qui se lavait facilement et séchait vite au soleil, j'ai emballé les quelques biens que je possédais : deux pulls, une pierre polie que j'avais trouvée près de la rivière, mes tongs que j'avais réparées avec de la ficelle, quelques jouets qui, m'avait-on dit, étaient des cadeaux d'enfants canadiens.

Rob m'a emmenée dans le camion de CARE. Sur mon siège, j'ai trouvé deux sacs en plastique. L'un contenait une robe neuve et des sandales colorées, l'autre était rempli de confiseries. Je n'étais pas une enfant polie. J'ai englouti les *mandazi* et les bonbons et bu du Fanta en même temps. Je n'ai pas dit merci. Puis j'ai eu la nausée.

La route était longue et cahoteuse. J'ai vomi. J'étais épuisée, bien plus que je ne le croyais. J'ai sombré dans un sommeil profond et implacable. À mon réveil, j'ai paniqué. Je ne savais pas où j'étais. J'aurais été incapable de trouver mon chemin pour retourner au camp.

Cela voulait dire que je ne pouvais pas revenir sur mes pas jusqu'à Butare, puis jusqu'à Kigali pour rentrer chez moi. Je savais que j'étais censée me sentir soulagée, mais j'étais désespérée. Je refusais de regarder par la vitre. La perte est la perte est la perte. Je refusais de voir davantage de kilomètres défiler, davantage de collines parcourues.

Le soir, nous sommes arrivés à Bujumbura. La ville semblait plus lumineuse et plus petite que Kigali. Rob nous a conduits chez des amis qui vivaient en périphérie, dans une grande propriété protégée par une enceinte. Le portail a bruyamment grincé quand il l'a ouvert.

À l'intérieur, dans la cour, une famille nombreuse était installée : grands-parents, cousins, tantes. Mon regard a croisé celui d'une femme qui devait avoir l'âge de Claire. Elle était très belle. Son large sourire découvrait ses dents blanches et ses gencives noires. On devinait, à son allure fière et à ses cheveux brillants, qu'elle menait une vie facile. Elle est venue vers moi et m'a serrée dans ses bras. J'ai pleuré.

Elle a appelé les enfants de la maisonnée. Quatre ou cinq petits sont venus en courant. Ils se sont approchés de moi, m'ont attrapé la main, m'ont traitée en amie. Je me sentais anesthésiée, comme si j'étais dissociée de mon corps. J'avais oublié que la chaleur humaine, et même la confiance naturelle pouvaient exister. La jeune femme à l'allure fière m'a apporté une tasse de thé au lait chaud et sucré.

Le plaisir. Je me souvenais à peine de cette sensation. Depuis un an, je luttais pour ma survie – ou, plus exactement, pour quelque chose de beaucoup plus petit et banal : arriver au bout de chaque journée. « Laissons passer cette journée », tel était mon état d'esprit. « Puis viendra demain. Demain est un autre jour. »

La jeune femme est partie avant de revenir avec une assiette de beignets à la farine de riz. La graisse collait sur mes mains. Elle a demandé si elle pouvait me laver. J'ai refusé.

Le lendemain, elle m'a emmenée au marché. Il faisait chaud et sec, une chaleur plus forte que tout ce que j'avais connu au camp. En chemin, nous avons vu un homme nu qui marchait sur la route. Personne n'a essayé de l'arrêter ou de l'interpeller. On l'a laissé tranquille, comme s'il avait une place légitime dans la société.

La jeune femme m'a acheté une robe jaune avec des froufrous en dentelle blanche dans le dos. Je rêvais d'une robe comme celle-ci depuis l'âge de quatre ans. Elle m'évoquait un plat de riz très élaboré que servaient les musulmans à la fin du Ramadan. Elle m'a aussi offert quatre culottes. Depuis un an, je n'en avais pas porté une seule dont l'élastique ne soit pas cassé à la taille.

Nous sommes restés deux jours chez les amis de Rob. Puis nous avons pris un car vers l'ouest jusqu'à Uvira, sur les bords du lac Tanganyika, pour retrouver Claire. Je me suis endormie durant le trajet. À mon réveil, nous étions dans une vallée et le soleil était brûlant. Il y avait des arbres somptueux, immenses et caoutchouteux, ainsi que des palmiers et des cactus. On nous a ordonné de descendre du véhicule pour passer le contrôle des frontières. Le vent était chaud. De la poussière entrait dans mes yeux et ma bouche. Un policier a vérifié les papiers de Rob et survolé les miens. Il nous a laissés passer.

De retour dans le car, je me suis forcée à rester éveillée. J'ai regardé les visages des gens qui marchaient le long des routes, les enfants qui jouaient au foot, les grandes maisons, les vendeurs d'oranges, de poisson, de bonbons et de pain. J'avais envie de tout. J'ai soigneusement observé le paysage pour tenter de le mémoriser. Je voulais pouvoir revenir sur mes pas. Nous avons vu de magnifiques maisons et des jardins ornés de bougainvillées aux fleurs roses, violettes et blanches.

Enfin, nous nous sommes arrêtés devant une immense étendue d'eau. Je croyais que c'était une rivière ou l'océan – je n'avais jamais vu l'océan – mais Rob m'a dit que c'était un lac. Il était d'un bleu sombre et luminescent. J'avais hâte de voir le coucher du soleil. Car alors, j'allais pouvoir soulever l'eau et la secouer comme un tapis, puis rendre visite à toutes les créatures du monde qui se trouvaient en dessous.

Depuis le lac, nous avons pris une moto pour nous rendre en haut de la colline, chez l'oncle de Rob. Il habitait une maison de plain-pied en brique rouge, avec des fenêtres vitrées sur la façade, des volets en bois sur les côtés et un toit en tôle. Claire était à l'intérieur. Elle portait une longue robe brodée rose et jaune. Cette vision m'a totalement déboussolée car je n'avais jamais vu ma sœur autrement qu'en garçon manqué.

La maison sentait l'ail et l'oignon. Les cinq cousins et cousines de Rob, âgés de cinq à dix-sept ans, déambulaient en toute insouciance dans leur monde protégé et intact. La mère et la tante de Rob étaient en train de préparer de grands plats de riz, d'aubergines et de poisson.

Je me suis jetée sur le canapé et j'ai pleuré. Je voulais rentrer, mais je ne savais pas où. Personne ne parlait de la maison.

Les garçons partageaient une chambre et les filles une autre. Je me suis retrouvée avec Mwasiti, qui avait onze ans, et Dina, qui en avait quatorze. Nous avons dormi dans le même lit, moi au milieu car j'étais effrayée.

Claire, parce qu'elle était mariée, avait sa chambre avec Rob à l'autre bout de la maison. Durant les premières semaines, je passais mon temps à essayer de toucher le plafond depuis notre matelas. Nous avions dormi dehors pendant un an et demi.

J'ai essayé d'imiter une enfant normale, celle que j'avais été ou aurais voulu être – dégingandée, détendue, qui jouait à Kick the Can[7], qui courait dans les rues et allait rendre visite aux gens. J'ai essayé d'imaginer ce que Pudi aurait fait. Il était sûr de lui, drôle et un peu rebelle. J'étais mal à l'aise et ne m'intégrais pas.

Au cours de l'année précédente, j'avais appris à laisser les heures s'écouler dans un état de léthargie et d'indifférence car, dans un camp de réfugiés, il n'y a rien d'autre à

7. Jeu d'extérieur proche d'une partie de cache-cache, qu'on pourrait traduire par « Tape dans le seau ».

faire que de tuer le temps. À présent, je regardais Mwasiti récurer les casseroles après le déjeuner. Elle travaillait avec une redoutable efficacité. En deux minutes, les traces de cuisson et de graisse les plus coriaces disparaissaient et les plats avaient l'air neuf. Mwasiti et Dina, en revanche, se moquaient de mon rythme avec une affection protectrice pleine de gentillesse ; j'étais un oisillon boitillant aux ailes blessées, leur petite protégée triste et fragile.

J'ai pleuré pendant des jours, peut-être des semaines. Puis je me suis ressaisie. Je me suis posé de nouveau l'unique question qui résumait mon existence : « Comment vais-je survivre ici ? »

La famille de Rob, comme tout le monde à Uvira, parlait un mélange de swahili, de kibembe et de français. Chaque matin à 5 heures, la tante de Rob, Maman Dina, se levait pour prier d'une voix forte. Ses prières n'avaient rien à voir avec celles, catholiques, que ma mère récitait. Parfois, Maman Dina invoquait les anges, d'autres fois elle réprimandait les esprits malins. Maman Dina ne s'adressait pas seulement à Jésus ou à Marie. Ce n'était jamais des prières apprises par cœur. Elle parlait à Dieu directement.

« Dieu, entre toi et moi, qu'est-ce qu'il se passe ? » demandait-elle, généralement en swahili. Parfois, elle l'appelait Papa : « Papa, nos enfants ont faim, nous sommes fatigués. Tu as toujours pris soin de nous. Garde-nous en bonne santé. Protège-nous du mal. Mets fin à cette guerre. Nous n'avons pas de médicaments. Aide-nous. »

Le père de Rob avait disparu. Le mari de Maman Dina ne revenait que de temps en temps mais elle ne s'en plaignait jamais. Lorsqu'elle cuisinait, parlait ou bougeait, elle dégageait une présence physique incroyable. Ses cheveux étaient toujours coiffés en arrière et plaqués sur son crâne. Si elle nous demandait de faire quelque chose, on ne pouvait qu'obéir. Elle était aussi mon journal d'informations. À travers ses prières, j'apprenais tout ce qui se passait dans le monde.

Bien sûr, nous nous réveillions au moment où elle commençait ses prières, mais nous restions au lit à l'écouter et ne nous levions pas avant 6 heures.

La mère de Rob, que nous appelions Maman Nepele, était plus mince que Maman Dina. Elle avait une peau plus claire et des pommettes hautes. Elle attachait toujours un foulard dans ses cheveux crépus. Elle avait une personnalité beaucoup plus douce et discrète et, quand elle s'adressait à moi, elle me prenait la main.

Lorsque j'ai réussi à passer une journée entière sans pleurer, elle m'a inscrite à l'école primaire en CE1. Elle a retouché les anciens uniformes bleu roi de Mwasiti pour les ajuster à ma taille. Le premier jour, j'étais très contente de retourner à l'école, mais cette institution chrétienne stricte punissait sévèrement les élèves. Les cours étaient en swahili et en français.

Je ne connaissais pratiquement aucune de ces deux langues, si ce n'est quelques mots de français comme *maison* ou *voiture*. Chaque fois que ma prononciation était incorrecte, une bonne sœur tapait le dos de ma main. Si un élève était en retard, ou s'il répondait, il subissait le même sort. Au bout de trois jours, j'ai tenté de persuader Maman Nepele de me laisser abandonner l'école. Elle m'a fait asseoir à côté d'elle, a serré mes doigts et a refusé.

Pour m'amadouer, Rob m'a acheté deux paires de basket : une bleue avec des lacets jaunes et des Nike avec des Velcro. Claire m'a dégoté le plus joli uniforme, une robe chasuble bleu roi avec des bretelles comme pour une salopette, qui se croisaient dans le dos. Mais je ne voulais toujours pas aller à l'école.

Pour le petit déjeuner, chaque matin, nous achetions du pain frais à un marchand ambulant qui passait devant la maison et nous buvions du thé chai sucré avec du lait. Je n'aimais pas cette boisson mais je ne voulais pas le montrer. J'y trempais mon pain tressé et, quand il se désintégrait et que des miettes flottaient dans ma tasse, je déclarais que mon thé était fichu et imbuvable. Mwasiti intervenait : « Laisse-moi t'aider », disait-elle avant d'avaler tout mon thé.

Les après-midi, après que les bonnes sœurs nous avaient libérées, nous courions jusqu'à la maison où nous jouions aux billes, ou traînions dans les rues. Peu à peu, je me suis sentie mieux et j'ai commencé à me détendre. Mwasiti et Dina m'ont présentée à la dizaine de femmes qu'elles appelaient Tatie, qui toutes ont décidé de prendre soin de moi.

Mes cheveux avaient repoussé. Ils étaient épais et indisciplinés. Tous les jours, une des tantes déclarait : « qu'est-ce que c'est que ce bazar ? », avant de me faire asseoir pour les laver et les tresser. Auprès d'elles, je me sentais unique. Tout le monde l'était : « tu as les cheveux les plus longs », « tu as les cheveux les plus courts », « les tiens sont les plus épais »...

Les femmes me donnaient des robes du dimanche bien repassées que leurs filles ne pouvaient plus porter. Elles me proposaient de me couper les ongles et de me les vernir, de me nettoyer les pieds. Durant tout ce temps, elles écoutaient la radio et discutaient fièrement de ce qu'elles allaient préparer au prochain repas : de l'os à moelle, des haricots. Elles se vantaient sans malice des produits qu'elles avaient achetés. « Tu veux savoir ce que j'ai trouvé au marché ? Des oignons frais et de l'ail. Tu as pris de l'ail ? Ah, non ? Je vais te montrer. Regarde comme il est beau. »

Uvira étant au bord du lac, toute la ville mangeait du poisson du lundi au jeudi. Très souvent, au marché, on entendait les gens dire : « J'ai trop de poisson, prends-en. » Les enfants inventaient même des chansons idiotes du style : *Ne sois pas radin. Dans le lac, il y a assez de poissons à sécher, à frire ou à rôtir.*

Les week-ends, c'était la fête. On avait le droit à de la viande – principalement du bœuf ou du poulet –, que l'on agrémentait de sauces élaborées, dont celle à base de feuilles de manioc pilées, cuites dans l'huile de palme avec de l'ail et de la pâte d'arachide ; et tout le monde revêtait ses costumes les plus incroyables. Les femmes et les hommes zaïrois aimaient s'habiller. Je n'ai jamais rien vu de semblable à ce brassage si recherché de modes européennes et africaines : chemises françaises ou italiennes, vestes de style Chanel, foulards de tête à la sénégalaise, vêtements de seconde main importés de France, d'Espagne et des États-Unis.

Au Rwanda, bien s'habiller voulait dire se montrer respectueux, convenable et soigné. Les vêtements servaient à nous dissimuler. Une bonne catholique ne devait pas glorifier son corps ; au contraire, elle devait le cacher sous plusieurs épaisseurs.

Mais le Zaïre n'était pas un pays majoritairement catholique. Il était à la fois musulman, protestant, avec des influences moyen-orientales, africaines, indiennes et européennes – formant ainsi un joyeux métissage. Les vêtements, proches du déguisement, représentaient un moyen d'expression, un hymne flamboyant à la beauté. Les femmes s'habillaient les unes pour les autres, en partie pour prouver que leurs maris, pères et frères subvenaient bien à leurs besoins.

Claire était totalement dans son élément. Un jour elle portait une robe longue aux motifs éclatants, le lendemain, un chemisier cintré et une jupe. Ma sœur a lancé une affaire, elle vendait de magnifiques sacs.

Les vendredis après-midi, les hommes formaient de longues queues devant les échoppes des barbiers tandis que les femmes envahissaient les salons de coiffure. Au crépuscule, certaines se mettaient dans tous leurs états si leurs cheveux n'avaient pas encore été lavés, séchés et coiffés. Les samedis et dimanches, les hommes s'habillaient en costumes et cravates. Les rues vibraient au rythme de la musique, les radios étaient branchées dans les salons et devant les portes d'entrée.

Dès qu'il y avait une nouvelle chanson, les adultes payaient les enfants pour qu'ils dansent. J'étais timide et je ne savais pas comment m'y prendre. Je préférais me glisser derrière Maman Nepele pour regarder le spectacle. Quand personne ne me voyait, je m'entraînais.

Peu à peu, j'ai commencé à oublier. Oublier le camp et le Rwanda. Le soir, en général, nous dînions tous ensemble comme une famille. Nous étions dix ou douze, en comptant un oncle non marié qui venait souvent déjeuner et restait jusqu'au dîner. Maman Nepele lui a fait comprendre que s'il venait chaque jour prendre ses repas à la maison, il devait apporter du poisson.

Nous étions tous assis devant le plat commun de ragoût de patates douces et légumes verts, de haricots ou de sardines grillées. Si on était lent, ce qui était mon cas, on ne mangeait presque rien. Maman Nepele me réservait donc une assiette, une petite portion qu'elle laissait dans la cuisine rien que pour moi. J'adorais cette femme : grâce à cette attention, je me sentais acceptée, je savais qu'on pensait à moi. Et lorsqu'elle me parlait avec douceur en tapotant ma main, je parvenais toujours à me détendre.

J'ai fait de grands progrès en swahili. Dans cette langue, les mots ressemblent à une danse. Ce sont eux qui me viennent à l'esprit lorsque je suis en colère, car c'est en swahili que j'ai appris à exprimer pleinement mes émotions.

Tôt le matin, dans l'obscurité, Mwasiti, Dina et moi gloussions dans notre lit pendant que Maman Dina scandait ses longues prières délirantes. Les week-ends, nous sortions la télévision sur la véranda et dansions dans la grande cour. Nous étions une dizaine d'enfants, qui essayions de reproduire les chorégraphies des clips de Papa Wemba.

Une nuit, j'ai fait un rêve très étrange, celui d'un chat noir portant des boucles d'oreilles qui se transformait en être humain. Quelques jours plus tard, une femme est venue à la maison. J'ai pensé qu'elle était la femme-chat. J'ignorais pourquoi, mais personne ne l'aimait. J'ai parlé de mon rêve et de cette femme à Claire. Ce genre de propos, m'a avertie ma sœur, pouvaient créer des ennuis aux gens. Les Rwandais prennent les rêves très au sérieux. En général, le matin au réveil, ils demandent : « De quoi as-tu rêvé cette nuit ? » C'est une manière de dire bonjour.

Peut-être que cette vie, au Zaïre, était ma vraie vie et que tout ce qui s'était passé avant n'était qu'un rêve.

Claire se sentait prisonnière. Elle voulait aller à l'école, comme Rob le lui avait promis, mais c'était désormais exclu : ma sœur était enceinte. Elle prenait donc son mal en patience dans la maison familiale de son mari et me répétait qu'un jour, bientôt, nous rentrerions chez nous.

Je savais qu'elle mentait. Elle l'ignorait, j'en étais consciente, et pour cette raison je lui en voulais. Personne n'avait de téléphone. Personne n'évoquait même l'idée de contacter mes parents car c'était impossible. Plus aucune de mes chaussures du Rwanda ne m'allait. Mes dents étaient tombées et je détestais les nouvelles.

Claire occupait ses journées à s'habiller : robes kitenge, imitations de vêtements chics européens… Que pouvait-elle faire d'autre ? Rob partait deux à trois semaines d'affilée pour ses missions dans le camp. Il avait un bon travail, il était un fils gentil et un mari respectueux. Quand il rentrait à Uvira, il rapportait des cadeaux : des crèmes de luxe pour sa mère, des produits de beauté pour Claire et, pour tous les enfants, des maillots de foot nigérians de la coupe du monde. Chacun était rangé dans son tube en plastique que nous gardions précieusement. Il donnait une partie de son salaire à sa famille élargie et avait acheté un petit terrain en haut de la colline avec vue sur le lac. Il avait l'intention d'y construire une maison pour Claire, lui, le bébé et moi.

Quand le ventre de Claire s'est arrondi, toute la ville d'Uvira a commencé à l'appeler *dada*, le mot en swahili qui veut dire « sœur ». J'en étais terrifiée. Ma grand-mère nous avait dit : « Si on perd sa langue, on disparaît. » Claire ne pouvait pas perdre son nom.

Pour Noël, juste après mes huit ans, une amie de ma sœur m'a offert un sac à dos Mickey et Minnie. Il était rose fluo, avec des bretelles orange ; une ceinture, également orange, s'attachait à la taille en émettant un petit claquement réjouissant. Minnie était vêtue d'une robe à pois rouge et blanche, elle et Mickey portaient d'énormes chaussures blanches. J'adorais ce sac.

Celui de Maman Nepele était rempli de trésors : des crèmes, des stylos, une petite bible. Dans le mien, j'ai rangé la pierre que j'avais rapportée du camp de réfugiés et mes billes préférées, avec l'intention de les montrer un jour à Pudi.

Quelques mois plus tard, en mars, Claire, alors âgée de dix-sept ans, a été admise à l'hôpital du centre-ville d'Uvira, comme n'importe quelle autre femme enceinte de la communauté. Elle a donné naissance à Mariette. Elle est alors devenue une sorte de petite célébrité locale, notre jeune reine. Les gens lui apportaient de la nourriture, des *kanga*, des chaussons confortables, des bijoux, tout ce qu'elle désirait. Après l'école, je traînais en attendant les restes.

Certains jours, Maman Nepele organisait un petit dispensaire pour les filles et moi. Elle nous apprenait à tenir correctement la tête de Mariette, à changer ses couches, à lui donner le bain, à la préserver de la chaleur ou de la fraîcheur. Quant à moi, je trouvais le cordon ombilical de ma nièce répugnant et j'en grimaçais de dégoût. Un jour, Maman Nepele a saisi ma main et m'a dit : « C'est grâce à ça que le bébé était relié à sa mère.

— Et où ça va ? ai-je demandé. Cette partie qui relie ?

— C'est un autre sujet », m'a-t-elle répondu.

Pourtant, je suis tombée amoureuse. Mariette était une vraie poupée, ma poupée. Je voulais qu'aucun autre enfant ne la touche à part moi. Je n'avais qu'une obsession : la garder propre.

Claire était moins possessive et autoritaire. Elle adorait sa fille, mais elle ne semblait pas vouloir de cette vie-là.

Nous descendions la colline pour aller nager dans le lac. Nous passions devant les manguiers, les goyaviers, le marché aux poissons et les belles maisons construites au bord de l'eau. Sur le chemin, les enfants n'arrêtaient pas de se taquiner entre eux. « Si tu veux tresser les cheveux de Clemantine, tu ferais mieux de réserver tout le mois ! Elle a une chevelure aussi épaisse qu'une forêt. »

Je n'avais aucune répartie. Il faut dire que ma mère me punissait si je disais à Pudi ne serait-ce qu'il avait une grosse tête. Heureusement, j'étais capable de discerner l'affection contenue dans ces plaisanteries.

Nous nagions toute la matinée, jusqu'à ce que notre peau prenne une teinte terreuse et soit toute plissée. Puis nous remplissions des seaux d'eau, versions de la poudre Omo et lavions nos vêtements. En attendant qu'ils sèchent, nous nous allongions au soleil sur le sable. En général, Maman Nepele nous donnait de l'argent et l'un d'entre nous courait au marché acheter du pain de manioc et du poisson grillé pour le déjeuner. Je ne voulais jamais rentrer à la maison, en haut de la colline.

Mariette avait quatre mois quand deux autres cousins, Mado et Patrick, sont venus vivre avec nous. Ils sont arrivés sans leurs parents, à bord d'un bateau en provenance du sud. Ils portaient de grands sacs remplis d'huile de palme rouge, de poisson séché et de pain de yuca. Même si la situation n'était pas encore dramatique, leurs parents avaient de plus en plus de mal à assurer leur protection et à les nourrir.

Mado, qui avait mon âge, était encore un peu potelée. Patrick, du haut de ses cinq ans, estimait pouvoir être traité en bébé. Il usait de son charme pour se plaindre sans arrêt, soit d'avoir trop chaud, ou trop froid, ou d'être trop petit pour participer aux corvées. Il voulait toujours qu'on chante pour lui. Seule Mado le faisait.

Certains soirs, il y avait des coupures d'électricité. J'adorais ces moments. Je me souviens d'une nuit particulièrement obscure, avec son ciel d'un bleu profond et ses grandes ombres noires. Ce jour-là, tous les enfants du quartier sont venus jouer à Kick the Can chez nous car nous possédions la plus grande cour. Parmi eux, il y avait Serge, un garçon de l'école à la peau très noire dont j'étais amoureuse. Toute la journée, en classe, je gribouillais son nom dans mon cahier. Lui me dessinait des fleurs sur des bouts de papier. Mais nous ne parlions jamais.

La nuit s'écoulait avec une lenteur délicieuse. Nous jouions depuis des heures. Il était déjà très tard, nos membres et nos paupières étaient lourds d'épuisement. Serge s'est fait prendre et s'est retrouvé dans notre prison, où plusieurs enfants attendaient déjà. Peu après, j'ai entendu mon nom : j'avais été repérée. Si je ne voulais pas finir moi aussi en prison, il fallait que je me sauve. Jamais je n'ai couru aussi vite. J'ai réussi à atteindre le seau et j'ai donné un coup de pied dedans, libérant ainsi Serge et les autres prisonniers. C'était une grande victoire.

Ils m'ont soulevée comme une star du foot qui aurait marqué le but victorieux. « La prochaine fois, je veux que tu sois dans mon équipe », a dit Serge en souriant.

Les gens étaient tellement gentils. Il y a un joli mot en swahili : *nishauri*. Il signifie : « Conseille-moi. » Quand quelqu'un était furieux contre une autre personne, il venait chez elle, s'asseyait, palabrait puis disait : « C'est très irrespectueux et je pense que nous devrions nous concerter pour découvrir le moyen d'avancer. Faisons la paix et trouvons une belle conclusion. »

Le charme s'est rompu quelques mois plus tard. Des étrangers sont arrivés en nombre à Uvira. Ils ont frappé aux portes pour mendier de la nourriture. Le Zaïre était la fierté de l'Afrique centrale car il s'était libéré du joug des Belges. Mais à présent, les combats avaient éclaté au nord du pays.

Les soldats affamaient les habitants en empêchant l'approvisionnement en nourriture, c'est à peu près tout ce que j'ai compris. Maman Dina et Maman Nepele ont cuisiné plus de poisson et de riz afin de nourrir les personnes désespérées qui venaient chez nous.

Mais les gens continuaient à affluer, ils descendaient des bus, se déversaient dans les marchés, vidaient les étals. Maman Dina priait sans plus aucun filtre : « Dieu, protège les enfants armés. Apporte-leur la paix. Libère leurs esprits. Dieu, prends soin des affamés. »

Bientôt, notre famille a manqué de nourriture. Les hommes ont arrêté de pêcher car cela devenait trop dangereux. Nous mangions une fois par jour. L'école a fermé. La police a instauré un couvre-feu. L'eau et l'électricité ont été coupées. Comme à Kigali, le monde s'est replié sur lui-même.

Les prières de Maman Dina sont devenues plus bruyantes et intenses. « Dieu, redonne du bon sens à ceux qui lancent des bombes. Apporte des médicaments aux malades et aux mourants. Dieu, frappe ceux qui font du mal. Dieu, protège notre maison. »

La police et les soldats se sont regroupés sur les bords du lac. Le soir, on entendait des tirs.

« Dieu, c'est ta maison. Elle ne tremblera pas à cause d'un orage. Pas un orage créé par les hommes. »

Claire ne voulait pas attendre que la situation empire davantage. Rob s'est organisé pour que ma sœur, Mariette et moi prenions un bateau afin de rejoindre une ville proche de Kazimia, où vivait l'un de ses oncles. Claire a rassemblé ses bijoux et ses vêtements pour emporter tout ce qu'elle pourrait vendre. Elle m'a demandé de fourrer mes vêtements dans mon sac à dos. Nous devions partir.

Ça n'a pas été une décision commune, nous n'avons pas eu de véritable échange : « Je pense que nous devons partir. Comment te sens-tu par rapport à ça ? » Non, ça a été un ordre : « On part, maintenant. »

Le bateau nous a déposées sur le rivage ouest du lac Tanganyika, près de la rivière Lukuga, un paradis équatorial luxuriant. C'était un endroit splendide, que j'ai détesté dès que j'y ai posé le pied. À notre arrivée sur le quai, les soldats ont hurlé : « Vingt dollars, vingt dollars, vingt dollars. » Claire leur a tendu l'argent. « Papiers, papiers », ont-ils poursuivi. Claire leur a montré nos faux documents. Ils nous ont laissées passer.

L'oncle de Rob était un pasteur très respecté pour avoir converti le village entier au christianisme. Nous avons été accueillies à bras ouverts, à tel point que certains sont devenus méfiants et ont commencé à faire circuler des ragots. Qu'avions-nous de si exceptionnel ? Mais dans la maison du pasteur, comme à Uvira, toutes les femmes voulaient tresser mes cheveux. Elles voulaient me prendre sous leur aile. Elles voulaient me faire la cuisine et m'apprendre à moudre le manioc. Je n'avais pas envie de leur affection. Pour moi, c'en était fini d'appeler « tatie » chaque nouvelle tête. J'étais incapable de tout recommencer.

Je me suis mise à penser que j'avais commis une erreur à Uvira. J'avais baissé ma garde. Je m'étais autorisée à croire que j'y avais ma place. Mais je n'en avais aucune, et n'en aurais plus jamais. Où que j'aille, j'étais destinée à m'en aller, à m'en aller encore puis à mourir. Cela n'avait aucun sens de laisser quiconque devenir proche de moi.

Lorsque je me promenais dans le village, les gens me demandaient : « Il était bon, ton thé, ce matin ? Comment va la famille ? Je vois que tu as acheté trois miches de pain. Tu as de la visite ? D'où viens-tu ? » Je n'avais pas de réponse à la dernière question.

J'ai préféré me concentrer sur Mariette. Elle était ma Barbie géante : joyeuse, souriante, innocente. Claire disparaissait souvent durant la journée et j'ignorais où elle allait. Peut-être souffrait-elle de toutes les règles et de tous les rôles que les villageoises tentaient de lui imposer – « Sois une femme comme ci, une mère comme ça ». Pour ma part, je m'étais assignée la fonction de mère de huit ans de Mariette. Je la portais partout. Je la nourrissais dès qu'elle émettait le moindre son. Je la regardais faire la sieste.

Parfois, la cousine de Rob qui avait trois enfants insistait pour s'occuper de ma nièce. Elle croyait se montrer gentille, mais dans de tels moments, je me sentais menacée et rejetée. Elle attachait Mariette dans son dos à l'aide d'un pagne. Elle allait la baigner dans le lac. Elle marchait en chantant jusqu'à ce que la petite s'endorme. Pour tout cela, pour son aisance, je la haïssais. C'était une femme trapue et vigoureuse, qui criait sur ses enfants quand ils se comportaient mal. Mais moi, je n'avais personne pour me crier après.

Pudi, avec son maillot Adidas malodorant, me manquait plus que jamais. Mais son image s'estompait dans mon esprit. Je me souvenais des albums de Tintin, du savon qui nous faisait glisser dans la cour, des instants où je le regardais grimper dans des arbres frêles. Je revoyais ses bras noirs et maigres. C'était tout. Je me sentais si profondément seule.

Je n'avais jamais attendu de Claire qu'elle me couve. Déjà, avant notre fuite, nous avions d'affreuses disputes. À cinq ans, je lui avais volé sa montre blanche. Je l'avais glissée dans mon cartable pour la montrer aux autres élèves de mon école. Mais même après avoir été punie par ma mère, j'avais été incapable de la retrouver. Claire ne m'avait jamais pardonné.

À présent, ma sœur était toute ma vie, et elle partait sans cesse. Je changeais la couche de Mariette quinze fois par jour. Je voulais que son derrière soit sec, bien sec. J'avais peur que nous n'ayons pas assez de talc. Je ne voulais pas qu'elle risque une inflammation. Il ne fallait pas qu'elle tombe malade. Elle devait rester propre, impeccablement propre. Je n'autorisais quasiment personne à la toucher. Quand Claire était de retour, à la fin de la journée, je lui demandais : « tu as lavé tes mains ? » avant de lui permettre d'allaiter sa fille.

Enfin, Maman Nepele nous a rejointes. J'ai pleuré de soulagement. Malheureusement, à ce moment-là, Kazimia aussi était touchée. L'eau et l'électricité avaient été coupées et remplacées par la terreur.

Pour fuir Kazimia, il ne fallait pas seulement longer le rivage du lac Tanganyika, il fallait aussi le traverser. Le voyage durait six heures. Nous nous sommes entassées dans une petite embarcation avec cinquante personnes affolées, dont l'une des cousines de Rob. Nous emportions avec nous toute notre vie, ou du moins ce qu'il en restait. La cousine de Rob avait perdu son bébé quelques mois auparavant. Il avait été atteint par la malaria et elle n'avait eu aucun médicament pour le soigner. Un désastre naturel amplifié par la guerre.

Dès le départ nous avons pris l'eau. La seule façon de ralentir notre naufrage était d'alléger le bateau, de sacrifier nos biens en échange de nos vies. Les passagers ont donc jeté leurs objets personnels par-dessus bord : photos encadrées, argenterie, bijoux, et les ont regardés disparaître.

Les visages de ces gens, leurs regards, étaient déformés par la frayeur. Il aurait été plus naturel de crier. Mais nous avions tous été entraînés à nous taire afin de ne pas nous faire tirer dessus. Et quel intérêt, de toute façon, puisque tous les visages bouleversés semblaient déjà hurler ? Une femme a jeté une par une ses assiettes en porcelaine ; puis elle a continué avec ses tasses en verre.

Pourtant, l'eau froide a continué de monter, elle a atteint doucement les mollets des adultes et a recouvert mes genoux.

J'ai prié, comme le faisait ma mère, tous les saints dont je me souvenais : Marie, Rose, Catherine. Puis j'ai prié comme Maman Dina. J'ai promis à Dieu que si nous parvenions jusqu'à l'autre rive, Il pouvait me tuer de la manière qu'Il souhaitait. Mais Mariette et tous les autres enfants à bord ne devaient pas périr de cette façon.

Je Lui ai promis que si nous nous en sortions, je serais la meilleure enfant du monde, et la meilleure des sœurs. J'allais devenir tellement gentille et aimable et généreuse... mais je ne voulais pas mourir dans l'eau. Car on ne peut y laisser aucune trace.

J'ai déclaré à Dieu qu'Il pouvait m'ôter la vie partout, mais pas là. J'ai prié pendant des heures en sanglotant tandis que tout le monde, sur le bateau, était silencieux. J'ai prié si longtemps que je n'avais plus rien à dire.

L'eau était pareille à un monstre. Claire avait soulevé Mariette, alors âgée de sept mois, au niveau de sa poitrine. J'aurais souhaité porter ma nièce, mais j'étais trop petite. Je ne supportais pas l'idée qu'elle puisse mourir. La vie était plus facile émotionnellement quand Claire et moi n'étions que toutes les deux.

Désormais, nous étions responsables d'une autre existence qui risquait de se faire engloutir par cette gueule béante. La lune était pleine. Je rêvais de devenir aussi légère que l'air, de me désintégrer et de me disperser dans le vent. L'eau est montée jusqu'à ma taille. Ma voix s'est éteinte. Plus personne ne parlait.

6

À la Christian Heritage Academy, mon professeur d'anglais de quatrième a inscrit « génocide » dans une liste de vocabulaire. J'ai immédiatement haï ce mot.

Je ne comprenais pas son utilité. Aujourd'hui, je le déteste, je le honnis. C'est un mot net et efficace qui ne contient pas une once d'émotion. Il est impersonnel quand il devrait être profond ; froid et stérile quand il devrait être atroce. Ce mot est vide, il est factuel mais déloyal, il n'est qu'un artifice, le pire des mensonges.

Le mot « génocide » ne peut pas rendre justice à ce qu'il décrit – ce n'est pas son but.

Il ne peut pas vous révéler, ne peut pas vous faire ressentir ce que j'ai ressenti au Rwanda. Ce que j'ai ressenti au Burundi. Il ne peut pas faire renaître mon envie d'être invisible, moi qui savais que quelqu'un voulait ma mort, à un moment de ma vie où je ne pouvais pas encore en comprendre le sens.

Le mot « génocide » ne peut pas décrire ce que j'ai éprouvé quand ma mère a refusé que je prenne ma tasse en terre cuite dans notre maison de Kigali, pour l'emporter chez ma grand-mère à Butare. Le mot « génocide » ne peut pas expliquer pourquoi je pense toujours à cet instant, pourquoi cette tasse me manque encore, pourquoi je m'interroge toujours sur les raisons pour lesquelles ma mère ne m'a pas laissée la prendre. Serait-ce parce qu'elle connaissait la véritable ampleur du danger auquel nous étions confrontés, parce qu'elle savait que celle que j'étais – que nous étions – à ce moment serait détruite à jamais ? Voulait-elle conserver une petite part de l'être innocent de six ans que j'étais alors ?

Le mot « génocide » ne permet pas d'appréhender les expériences individuelles – celle, authentique, de chacun des millions d'êtres humains qu'il prétend décrire. Celle de l'enfant qui fait le mort dans la mare du sang de son père. Celle d'une mère à genoux qui pleure à jamais de chagrin.

Le mot « génocide » ne peut expliquer la douleur qui ne nous quitte pas, même si nous continuons à vivre.

Le mot « génocide » ne peut venir en aide aux civils. Il n'est utile qu'aux politiciens qui siègent à l'ONU, qui discutent avec leurs pairs dans leurs beaux costumes : « Comment allons-nous régler ce problème ? Ces gens ont commis de tels crimes. Ils ont subi de telles atrocités. Ils ont besoin d'eau, de nourriture, et oh... attendez... » Leur attention est détournée, ils passent à autre chose.

Le mot « génocide » est clinique, excessivement général, déshumanisant, il ne contient pas une goutte de sang.

« C'est comme la Shoah ? » me demandait-on, et me demande-t-on encore.

Même aujourd'hui, je ne sais pas comment répondre en restant polie. « Non, ai-je envie de hurler, ce n'est pas comme la Shoah, ni les Champs de la Mort au Cambodge, ni le nettoyage ethnique en Bosnie. » Il n'existe pas de terme fourre-tout qui prouve que l'on comprend.

Il n'existe pas de sticker que les gens peuvent coller sur le revers de leur vêtement afin d'indiquer qu'ils ont fait leur devoir, qu'ils ont accompli leur travail moral de mémoire. Tout ceci – le Rwanda, ma vie – est une tragédie différente, spécifique, personnelle, comme chacune de ces monstruosités était une tragédie différente, spécifique, personnelle. Et dans toutes ces cases soigneusement étiquetées, il y a

6 millions, ou 1,7 million, ou 100 000 ou 100 milliards de vies détruites.

On ne peut pas regrouper des atrocités pour qu'elles forment un ensemble.

On ne peut pas témoigner avec un seul mot.

En ce mois d'avril, j'ai commencé à lire *La Nuit,* d'Elie Wiesel[8]. J'avais seize ans. Le livre m'a effrayée et réconfortée. Je ne pouvais pas le lâcher. Le personnage principal n'était pas un objet de curiosité, il n'était pas un membre de la catégorie particulière des « martyrs ». Wiesel était blanc, européen, de sexe masculin et juif. Wiesel était moi.

Il exprimait des idées que j'avais honte de penser, des vérités que j'avais peur d'admettre. Il racontait sa marche dans la neige, le froid, les bouchées de pain et les cuillerées de neige, un pied si gelé qu'il paraissait ne plus lui appartenir : « Il s'était détaché de mon corps comme la roue d'une voiture. Tant pis. » J'avais fui en pleine chaleur, mais c'était la même marche, désespérée, désincarnée, irréelle. Je ne pouvais pas m'arrêter de regarder la page. J'avais besoin d'en étudier tous les détails, et chacun d'eux m'humiliait. La manière dont il parlait de son père, la dévotion et le ressentiment qu'il éprouvait envers lui. C'était moi avec Claire.

Je ne connaissais pas encore l'histoire politique du Rwanda. Je savais seulement que l'avion du président de la République avait été abattu. Je m'en souvenais, à présent. Ma mère, terrifiée, était venue dans ma chambre un matin de bonne heure et m'avait annoncé que le président avait été tué, puis elle s'était agenouillée pour prier. Je n'en savais pas plus. À cette époque, j'imaginais l'ennemi comme des méchants prêts à venir nous voler, mais en pire. Je pensais : *Abajura*... Ils arrivent.

Ils ont fini par arriver et j'ai dû fuir. Ces méchants m'ont volé mes parents.

8. *La Nuit,* d'Elie Wiesel, est paru aux Éditions de Minuit en 1958.

Ces dernières années, je n'avais aucun repère. N'ayant rien pour m'aider à mettre en ordre ou à ancrer mes pensées, j'ai cessé de tenter de les organiser ou de les refréner. Je n'ai pas non plus posé de question. Personne ne souhaitait que je le fasse. Un de mes cousins dormait parfois chez Claire. Il se réveillait de ses cauchemars en hurlant. Mais le mieux, visiblement, était d'être comme ma sœur. Elle était insensible. Elle se concentrait uniquement sur la vie qu'elle construisait ici et maintenant. Elle n'avait nulle intention de déterrer et d'examiner sous le soleil de l'Amérique du Midwest des secrets que nul ne voulait connaître.

On m'avait fait taire tant de fois. Ma mère, mon père, ma sœur. Tout le monde, chaque fois que je posais une question, me répondait : « Tu parles trop. » *Checkeka.*

Il me restait quelques vagues fragments de souvenirs. Je me rappelais ma mère qui pliait des affaires et les rangeait avec des gestes qui n'étaient pas les siens.

Je me rappelais ma grand-mère qui enterrait des objets dans le jardin, des objets que personne n'enterrait ; lorsqu'elle m'avait vue l'observer, elle m'avait renvoyée dans la maison.

Petite fille, j'avais été accaparée par mon besoin de découvrir le monde. Mais ensuite, tout ce que j'avais appris à connaître avait été balayé. Durant les années qui avaient suivi, j'avais cherché à en rassembler les morceaux. Mais mon esprit n'était pas parvenu à intégrer l'idée qu'un groupe de gens en avait assassiné un autre – des personnes avec qui ils vivaient, qu'ils connaissaient. C'était catégoriquement, profondément, fondamentalement mal. C'était comme de vouloir ranger une tornade dans une commode. L'univers ne fonctionnait pas ainsi.

À présent, j'étais là, à Kenilworth, je traversais une faille spatio-temporelle d'un million de kilomètres de large, et j'apprenais comment un groupe de gens en avait tué un autre, des personnes avec qui ils vivaient, des personnes qu'ils connaissaient. Ce génocide, ai-je lu en des termes très neutres, avait commencé le 8 avril 1994 et avait duré cent jours. Les Hutus avaient tué les Tutsis.

Un mouvement politique fasciste radical hutu, nommé Hutu Power, s'était servi de la radio pour répandre sa propagande ignoble et cynique : les Tutsis étaient des sous-hommes, des insectes. « Les cafards – *inyenzi* – n'ont pas le droit de vivre ici, disaient-ils. La richesse des cafards crée votre pauvreté. Les cafards utilisent leur ruse et leurs sorts pour voler et souiller vos femmes. On ne peut pas leur permettre d'exister. »

Les fascistes ne toléraient pas ceux qui émettaient des réserves ou refusaient de participer. « Tout le monde, tous les Hutus, doivent rejoindre la cause, qui est de tuer les cafards, de violer les femmes cafards, et si un Hutu, homme ou femme, n'accomplit pas son devoir, il sera lui aussi tué ou violé. »

Les chefs préparaient ces actes de sauvagerie depuis des années. Ils stockaient des armes. Ils ont prétendu que l'assassinat des cafards était un acte d'autodéfense nécessaire, légitime et honorable.

J'étais dévastée rien qu'en pensant à la radio, l'objet physique installé dans le salon de mes parents. Elle était là, à cracher sa haine.

J'ai essayé de lire le livre de Philip Gourevitch, *Nous avons le plaisir de vous informer que, demain, nous serons tués avec nos familles*. Ce récit est un compte rendu méticuleux de ce qui s'est passé au Rwanda en 1994 : les assassins qui suivaient tranquillement leur liste de victimes ; les massacres dans les églises ; la monstruosité délibérée des leaders du Hutu Power qui armaient tout le monde de machettes – ils voulaient que les meurtres de Tutsis soient douloureux et grotesques. Les camps de la mort nazis étaient trop ordonnés pour eux. J'ai rempli les 135 premières pages du livre de petits Post-it bleus et roses. Puis je me suis arrêtée, incapable de poursuivre. La photo de couverture du livre montre une chaise vide au bord du lac. Si on ne sait rien, l'eau paraît calme. Une fois que l'on comprend un tout petit peu, on sait que l'apocalypse gronde en dessous.

J'ai pourtant continué à me renseigner, à creuser les faits. Presque quatre-vingts ans avant le génocide, les Belges avaient colonisé le Rwanda et l'avaient contaminé avec leur science aussi cruelle que mensongère : l'eugénisme. Avant cela, les Rwandais avaient vécu ensemble dans une paix relative. Puis les Belges avaient développé leurs théories racistes. Ils avaient mesuré les nez et les crânes des gens. Ils avaient inventé et utilisé des graphiques indiquant les degrés de pigmentation, et les avaient utilisés pour diviser les citoyens entre Tutsis, Hutus et Twas. Les Hutus formaient une majorité écrasante, avec environ 84 % de la population ; les Tutsis en représentaient 15 %, les Twas, 1 %.

Une fois les trois ethnies définies, les Belges avaient distribué des cartes d'identité. Ensuite, ils avaient mis en place une politique sociale et organisé des campagnes de propagande visant à monter les races les unes contre les autres. Ils avaient dirigé la haine des citoyens rwandais contre eux-mêmes, la détournant ainsi des colonisateurs. Les Tutsis, affirmaient les Belges, étaient proches des Européens. Ils méritaient le respect, le pouvoir, l'éducation et le bétail. À l'inverse, les Hutus étaient stupides, infantiles, sales et paresseux. Quant aux Twas, les Belges n'en avaient que faire.

Les Belges avaient quitté le Rwanda en 1961 et 1962, mais leurs idées toxiques avaient eu le temps de s'enraciner. Et des années plus tard, il s'était produit quelque chose de tellement atroce que nous ne pouvions même pas en parler. Le reste du monde avait abandonné le Rwanda durant ses heures les plus sombres et il devait vivre désormais avec cette tache morale. Le 8 avril 1994, le jour suivant le meurtre du président rwandais, dix soldats belges, restés dans le pays pour protéger le Premier ministre, avaient été emmenés dans une base militaire et tués, battus ou massacrés à l'arme blanche. Et cela avait suffi. Dix vies, et les gardiens de la paix de l'ONU étaient partis du Rwanda ; la communauté internationale était partie du Rwanda. Ce qui s'y déroulait était trop effroyable, trop sauvage, trop dangereux. Tous ces pays qui avaient mis un terme à la Seconde Guerre mondiale en affirmant « plus jamais ça » nous avaient tourné le dos. Nous, les Africains, pouvions bien nous entre-tuer si nous le souhaitions. C'était notre problème, à nous et à personne d'autre.

Et, des années plus tard, alors que j'étais en classe à Kenilworth, les assassins étaient jugés devant des centaines et des milliers de tribunaux de villages appelés *gacaca*, car le système judiciaire en place au Rwanda ne pouvait pas gérer autant d'affaires. Le but de ces procès était de reconnaître coupables et de condamner les bourreaux, ainsi que de guider la population vers la résilience, à la manière de la commission sud-africaine Vérité et Réconciliation. C'était une façon de permettre aux gens de coexister avec la famille voisine qui avait assassiné la leur, avec les fils, pères et frères des voisins qui avaient violé leurs filles, mères, sœurs et épouses. Des reportages sur les *gacaca* alternant sentiments d'horreur et sang-froid ont été publiés dans le *Chicago Tribune*. À Kenilworth, tout le monde lisait le journal puis me regardait, triste et inquiet, attendant de me voir réagir.

Mes pensées et mes sensations se sont de nouveau embrouillées. Je me suis sentie étourdie. J'avais chaud. Le temps fondait, coulait puis se reconstituait ; il se solidifiait en prenant un aspect déformé. Le *Chicago Tribune* a parlé de 800 000 victimes. Je ne parvenais pas à comprendre comment ce chiffre pouvait correspondre à celui de personnes assassinées. Mon échelle de référence était bien trop différente. Cela ne pouvait pas être le nombre de morts. Mes professeurs voulaient m'aider. Ils m'ont invitée à poser des questions sur tout ce que je souhaitais. Je me sentais épuisée.

J'ai lu *La Nuit* dans mon lit. J'étais subjuguée. Mme Thomas m'a appelée pour venir dîner mais je lui ai répondu que j'étais malade et incapable de manger.

Dans ce livre, Wiesel a tout dit. Avec une telle profondeur, une telle efficacité. Lui, le petit déporté de quinze ans, avait perdu son nom. Il avait perdu tout sens de lui-même. La dépravation de ses persécuteurs avait fait de lui un homme dépravé. « Le pain, la soupe – c'était toute ma vie. J'étais un corps. Peut-être moins encore : un estomac affamé. »

J'étais fascinée, peut-être surtout par sa volonté de questionner l'existence de Dieu. Je n'ai jamais connu personne qui ait fait une telle chose. Ni ma mère ni Claire. Le seul livre qu'elles lisent encore, c'est la Bible. À Kigali, ma mère avait érigé un sanctuaire pour des saints dont aucun n'avait une couleur de peau semblable à la sienne. Les Thomas, les Becket, les Beasley ne se questionnaient jamais non plus sur Dieu. Ils Le priaient quotidiennement. Ils ne doutaient jamais de Sa sagesse. Pourtant, comment Dieu pouvait-il exister ?

Wiesel avait la seule réponse possible : Dieu était cruel. « Où est-Il ? écrit Wiesel. Le voici – il est pendu ici, à cette potence. [...] Loué soit Ton Saint Nom, Toi qui nous as choisis pour être égorgés sur Ton autel. » Je ne pouvais pas accepter ce que je lisais et je ne pouvais pas lâcher ce livre.

Wiesel n'était – je n'étais – rien. Il était réduit à rien, et cependant, il contenait en lui un univers d'ignominies. « J'entraînais ce corps squelettique qui pesait encore si lourd. »

« Les jours ressemblaient aux nuits et les nuits laissaient dans notre âme la lie de leur obscurité. »

Le père de Wiesel avait été atteint de dysenterie, comme Claire l'avait été. Il était mort sur sa paillasse au-dessus de son fils, à Buchenwald, et Wiesel n'avait rien ressenti, sauf un soulagement, celui d'être débarrassé du fardeau de l'amour dans un monde rendu tellement obscur. « Je ne pleurais pas, et cela me faisait mal de ne pas pouvoir pleurer. Mais je n'avais plus de larmes. Et, au fond de moi-même, si j'avais fouillé les profondeurs de ma conscience débile, j'aurais peut-être trouvé quelque chose comme : enfin libre !... »

J'ai fini *La Nuit* en deux jours. L'après-midi suivant, durant une pause, je me suis assise sur le divan de la classe de mon professeur d'anglais, Mme Ledbetter, et j'ai attendu.

« C'est exactement ce qui nous est arrivé, ai-je dit lorsqu'elle est entrée dans la salle. La marche. Tout. On nous dépouille de tout, et à la fin, on n'est plus personne. »

J'ai montré mon livre à Mme Ledbetter. J'avais souligné ou surligné dix phrases ou formules par page. J'ai relu le livre deux, trois fois, pour m'assurer que je n'étais pas folle.

J'ai écouté la version audio. J'étais fascinée par la détermination de Wiesel à se décrire sans pitié, sans honte ni sentimentalité, à raconter en détail toutes les abominations qu'il avait subies et à se considérer lui-même comme appartenant au monde déchu.

Je n'avais pas encore de mots pour décrire les atrocités que j'avais vécues. Je n'en ai pas vraiment aujourd'hui. Mais après avoir lu *La Nuit*, je me suis souvenue de tous ceux, à Kigali, qui se traitaient de serpents et de cafards.

Je me suis souvenue des gens marchant avec leurs bagages posés sur la tête ; faisant tomber leurs affaires sur le bas-côté de la route et s'effondrant à côté d'elles.

Je me suis souvenue des voix paniquées brisant le silence, de ceux qui demandaient : « Vous l'avez vu ? », des enfants qui criaient : « Où est ma maman ? »

Je me suis souvenue de tous ces individus qui ricanaient et se rabaissaient les uns les autres. « Regarde comment ils marchent. Regarde leurs petites jambes. Regarde leurs hanches larges. » J'avais appris un terme pour définir la guerre, ou le conflit, ou que sais-je encore : *intambara*. Pendant des années, il avait été la case dans laquelle j'avais essayé de tout ranger dans mon esprit. Uniquement dans cette petite case. Ce n'était pas suffisant. Un seul mot ne suffit pas.

J'avais besoin d'une pièce d'identité. Toute la classe de quatrième prenait l'avion à destination de Washington pour un voyage scolaire autour du thème de la guerre civile et de celle du Vietnam. Afin de pouvoir partir avec eux, il me fallait des papiers. J'avais seize ans et ne détenais ni acte de naissance ni passeport. Claire et moi avions essayé par deux fois d'obtenir des pièces d'identité. Nous avions fait la queue au DMV[9] pour faire une demande auprès de l'État de l'Illinois, mais chaque fois, quand nous arrivions devant le comptoir, un employé jetait un œil à nos formulaires d'immigration I-94 tout déchirés puis nous les rendait en disant : « Suivant. »

Sauf que sans pièce d'identité, je ne pouvais pas aller à Washington. L'État ne me reconnaissait pas comme une personne à part entière, avec les mêmes libertés et les mêmes droits que les autres. M. Thomas a décidé de s'en mêler.

Selon ce qui avait été établi tacitement, c'était Mme Thomas qui était en charge d'organiser ma vie de collégienne de banlieue privilégiée : gérer les allers-retours

9. Department of Motor Vehicles : administration délivrant des permis de conduire, mais aussi des pièces d'identité limitées à l'État.

à l'école, le linge, les repas, les leçons, s'assurer que tout allait bien, ainsi que de me gratifier quotidiennement de milliers de marques de bonté. Mme Thomas s'était donné comme mission de soulager ma peine, du moins celle que je voulais bien montrer. Si j'étais malade, elle m'apportait un bol de soupe et des crackers. Si quelqu'un nous regardait bizarrement, elle déclarait de son accent traînant : « C'est mon autre fille, ma fille africaine. »

M. Thomas était avocat. Mon problème de pièce d'identité faisait donc partie de son périmètre. Un samedi matin, il m'a réveillée à 6 heures et nous avons pris la voiture pour nous rendre au secrétariat des services de l'État de l'Illinois. Il avait prévu de tenter sa chance en tant que citoyen modèle et Américain blanc. À part mon formulaire I-94, le seul document d'apparence officielle rédigé à mon nom, j'étais en possession d'un visa de sortie du Burundi indubitablement faux. Nous sommes arrivés sur place et avons attendu. À 7 h 30, les bureaux ont ouvert et nous avons reçu un numéro.

Une heure plus tard, je me tenais en silence devant le comptoir tandis que M. Thomas se lançait dans le récit de mon histoire. « Cette jeune demoiselle vient du Rwanda. À six ans, elle s'est enfuie par la porte de derrière juste à temps pour échapper au génocide. Elle a vécu six ans dans des camps de réfugiés avant de s'installer à Chicago et de venir vivre chez nous. Elle a la possibilité d'aller à Washington avec sa classe de quatrième. Je crois que l'État de l'Illinois voudrait l'encourager à s'y rendre afin qu'elle apprenne à mieux connaître notre démocratie et qu'elle continue de progresser. Elle est déjà venue deux fois pour obtenir une carte d'identité mais n'y est pas parvenue. »

Derrière le comptoir, l'employée a levé les yeux. M. Thomas renvoyait tellement l'image du parfait citoyen : grand, rasé de près et distingué. « Monsieur, quels papiers a-t-elle en sa possession ? » a-t-elle demandé.

Il a glissé vers elle mon formulaire I-94 et mon visa du Burundi. La femme les a étudiés, perplexe. Mais les propos de M. Thomas l'avaient suffisamment interpellée pour qu'elle ne nous rejette pas sur-le-champ. Elle nous a demandé d'attendre sa supérieure. Nous sommes retournés faire la queue quelques guichets plus loin.

Dix minutes plus tard, M. Thomas recommençait son discours. « Cette jeune demoiselle vient du Rwanda. À six ans, elle s'est enfuie par la porte de derrière juste à temps… » Il était passé maître dans l'art de raconter ce beau conte américain. Quand il a eu fini, il a gardé le silence, permettant à la directrice de comparer l'allure parfaite de M. Thomas avec mon apparence imparfaite, et de confronter sa propre fidélité aux valeurs humanistes à la procédure habituelle.

« C'est une histoire intéressante, a-t-elle dit avant de sourire. Vous avez de la chance, jeune fille. Prenez ce ticket et allez faire la queue en bas pour la photo. »

Je me suis alors retrouvée face à une décision cruciale : comment épeler mon nom. Au Rwanda, on m'appelait Uwamariya. Le U du début signifiait : « Je viens de » Wamariya. Mais sur mon visa de sortie, il avait été écrit « Wamariya », sans U. Et c'est ce patronyme qui était utilisé dans les écoles américaines.

Celui de Claire était différent : Mukundente. Ce qui signifie : « Quelle est la force de mon amour ? »

Pour autant que je sache, mon nom de famille m'appartenait, à moi et à moi seule. Comme toujours, M. Thomas a fait preuve de sens pratique. « C'est le moment de changer, si tu penses que c'est ce que tu souhaites. Ce sera beaucoup plus difficile après. »

J'ai gardé « Wamariya ».

Sur le champ de bataille d'Antietam, le guide nous a expliqué qu'à cet endroit 23 000 personnes avaient trouvé la mort, avaient été blessées ou portées disparues en un seul jour. 23 000 personnes. En un jour. Pendant une guerre civile. Pourtant, là où je me tenais, il n'y avait de sang nulle part. Aucune femme pleurant ses enfants assassinés ni de grands-mères brûlées vives. L'herbe printanière était si verte, si tendre. Alors qu'autrefois, ce champ avait été souillé de rouge.

Le lendemain, nous avons visité le Mémorial des vétérans du Vietnam. J'y ai lu tous les noms, chacun correspondant à un soldat tué. J'avais vécu avec mon armure, en essayant de me persuader que je grandissais désormais dans un monde meilleur ; dans un pays fier d'affirmer qu'aucune guerre ne se déroulait sur son territoire. À présent, mes illusions s'effondraient. Tous ces jeunes hommes morts dont les noms étaient gravés sur ce mémorial de la guerre du Vietnam. Et aucun mur ou mémorial dédié aux victimes civiles vietnamiennes. J'étais dévorée de jalousie envers ceux qui étaient cités. J'ai fait le tour du monument noir en sanglotant. Une professeure a tenté de me réconforter mais je ne supportais toujours pas qu'on me prenne dans les bras. Elle m'a conseillé de retourner à l'hôtel, ce que j'ai refusé.

Pendant ce temps, mes camarades de classe prenaient des photos. Ils avaient de la chance. Ils ne pouvaient pas s'identifier aux morts.

Au musée du mémorial de l'Holocauste, un guide m'a tendu une carte d'identité. Sur le document, j'ai découvert la photo d'un homme chauve avec des lunettes rondes. Il s'appelait Jacob Unger, il était allemand et c'était un vendeur. Il avait été gazé en Pologne, en 1943, au camp d'extermination de Sobibor. Avant cela, il avait été marié à une femme dénommée Erna et ils avaient eu deux enfants, Max et Dora. Le soir, il enseignait l'hébreu. En 1938, la famille Unger s'était réfugiée aux Pays-Bas. Cinq ans plus tard, Jacob et sa femme avaient été envoyés à Westerbork, un camp de transit hollandais. Une semaine après, il partait pour Sobibor. Il avait soixante-douze ans.

Plus tard, à Chicago, au cours du semestre, une rescapée des camps de la mort est intervenue en classe. Elle nous a montré les chiffres tatoués sur son bras. Je l'enviais de pouvoir trouver les mots pour parler de ce qu'elle avait subi, d'avoir la capacité de décrire et d'expliquer ce monde qui avait tenté de l'annihiler.

Claire, quant à elle, parvenait à garder le cap, persuadée que Dieu avait un plan. Les autres Rwandais que nous connaissions aux États-Unis faisaient trop la fête, buvaient trop, ou passaient trop de temps à regarder des soaps nigérians à la télévision. Ils voulaient ignorer la réalité des 800 000 morts, oublier que des membres de leurs familles et certains de leurs amis avaient été massacrés par d'autres membres de leurs familles et d'autres amis. Ils s'efforçaient de ne plus penser au passé et de poursuivre leur vie.

Parmi mes connaissances, personne n'a reconnu, comme Elie Wiesel ou comme d'autres rescapés de la Shoah, que « oui, c'est arrivé. Oui, les gens se sont entre-tués. Oui, c'est intolérable et cela fait de nous des morts-vivants. Pourtant, nous avons un devoir de mémoire et nous devons continuer à avancer ».

En 2004, lorsque le film *Hôtel Rwanda* est sorti, un élève de ma classe a voulu savoir si j'avais eu peur pendant la guerre. Il était le premier de mes camarades à me poser directement la question. Je me suis sentie blessée. « Tu veux que je te dise comment je me sentais ? Comment oses-tu me demander de me replonger dans cette période de ma vie ? »

Bientôt, d'autres questions, insupportables, ont suivi : des membres de ma famille avaient-ils été assassinés ? Avais-je assisté à des meurtres ? Je n'arrivais pas à croire à quel point les gens pensaient que tout leur était dû, y compris ma souffrance. Ils ne se rendaient même pas compte qu'ils voulaient se l'approprier, qu'ils voyaient mon existence comme un film. Leurs questions étaient obscènes, dégradantes, elles étaient la preuve de leur incapacité à me considérer comme un être humain à part entière.

Je comprends qu'être à la fois effrayé et fasciné par la mort soit inhérent à notre condition humaine, mais je ne voulais pas que l'on m'interroge sur ce sujet. Je ne voulais pas être un instrument ni une étude de cas. Je ne voulais pas être la fille du Rwanda.

Pourtant, c'était inévitable, j'étais une curiosité, l'émissaire d'une souffrance lointaine. On me demandait de prendre la parole devant des groupes de jeunes à l'église, ou pour des associations caritatives catholiques. Les requêtes étaient communiquées à Mme Thomas, qui en refusait la plupart. Ces manifestations me laminaient.

J'ai accepté de rencontrer les élèves du lycée de New Trier, car c'était celui où je devais poursuivre ma scolarité l'année suivante. « Parle-nous simplement de ton enfance », m'a suggéré le professeur. Je n'étais pas prête à le faire. J'étais effrayée et perdue à l'idée de partager avec d'autres ma vie intérieure.

Quand je suis entrée dans une classe de troisième moyennement intéressée, j'ai demandé au professeur de dérouler une carte de l'Afrique sur le mur. Cela allait me permettre de me concentrer sur mon itinéraire, et mon personnage serait sans importance. « Je suis née ici », ai-je commencé en indiquant le Rwanda. La forme du pays me faisait penser à un calcul biliaire coincé au milieu du corps de l'Afrique, telle une boule de douleur. « Nous menions une existence merveilleuse, et brusquement tout a changé. »

J'ai décrit ma vie comme si c'était une aventure. « J'ai appris à parler sept langues. J'ai erré à travers tout le continent. » J'ai raconté une histoire vraie, qui pourtant ne transmettait presque rien.

En retour, la classe a réagi sans la moindre pitié, ce qui était le but. Ils ont simplement pensé que j'étais cool. Je n'avais jamais envisagé qu'il m'était possible d'évoluer socialement en parlant de ma vie d'une certaine façon.

Quand j'ai terminé, un élève m'a demandé : « Est-ce que tu avais des animaux ? Genre, des éléphants ? »

J'ai essayé d'envisager la question comme si nous étions au milieu d'un échange culturel. J'ai répliqué : « Et toi, pourquoi tu as ces trucs en métal sur les dents ? »

Une autre fille s'est exclamée : « Tu ne t'es pas douchée pendant des jours ? C'est dégueu ! »

J'ai fait semblant de ne pas l'avoir entendue.

Au fond, peu de gens savaient qui j'étais vraiment. Souvent, les adultes me disaient : « Tu es si forte, si courageuse. » Mais je ne voulais pas être forte ni courageuse. Je voulais avoir un nouveau cerveau tout léger, qui ne soit pas tourmenté par les guerres et la peur. Je voulais retourner en arrière dans un monde d'innocence, comme celui des *Boxcar Children*[10]. Ça avait l'air tellement agréable, là-bas. Les enfants n'avaient pas de parents, mais tout se passait bien. Ils voyageaient dans divers endroits, et les frères et sœurs prenaient soin les uns des autres.

Ma vie actuelle ressemblait à un puits sans fond. J'avais l'impression de disparaître, d'être engloutie. Mon histoire était si intéressante, si lointaine et exotique, comme un chapitre du *Livre de la jungle.*

« Oh mon Dieu, vous connaissez Clemantine ? disait-on. C'est une réfugiée. Elle est africaine. Je crois qu'elle a dû traverser une forêt et qu'elle est presque morte dans un lac. »

10. Série de livres pour la jeunesse écrits par Gertrude Chandler Warner et publiés aux États-Unis pour la première fois en 1924. L'auteur y raconte les aventures de quatre orphelins. La série a été adaptée en film d'animation en 2014.

7

Nous sommes arrivées en Tanzanie, catatoniques et épuisées. Le bateau a accosté sur la plage. Des collines escarpées se dressaient à seulement six mètres du bord de l'eau. Nous nous sommes endormies sur le sable. Il faisait très froid. Nous n'avions plus rien. La cousine de Rob avait tout perdu. Elle avait fui le Zaïre avec un unique sac dans lequel elle conservait tout ce qui restait de sa vie : son argent, les diplômes universitaires de son mari. Il a disparu pendant qu'elle dormait.

Le lendemain matin, la police de l'immigration nous a tous rassemblés. Claire et moi étions de nouveau des réfugiées.

Nous avons passé une nuit dans une école, sur le sol d'une salle de classe. J'ai enveloppé Mariette dans notre unique couverture, jaune avec des fleurs blanches. Puis je l'ai mise à l'intérieur de la seule valise qui nous restait pour la tenir au chaud. Je craignais tout le temps qu'elle prenne froid. J'avais huit ans. Je savais que les bébés mouraient de pneumonie. Il était hors de question que cela lui arrive.

Cette nuit-là, emmaillotée dans sa couverture jaune, au fond de la valise, Mariette est restée silencieuse. Les enfants qui étaient avec nous dans l'école avaient cessé de sangloter. Seuls les adultes pleuraient. La cousine de Rob aussi.

Le jour suivant, nous sommes montées à bord d'un fichu camion blanc de l'UNHCR pour rejoindre un camp de réfugiés à Kigoma. Bien avant d'y pénétrer, on devinait que les gens qui y étaient avaient envie de fuir ce lieu. La police montait la garde tout autour de la clôture. On était traités comme du bétail. Des Rwandais. Des Zaïrois. Des Burundais. Cela n'avait aucune importance aux yeux de nos gardiens. Personne n'avait de tente. On s'installait juste sur un bout de terre. Claire se taisait. Nous n'avons pas mangé pendant deux jours.

Il n'y avait pas assez de toilettes. Il fallait faire la queue pendant des heures. C'était bien trop long. Les gens se soulageaient n'importe où.

Des centaines de personnes malades étaient allongées sur la terre rouge. J'ai passé en revue les visages, à la recherche de mes parents et de Pudi. Nous avons sombré dans cet état d'hébétude caractéristique des réfugiés. Les nuits étaient glacées. Les journées nous brûlaient la peau. Les moustiques attaquaient nos yeux. Les gens qui arrivaient d'Uvira venaient voir Claire pour lui dire : « J'ai vu mourir ton mari. Il travaillait dans un endroit où tout le monde a été tué. »

Beaucoup de nouveaux venus pensaient qu'ils avaient fui le danger et qu'ils étaient désormais en sécurité. Ils étaient persuadés que ce camp était un simple arrêt sur le chemin qui les conduirait en lieu sûr et, plus tard, les ramènerait chez eux. L'esprit humain est un mécanisme incroyable, résilient et capable de s'aveugler.

Chaque jour, des camions bleu et blanc débarquaient avec leur lot de familles déplacées. Pendant une semaine, les gens continuaient d'annoncer à Claire que Rob était mort. Puis l'histoire a changé : il était vivant. Ils l'avaient vu la veille, devant l'entrée.

« Non, répondait Claire, mon mari est mort pendant les combats. Tout le monde me l'a dit. Comment pouvez-vous affirmer que vous l'avez vu ? »

Mais un autre chargement est arrivé, avec de nouvelles personnes qui cherchaient ma sœur. Le message s'est précisé : « Sois devant la porte à 22 heures. » Rob avait soudoyé le garde. Un homme dans un taxi aux vitres fumées allait crier nos noms. Nous devrions alors sauter par-dessus les grilles et il nous emmènerait.

Cette nuit-là, nous avons attendu devant la clôture. Haute de 2 mètres, elle était formée d'un grillage surmonté de barbelés. Un homme a appelé Claire. Elle avait emmitouflé Mariette dans plusieurs épaisseurs et l'a jetée de l'autre côté. Puis elle a escaladé à son tour. Mais j'ai été trop lente. Le temps de me préparer à grimper, le garde avait changé. L'homme au volant du taxi m'a crié qu'il reviendrait le lendemain soir.

Le véhicule a démarré avec Claire à son bord. Terrorisée, je suis allée me coucher en boule sur notre bout de terre. Ma peur d'être abandonnée devenait réalité. Heureusement, plus tard cette nuit-là, un garde est venu me chercher. Il m'a dit que ma sœur m'attendait dans le taxi. Je me suis entaillé la cuisse sur un bout de fil de fer barbelé en grimpant.

Le taxi nous a conduites jusqu'à Kigoma. Là, nous avons rejoint des parents de Rob. Ils vivaient depuis des décennies dans une propriété, à présent surpeuplée. Tout le monde dormait par terre. Les hommes prenaient leur repas d'un côté, les femmes de l'autre. Il n'y avait pas assez à manger, aussi buvions nous beaucoup de thé.

Au cours d'un après-midi, la mère de Rob, qui avait quitté le Zaïre en même temps que lui, a préparé une théière que Claire est allée servir aux hommes et aux garçons assis à table. Le thé, lui aussi, était rationné. Maman Nepele n'avait utilisé que quelques feuilles.

Depuis notre arrivée à Kigoma, Rob me regardait à peine. Il n'avait pas quitté le Zaïre en tant que réfugié.

Il détenait toujours des papiers fournis par CARE, qui lui permettaient d'entrer en Tanzanie. Mais il n'avait plus de maison. Il avait dû tout abandonner dans sa fuite. On ne voulait plus de lui. Il était devenu l'un des nôtres.

Claire a posé la théière sur la table et est retournée dans la cuisine. Quelques minutes plus tard, Rob a crié : « Claire, viens ici ! »

Sans prononcer un mot, ma sœur est revenue.

« Quel genre de femme es-tu ? a-t-il hurlé. Tu ne sais même pas faire du thé ! Comment est-ce possible ? Tu crois qu'on va boire de la flotte ? »

Ma sœur s'est figée.

« Quel genre de femme es-tu ? a répété Rob, qui se donnait en spectacle à l'attention des hommes. Tu me fais honte. Je suis dégoûté. »

Maman Nepele est sortie de la cuisine folle de rage et s'est interposée entre Claire et son fils.

« Rob, c'est quoi ton problème ? C'est moi qui ai préparé le thé. Pourquoi as-tu besoin d'humilier ta femme devant tout le monde ? » Rob est resté muet. « Comment veux-tu que les jeunes garçons respectent ta femme ? » a poursuivi Maman Nepele.

Claire a quitté le salon. Rob n'a rien répondu.

Plus tard dans la semaine, la police de l'immigration est venue frapper aux portes des maisons de Kigoma pour rassembler les réfugiés et les ramener dans le camp. Claire a convaincu Rob que nous devions repartir.

Afin de ne pas être repérés par la police de l'immigration, nous sommes arrivés à la gare routière tard dans la nuit. Nous n'emportions pas de bagages mais avions enfilé plusieurs couches de vêtements. Je portais trois culottes, des collants, un pantalon et une longue jupe par-dessus le tout, plus trois chemises, un pull bleu et une petite étole absolument hideuse qui ressemblait à un boléro. Nous essayions d'être présentables. Nous ne devions pas avoir l'air de fugitifs.

Claire avait caché presque tout son argent dans la couture ceinturant son pantalon. Elle en avait gardé juste assez pour soudoyer les gens si nécessaire.

Nous n'avions pas de plan précis, mais ma sœur avait entendu dire qu'il y avait un camp plus vivable au Malawi, un endroit qui n'était pas au milieu de nulle part, qui disposait de tentes et de suffisamment de latrines. Un camp plus éloigné du conflit. « Mieux » signifiait toujours « plus loin de la guerre ».

Twiga, la compagnie de cars qui nous a emmenés au Malawi, était très chic ; du moins l'était-elle pour nous. Elle gérait le transport des gens qui partaient en safari. Sur la carrosserie de chaque véhicule étaient peints un lion, une girafe ou un autre animal africain. À l'intérieur, chaque vitre avait son propre rideau. Il y avait des toilettes et la télévision.

Claire a payé le chauffeur pour qu'il nous laisse entrer dans le car en avance. Ainsi, nous serions en sécurité jusqu'à ce que la police monte à bord pour le contrôle des papiers à la frontière du Malawi.

Lorsque le véhicule a démarré, Claire m'a tendu un sac en papier brun contenant une brioche et du lait. J'ai refusé de me nourrir. Je pensais punir ma sœur parce qu'elle ne m'avait pas prévenue de notre départ, parce qu'elle contrôlait tout.

Plus nous traversions les collines et les vallées, plus le paysage – que ce soit celui de mon monde intérieur ou celui du monde extérieur – devenait lugubre. Les jacarandas roses ont cédé la place aux palmiers du désert, remplacés à leur tour par des mesquites. Nous allions si vite. Je ne me sentais pas perdue, car le fait d'être « perdu » implique qu'il existe un lieu où on a l'impression que l'on sera retrouvé, et ce lieu, pour moi, n'existait pas. Je n'étais qu'une petite plume abîmée, broyée et brinquebalée. J'essayais de me persuader que j'avais toujours en mémoire une carte lisible me permettant de retrouver mon chemin jusque chez moi. Mais lorsque j'essayais de me souvenir des points de repère devant lesquels nous étions passés, je ne voyais que des gens en train de hurler. J'entendais le fracas des armes et des bombes, je sentais la brûlure du feu.

« C'est au Malawi que poussent les arbres les plus grands, les manguiers les plus immenses et les plus beaux », m'a raconté Claire, quelques heures après notre départ. Je savais qu'elle mentait. Elle n'était jamais allée dans ce pays.

Miraculeusement, j'avais encore mon sac à dos Mickey, avec mes billes et mes pierres à l'intérieur. En m'autorisant à le garder, Claire semblait reconnaître qu'en tant qu'enfant, j'avais droit à quelques rares concessions, dont certains petits plaisirs.

L'un de mes cailloux venait du lac Tanganyika. Formé de plusieurs couches, il était friable, comme du mica. Un autre, que j'avais ramassé en Tanzanie, était rouge et aiguisé. Je possédais aussi quelques crayons de couleur, un cahier, des billes et un pull. Il était bleu et effiloché. J'aimais mâchouiller mes vêtements, en particulier les brins de laine ou les fils qui pendaient. Claire m'avait ordonné d'arrêter pour éviter que mes dents ne se gâtent.

Le conducteur de notre car ne détenait qu'une seule vidéo : *Les dieux sont tombés sur la tête*. Je ne parlais pas anglais, mais j'ai regardé le film, qui raconte comment un bushman du Kalahari qui trouve une bouteille de Coca jetée d'un avion va presque détruire sa vie en essayant de s'en débarrasser. J'ai trouvé le film long et bizarre, et pourtant les passagers n'arrêtaient pas de rire. Mon unique réaction était de me dire : il quitte sa famille et toute sa vie pour *ça* ? À la fin du film, tout le monde a applaudi. Dehors, il pleuvait à verse. Le conducteur a remis le film.

Rob, comme Claire, n'avait pas de papiers en règle pour entrer au Malawi. Afin d'éviter les contrôles, tous deux sont descendus du car près de la rivière qui marquait la frontière avec le Zaïre. Ils espéraient trouver un moyen pour la traverser à la rame. Mariette et moi, en revanche, sommes restées à bord car ma sœur pensait que personne n'irait embêter deux enfants seuls.

Mariette était alors âgée de sept mois. Sa peau lisse n'avait ni marque ni tache. Ma nièce était parfaite. Elle ne pleurait jamais. Elle n'avait jamais saigné, ne s'était jamais égratignée. Une heure est passée, puis deux, puis trois. Mariette est restée endormie. J'avais prévu de me taire si quelqu'un me parlait. Je voulais faire semblant de ne pas comprendre la langue, quelle qu'elle soit, dans laquelle on m'adresserait la parole.

Claire avait raison : le soldat qui est monté dans le car a demandé les papiers de tous les passagers, sauf ceux de Mariette et moi. Peu après, Rob et ma sœur sont revenus. Ils avaient un air épouvantable. Claire a grimacé de douleur en s'asseyant. Elle pouvait à peine bouger.

Elle ne m'a pas dit qu'ils avaient été battus mais ça se voyait. Elle n'avait pas l'air effrayée – on ne pouvait pas rabaisser Claire en usant de la peur. Elle refusait de laisser quiconque déprécier ses capacités ou déterminer sa valeur. Les gens croyaient pouvoir la déposséder de tout, ils croyaient l'avoir dépossédée de tout. « Tu es une femme. Tu es une réfugiée. Tu ne peux pas aller à l'école. Tu ne peux pas travailler. Tu n'es rien sous notre juridiction. » Elle restait inébranlable, insensible. Lorsqu'elle est montée dans le car, son regard disait : « Viens m'embêter encore une fois, et je cracherai du feu. »

Elle ne voulait pas me raconter ce qui s'était passé, mais je l'ai eue à l'usure. D'abord, tout allait bien. Elle et Rob avaient trouvé un bateau et avaient ramé vers le Malawi. Pourtant, une fois sur le rivage, ils avaient été pris par des soldats qui les avaient frappés à coups de barre de fer. Claire les avait suppliés d'arrêter, elle leur avait demandé pourquoi ils battaient une réfugiée, pourquoi ils battaient une femme. Mais ils avaient continué. Rob avait gardé le silence.

« Les réfugiés doivent rester dans les camps, avaient aboyé les soldats. Pourquoi vous n'êtes pas dans le camp ? »

Les coups avaient redoublé. Claire, ne voulant rien leur donner, avait fini par leur avouer la vérité : elle ne pouvait pas retourner dans le camp. Elle avait laissé son bébé et sa petite sœur dans le car. Pour le leur prouver, elle avait sorti son sein de sa chemise et l'avait pressé jusqu'à ce que des gouttes de lait coulent. Ensuite, les soldats l'avaient frappée sur les cuisses et dans le dos.

Enfin, Claire avait déchiré la couture autour de la taille de son pantalon et avait tendu cent dollars aux soldats. Ils les avaient laissés partir.

Le nouveau camp de réfugiés, Dzaleka, était une ancienne prison politique, nichée sur un plateau rouge et aride. Elle avait été construite pour enfermer les opposants malawites aux colons britanniques. Les réfugiés ne vivaient pas dans des tentes mais dans des centaines de baraquements en briques rouges, elles-mêmes fabriquées avec la terre locale, mélangée à de l'eau, modelée et séchée au soleil.

Nous étions devenus des experts en camps, de tristes professionnels sans nationalité. Dzaleka, avec ses constructions en briques, nous paraissait menaçant mais solide. Près de la porte grillagée se dressait un immeuble de bureaux. Là, les réfugiés s'inscrivaient auprès de la Croix-Rouge dans le vain espoir qu'un organisme officiel pourrait leur donner des nouvelles de leurs familles. Le reste du camp, tentaculaire, était surpeuplé. On nous a donc installés dans le bâtiment administratif. Nous dormions avec vingt personnes dans une seule pièce. Les plus chanceux s'allongeaient sur ou sous une des tables, qui créaient au moins une petite séparation entre les personnes. Nous mangions du riz et du beurre de cacahuètes et échangions nos arachides contre de la lessive. Je passais toute la journée, tous les jours, avec Mariette. Je nous installais à l'ombre près de la porte, que j'observais avec intérêt, sinon avec espoir. Je voulais voir mes parents entrer.

Une femme aimable m'a aidée à m'acclimater : elle m'a montré où je pouvais laver le linge, où et à quelle heure je pouvais venir faire ma toilette. Les douches étaient l'endroit le plus dangereux du camp, le terrain de chasse privilégié des hommes les plus dépravés.

Il restait à Rob un dernier beau costume. Durant la première semaine, chaque jour, il se levait, enfilait son élégante chemise à rayures, faisait briller ses chaussures en cuir marron et partait rendre visite au directeur de Dzaleka pour lui demander du travail. À midi, il revenait, déçu et furieux. Il s'étendait sur l'une des tables et fixait le plafond. Si on lui adressait la parole, il hurlait. Si Claire ou moi le contrarions, il nous menaçait.

Au bout d'une semaine, il a arrêté de mettre ses beaux vêtements. Il s'est contenté de porter des t-shirts et de jouer aux cartes.

Claire ne tenait pas en place. Elle refusait de se poser. Dans ce genre d'endroit, elle le savait bien, les autres investissaient dans notre souffrance et restaient fidèles au vieux schéma néocolonial : leur travail et leur estime de soi dépendaient de notre humiliation perpétuelle, de notre engagement à demeurer dans une strate sociale inférieure à la leur. Beaucoup de ces travailleurs humanitaires étaient américains et canadiens ; certains étaient des Africains instruits comme Rob. La surprise se peignait sur leurs visages lorsque nous osions bouleverser leur vision du monde en révélant que nous, réfugiés, parlions cinq langues, ou excellions en calcul, ou encore que nous avions dirigé un cabinet comptable prospère.

Être un réfugié, c'était être une victime, c'était tautologique. Pas seulement une victime en raison de forces extérieures telles que la politique ou la guerre, non, mais aussi parce qu'il y avait en nous une faiblesse irréversible, inhérente à notre être. On était une victime parce qu'on était moins méritant, moins bon et moins fort que toutes les non-victimes du monde.

La solution de Claire, pour échapper à ce schéma, c'était de gagner de l'argent afin d'acheter des billets de car et de fuir loin de Dzaleka. Chaque jour, elle partait faire des promenades de reconnaissance entrepreneuriale à la recherche d'opportunités. Un matin, elle a emporté ma nouvelle combinaison, l'a vendue et est revenue avec du savon, du sucre et du riz.

Au cours d'une de ses sorties, elle a remarqué une vieille Somalienne assise devant son baraquement croulant en brique rouge, qui vendait de la viande de chèvre. Claire y a vu une ouverture. La vieille femme avait un bon produit mais elle était paresseuse et fatiguée. Elle n'essayait même pas d'interpeller les passants pour les inciter à acheter.

Claire, elle, était capable de s'adresser à tout le monde et ne s'en privait pas. Elle parlait swahili, kirundi, kinyarwanda et français. Elle est allée demander aux plus anciens habitants du camp comment se procurer une chèvre ; qui il fallait soudoyer pour sortir ; qui avait un récipient pour récupérer le sang de l'animal ; qui avait un couteau.

Je passais mes journées à jouer à coucou-caché avec Mariette derrière les bagages en loques des gens. J'ai appris à attacher toute seule ma nièce dans mon dos et à bien positionner le kitenge à l'arrière de sa tête pour soutenir sa nuque. J'ai appris à savoir à quel moment emprunter à notre voisine sa bassine en fer-blanc et son réchaud électrique pour donner un bain chaud à ma nièce. J'ai appris à ajouter à l'eau la bonne quantité de sel et de sucre pour faire son biberon. J'ai appris à nettoyer et à désinfecter le tissu que nous utilisions pour ses couches.

Pendant ce temps, Claire étudiait la manière dont les femmes malawites s'habillaient. Elles portaient des jupes longues et des chaussures en plastique. Ma sœur a donc déniché une tenue identique. Elle a attaché ses cheveux de la même façon que les femmes du coin.

Dzaleka étant divisé entre chrétiens et musulmans, Claire a compris que si elle voulait vendre de la viande de chèvre, le processus d'abattage devait être halal. Elle s'est donc rapprochée d'un homme qui dormait à la mosquée du camp et a voulu savoir s'il savait tuer une chèvre. L'homme a acquiescé. « OK, alors parlons affaire. Combien veux-tu que je te paye ? » lui a-t-elle dit. L'homme a demandé la tête de l'animal.

Ensuite, Claire a annoncé à tout le monde : « Demain, j'aurai de la viande de chèvre ! » Elle a vendu le reste de ses chemisiers et le beau costume de Rob. Avant l'aube, le lendemain matin, elle a enfilé sa jupe longue et ses chaussures en plastique, a payé un garde pour qu'il la laisse sortir quelques heures avant de partir à travers les champs de haricot, d'arachide et de soja. Elle a frappé aux portes de toutes les maisons le long de la route en terre pour demander si quelqu'un avait une chèvre à lui vendre.

Enfin, Claire en a aperçu une dans une cour. Elle est entrée et a demandé : « Combien ?

— Quarante », a répondu l'homme.

Elle lui a expliqué qu'elle n'avait que vingt kwachas. L'homme les a pris et lui a tendu un bout de corde qu'elle a attaché autour du cou de la chèvre. Puis elle est retournée au camp à travers champs avec sa bête.

Cet après-midi-là, l'homme musulman a abattu l'animal. Je n'ai pas regardé.

Puis Claire, le visage illuminé par son grand sourire, a installé un étal et a crié : « Viande ! Viande ! » dans toutes les langues qu'elle connaissait. C'était la forme de commerce la plus rudimentaire : de la nourriture amassée sur une table. Ni glace ni système de réfrigération. Mais travailler comme bouchère au marché noir a donné à ma sœur un sentiment de puissance. À Dzaleka, les gens n'avaient d'autre perspective qu'une vie misérable. Les hommes jouaient aux cartes, les femmes cuisinaient en essayant de veiller à la propreté de leurs maigres biens.

La semaine suivante, ma sœur a acheté un autre animal. Elle a recommencé la semaine d'après. Elle aimait partir seule sur les routes en terre en chantant et en priant ; elle pouvait alors penser à autre chose qu'à notre survie heure par heure. Une fois, la chèvre qu'elle était allée chercher s'est enfuie. Claire a dû la poursuivre jusqu'à la maison du fermier qui la lui avait vendue. Les enfants de l'homme ont capturé la bête dans leur cour et, de nouveau, ont noué une corde autour de son cou pour que ma sœur puisse repartir avec jusqu'au camp.

Trois ou quatre mois après notre arrivée à Dzaleka, je suis allée voir un film sur la vie de Jésus. À cette époque, nous avions quitté le bâtiment où nous dormions pour nous installer dans notre propre baraquement décrépit en brique rouge. L'endroit n'ayant pas de toit, nous l'avons bâché à l'aide d'une tente en nylon. Il y avait un lit pour Claire et Rob, un matelas pour Mariette et moi, et un minimum d'intimité.

Le film passait en plein air au milieu du camp, à l'endroit où nous faisions habituellement la queue, devant les camions, pour recevoir nos rations de maïs. Ce soir-là, une association caritative chrétienne était venue avec un projecteur et du chocolat. Ils avaient tendu un drap en guise d'écran, et tous les enfants se bousculaient pour avoir une place assise par terre d'où ils pouvaient avoir une bonne vue.

J'étais fascinée par le spectacle : Jésus, dans sa tunique, avec son long nez pâle et ses cheveux lisses, entouré de nombreux hommes barbus. Je n'avais jamais vu d'autre représentation du Christ que celle d'un homme maigre, cloué sur sa croix et figé par l'agonie. Ce Jésus-ci gravissait des montagnes, prêchait la bonne parole à ses disciples, multipliait les pains et les poissons. J'étais si heureuse de voir de la nourriture.

Consciente de l'heure tardive, je suis partie avant la fin. À mon retour, Claire et Rob étaient furieux. « Je t'ai cherchée partout ! » a hurlé ma sœur. Derrière elle, j'ai aperçu la plupart de nos affaires bien empilées sur le lit ; à côté de la porte, quelques petits bagages. Claire n'avait pas cru bon de me prévenir, mais elle s'était organisée avec d'autres familles qui avaient dormi avec nous dans l'immeuble de bureaux pour quitter Dzaleka cette nuit-là. Ni elle ni Rob ne m'ont autorisée à jeter un œil sur les biens qu'ils avaient laissés sur le lit et qu'ils avaient décidé d'abandonner derrière nous. Je les ai haïs.

Avant de partir, j'ai quand même attrapé mon sac Mickey sur le lit et y ai fourré trois culottes.

Nous avons marché toute la nuit. J'étais folle de rage. À Dzaleka, je maîtrisais enfin ma vie, j'avais appris à survivre : je savais à qui emprunter de la lessive pour laver les vêtements, comment désinfecter les couches de ma nièce… Et maintenant, nous partions.

Claire avait attaché Mariette dans son dos – à ma place – mais elle ne savait même pas s'y prendre. Elle avait laissé ses bras et ses jambes découverts. Maman Nepele m'avait prévenue de ne jamais faire une chose pareille. Selon elle, c'était ainsi que les tout-petits attrapaient froid. Claire n'y connaissait rien. Elle n'avait même pas appris à donner les soins élémentaires à un bébé.

Nous avons marché à travers champs, coupé la route principale, parcouru des kilomètres sur des sentiers poussiéreux bordés d'acacias, de bruniacées et de palmiers. À un moment, nous nous sommes approchés d'un cours d'eau dont les gargouillis m'ont apaisée. J'ai mis mes mains en coupe pour boire. L'eau était glacée.

Ma sœur n'a pas ouvert la bouche de tout le trajet, elle ne m'a jamais expliqué où nous allions. Elle avançait, raide et agressive, un sac en nylon bourré à craquer dans chaque main, un foulard décoloré par le soleil noué sur sa tête, Mariette attachée dans son dos.

Elle se moquait bien de me voir bouder ou bouillonner de colère ; elle se fichait de me voir porter, avec toute l'ineptie de mes huit ans, mon sac à dos Mickey rempli de cailloux ramassés au cours des deux années passées, souvenirs de chaque lieu où nous étions allées.

Claire ne voulait pas savoir si j'avais faim ou soif, si j'étais épuisée, si j'avais chaud, si j'étais désespérée, désorientée ou si je me sentais seule ; si l'herbe coupante me griffait les jambes ou si, maintenant que mes Converse étaient devenues trop petites, mes chaussures en plastique bon marché me brûlaient les pieds.

Elle n'avait que faire de savoir que Rob me terrifiait. Elle comprenait que son mari, lui aussi, avait tout perdu : son travail, son foyer ; pire, il s'était perdu lui-même. Rob n'était plus qu'un réfugié, comme nous, et il voulait que tout le monde sache à quel point il souffrait. Sur le chemin, il a battu Claire et a bu les dernières gorgées de notre eau. Il ne portait rien, sauf sa propre nourriture.

Rob effrayait aussi ma sœur, mais elle semblait s'en moquer, ou du moins c'est ce qu'elle me faisait croire. Pourtant, je percevais sa peur, comme je percevais celle des autres adultes de notre groupe. Elle exsudait de leur corps, par tous les pores de leur peau. Ils craignaient la police de l'immigration malawite et discutaient d'une voix basse et hachée de la façon de l'éviter.

Avant le coucher du soleil, j'ai entendu Rob annoncer que nous avions probablement traversé la frontière et nous trouvions désormais au Mozambique. Cela n'avait aucun sens. J'avais toujours pensé qu'une frontière, si elle n'était pas une clôture, était au moins un grand fossé, une faille dans la terre. J'avais vu les traits dessinés sur les cartes : noirs, sans ambiguïté, imposants. Je n'avais jamais envisagé qu'ils pourraient être inventés.

J'ai inspecté le sol à la recherche d'indices, de signes indiquant un changement, comme des plantes exotiques, des animaux étranges ou des cailloux brillants. En plus des spécimens géologiques, je voulais recueillir des souvenirs, des images que j'aurais conservées et mémorisées car ainsi, lorsque j'aurais revu ma mère, mon frère ou mon père, je leur aurais raconté en détail ce que j'avais vu.

J'imaginais chaque jour que j'arrivais au marché, que je voyais ma mère et lui annonçais que j'allais lui offrir quelque chose. Mon frère était là aussi. Je le serrais dans mes bras le plus fort possible, puis je lui achetais du pop-corn et des chewing-gums.

Nous avons continué à avancer au milieu des douilles d'obus et de balles. Enfin, nous nous sommes retrouvés sur la route principale. Des herbes hautes poussaient entre les fissures de la chaussée. Je ne m'étais jamais imaginé que la civilisation pouvait atteindre un tel degré de désolation.

Notre groupe est arrivé devant un arrêt de bus. Nous nous sommes assis sous un arbre pour nous reposer, dans la fraîcheur matinale. Personne ne parlait ni ne bougeait. Nous avons attendu pendant des heures. Le temps qui passait n'avait d'importance que pour nos ventres vides. Notre but était uniquement de survivre. Nous avions réussi à passer la nuit, à présent nous devions passer la journée.

Nous avions mangé les arachides grillées que Claire avait emportées pour toute nourriture. Il ne restait plus que le porridge de manioc de Mariette. J'avais tellement faim... Mais je me suis obligée à dormir en imaginant la haine que je ressentirais envers moi-même lorsque ma nièce hurlerait pour manger.

Le car est arrivé peu après l'aube. C'était un véhicule militaire pratiquement privé de sièges. Quelques hommes sont restés debout, les autres se sont assis par terre avec les femmes et les enfants. Je me suis recroquevillée en boule puis me suis laissée ballotter, rebondissant à chaque nid-de-poule. J'étais furieuse. Je voulais me replier sur moi-même et ne plus quitter cette position.

Le soleil était presque couché lorsque ma sœur m'a donné un petit coup. Nous avions atteint Tete, la capitale d'une des provinces du Mozambique. Nous sommes tous descendus du car. Dans un état de stupeur, je me suis assise près de nos bagages avec Claire, Mariette et quelques femmes.

Après plusieurs minutes, je suis sortie de mon hébétude, horrifiée. J'avais oublié mon sac à dos Mickey. Je scrutais la gare routière : le car était encore là. Je savais exactement où était mon sac. Je l'avais caché dans une fente située entre l'un des sièges et la paroi du véhicule, afin que personne ne le vole durant mon sommeil.

J'ai pris ma voix la plus douce et mon air le plus gentil pour demander à Rob d'aller me le chercher. Il a refusé. J'ai supplié Claire. Elle a regardé Rob avant de secouer la tête en signe de dénégation. J'ai demandé aux autres femmes. Elles ne souhaitaient pas m'aider davantage. Personne n'en avait envie. Aucun d'entre eux ne voulait risquer de se faire prendre par la police de l'immigration.

Je me suis redressée et j'ai fait quelques pas de défi vers le bus. Rob m'a attrapée par le poignet. « Non. NON », a-t-il déclaré d'une voix menaçante, et j'ai perçu toute la violence contenue dans ses mots. « Tout le monde s'en fiche. Laisse tomber. »

8

Je suis montée sur scène en tenant mon cartable. Suivant les instructions de ma professeure de théâtre, je n'y avais mis que deux objets. Le premier était une photo de Mariette et de Freddy devant la porte de notre premier appartement à Chicago. Ils avaient l'air tellement triste. Mariette fixait l'objectif de son regard vide. Freddy n'avait encore que deux ans. Il était si petit, parfait et inquiet. Ce cliché me fait encore pleurer.

Le second objet, mon oreiller, contenait un sachet de lavande glissé dans la taie que Mme Thomas m'avait acheté dans l'espoir de chasser mes cauchemars. Chaque soir, elle passait au micro-ondes la petite pochette en soie et la mettait encore chaude à l'intérieur. J'adorais notre rituel, mais il ne fonctionnait pas. Je dormais à peine.

J'étais alors en première. La photo et l'oreiller devaient être utilisés lors d'une séance d'improvisation. Notre professeure nous avait donné une consigne simple : se présenter au groupe en utilisant deux objets personnels. Cet exercice m'avait plongée dans un état de fébrilité et d'insécurité. Je prenais des cours de théâtre depuis la cinquième et les enseignants m'avaient toujours affirmé que j'étais très douée. Ils m'avaient donné le premier rôle dans *Les Misérables*. Je n'avais jamais douté de leur parole. Je refusais d'envisager que l'on puisse m'attribuer des rôles par pitié ou pour me consoler. Mais au lycée, les enseignants avaient commencé à me laisser entrevoir la vérité : j'étais une très mauvaise comédienne. J'essayais de mimer les expressions de colère ou de joie, mais je n'étais jamais connectée à mes émotions. Je jouais de manière mécanique et plate.

Pour la séance d'improvisation, j'ai demandé plus de précisions à ma professeure. Je voulais qu'elle m'explique quel personnage je devais incarner. « Tu dois juste t'exprimer ! Tu ne joues pas, il te suffit d'être toi-même. Cela devrait te libérer », m'a-t-elle répondu.

Sur scène, ce jour-là, il y avait un lit d'une personne pour tout décor. Quand mon tour est venu, je suis montée sur l'estrade et j'ai posé mon cartable comme si j'allais faire mes devoirs. C'était moi, non ? Une gamine qui rentrait de l'école et faisait ses devoirs. Mais je me suis rendu compte que j'avais échoué : je ne communiquais rien, je ne révélais rien de moi. Ayant horreur de l'échec, j'ai essayé une nouvelle approche. J'ai installé mon oreiller sur le lit, j'y ai posé ma tête et j'ai contemplé la photo de Mariette et de Freddy.

Puis j'ai craqué. Toute la rage contenue en moi a jailli. J'ai jeté l'oreiller par terre, j'ai arraché les draps du lit avant de saisir mon téléphone portable pour appeler Rob, pour de vrai. Il n'a pas décroché. J'ai laissé un message cru et plein de colère, où je lui disais, enfin, ses quatre vérités : lui qui était censé nous protéger de tant d'horreurs, il n'avait rien fait. Il avait tout raté. Il nous avait abandonnées. Lui-même nous avait terrorisées, et nous étions profondément blessées.

« Je te pardonne. J'en suis capable : je te pardonne. Mais je ne ferai plus jamais confiance à personne. Je ne remettrai plus jamais ma vie entre les mains de quelqu'un, plus jamais », ai-je dit avant d'éclater en sanglots.

Ma professeure m'a appelée pour que je quitte la scène.

À partir de ce moment-là, mes camarades m'ont évitée.

Nous avons appris que mes parents étaient vivants alors que j'écrivais ma dissertation pour le concours lancé par Oprah. Claire était restée en contact avec World Relief, l'organisme qui nous avait envoyés aux États-Unis.

En se rendant un jour dans leurs bureaux de Chicago, elle a rencontré une Rwandaise originaire du même village que le frère aîné de ma mère. Notre oncle était prêtre, et le seul membre de notre famille qui, croyions-nous, était encore en vie. Comme les enfants de cette femme, il avait immigré en Belgique avant le génocide.

Claire s'est précipitée dans une supérette pour acheter une carte téléphonique. Elle l'a donnée à la femme afin qu'elle appelle ses enfants et leur demande de se renseigner sur notre famille.

Nous avons appris que le frère de ma mère était revenu au Rwanda dans son village natal, où il était toujours prêtre. La femme a alors passé un autre coup de fil. Puis elle a tendu à ma sœur un bout de papier avec le numéro de téléphone de l'église de notre oncle.

Le lendemain matin, Claire a appelé. Le prêtre faisait la sieste.

Elle a rappelé une heure après. Il dormait encore.

La troisième fois, il était enfin réveillé.

Pendant ce temps, j'étais chez les Thomas, dans ma chambre, avec sa bibliothèque encastrée et mon uniforme de majorette posé par terre.

Claire a donné son nom à notre oncle.

Il ne l'a pas cru. « Ces enfants sont mortes il y a bien longtemps », lui a-t-il répondu.

Claire a cité les noms de nos parents.

Il a réagi en s'écriant : « Non, non, non ! »

Claire a continué : « Mon oncle, c'est moi. Mon surnom était Pupusi. »

Il a hoqueté de stupéfaction avant de laisser éclater sa joie.

Claire était terrifiée à l'idée de l'interroger sur nos parents. Tant de gens avaient été assassinés. Comment trouver le courage de demander si notre famille était en vie ? C'était une telle épreuve de vouloir savoir.

Notre oncle lui a facilité la tâche. « Tes parents… Ils sont vivants, ils sont toujours à Kigali, a-t-il déclaré lorsqu'il s'est ressaisi. Ils sont encore là, mais leur vie a beaucoup changé. »

Mon père avait perdu son garage. Les rebelles avaient volé notre maison. Nos parents n'avaient pas le téléphone. Notre oncle a donné à Claire le numéro de notre tante, la plus jeune sœur de ma mère, qui habitait à deux heures de Kigali. Il comptait l'appeler pour lui demander d'aller chez mes parents le lendemain avec son portable.

Le lendemain, j'ai manqué l'école et j'ai pris la ligne L pour me rendre à Edgewater chez ma sœur. Je détestais y aller. Rob la trompait. Il la battait, il lui répétait qu'elle était affreuse et n'arrêtait pas de la dévaloriser. En silence, j'ai regardé Claire composer le numéro.

« Bonjour, maman », l'ai-je entendu dire. J'ai quitté la pièce.

Ma mère s'est évanouie et Claire a dû rappeler. Je n'ai pas supporté de les écouter.

« Oui, maman, Clemantine est en vie, elle aussi. On a été des réfugiées pendant longtemps. Très longtemps. Partout. On vit en Amérique, maintenant. »

Elles se sont parlé comme deux étrangères. Aucune ne savait quoi dire. Ma mère lui a annoncé que Pudi était vivant.

Ma sœur a menti en affirmant qu'elle était mariée à un homme bien. Elle a essayé, sans succès, de paraître joyeuse quand elle a expliqué qu'elle avait trois enfants.

Comment faire croire qu'elle était heureuse de son sort ? Se retrouver mère de trois enfants à vingt-deux ans, c'était loin des principes de ma famille.

Ce moment m'a paru irréel et atroce. Je ne savais plus qui j'étais, je ne savais plus qui nous étions les uns pour les autres. Nous n'étions plus les mêmes personnes que celles qui vivaient ensemble dans la maison de Kigali. Ces gens étaient morts. Nous étions tous morts.

Pendant des années, je m'étais dit que je me souviendrais de tous les endroits où j'avais été et de toutes les choses que j'avais vues, afin de les décrire à ma mère. Je voulais partager avec elle tout ce que j'avais vécu. Mais à cet instant, j'ai décidé de ne rien lui raconter du tout.

9

Toute la nuit, chaque soir, j'imaginais comment je me battrais s'il le fallait.

Je voyais des dents. Elles me serviraient d'arme. Mes dents, et aussi mes ongles, mes mains, mes pieds. Je me voyais donner des coups de pied et mordre. Je n'avais jamais mordu qui que ce soit de toute ma vie.

J'imaginais tout mon être se mettre en mouvement – physiquement, verbalement, émotionnellement. Je visualisais la façon dont je devrais me tenir, dont je lancerais des regards furieux. Il fallait que mon message soit clair : « Ne me cherche pas. » Ce n'était pas seulement comme lorsque je tentais de m'imposer aux femmes, c'était un déchaînement de rage. « Tu ne peux pas prendre ce qui m'appartient. »

Je devais me forger une carapace, devenir autonome. Je m'y entraînais également durant mes heures de veille. Je n'avais confiance en personne et refusais toute aide, en particulier celle des hommes, car les gens qui nous tendent la main pensent toujours que nous leur sommes redevables. Ils croient qu'ils auront le droit, plus tard, de profiter de nous. Lorsqu'on sera au plus bas, ils diront : « Eh bien, tu te souviens que je t'ai donné des haricots ? » Quand on n'aura rien, rien du tout à donner, ils diront : « J'ai besoin que tu me rembourses maintenant. »

La rage qui m'a saisie lorsque j'ai perdu mon sac à dos était rouge foncé. Tout, au Mozambique, était rouge foncé.

Les hommes sont partis dans la ville de Tete pour trouver de l'aide. J'ai essayé de m'endormir de nouveau pour échapper quelques instants à ma profonde tristesse. La lune s'est levée ; les hommes n'étaient toujours pas de retour. Elle a traversé le ciel ; personne n'est revenu.

Le visage de Claire s'est durci. Je ne pouvais plus rester éveillée pour cette vie-là.

Enfin, des femmes en robes noires sont sorties de l'ombre. Elles nous ont distribué des brioches et de l'eau, puis se sont adressées à Claire dans une langue qui ressemblait à du français.

Elles ont relevé leurs robes – qui se sont révélées être des habits de religieuses – et se sont assises avec nous par terre. L'une d'elles, remarquant mon air renfrogné, a tapoté ma main. Les heures se sont écoulées. Les hommes ne revenaient pas. Lorsque la lune a atteint son zénith, d'autres bonnes sœurs sont arrivées pour nous informer que la police de l'immigration avait arrêté trois hommes, dont probablement Rob. Comme nous tous, il avait passé la frontière illégalement et allait donc être incarcéré.

Avec les sœurs, nous avons pris une petite route avant de pénétrer dans un ancien camp militaire formé d'une demi-douzaine de solides tentes vertes. Les religieuses nous ont offert de nouveau du pain et de l'eau, ainsi que de la confiture, des bougies, de l'anti-moustique et des provisions pour Mariette : de vraies couches, comme je n'en avais plus vu depuis le Zaïre, et un biberon de lait.

À l'intérieur de la tente, un chien était couché sur les morceaux de carton qui devaient nous faire office de lits. Je suis restée dehors. Il s'est mis à pleuvoir.

Lorsque je me suis résolue à entrer, toute trempée, l'animal est parti et je me suis allongée sur le carton mouillé avant de sombrer dans le sommeil.

Au matin, les bonnes sœurs nous ont conduites jusqu'à la prison. Les hommes avaient été incarcérés dans une cellule, les femmes dans une autre. Nous sommes restées assises sur un banc dans l'entrée, tandis que les moustiques attaquaient nos oreilles et nos yeux. Claire a soulevé Mariette pour la montrer à un garde dans l'espoir de l'attendrir. Mais son visage est demeuré de marbre. Plus tard dans la matinée, un autre garde l'a rejoint. Ils nous ont chassés et nous ont tous emmenés, femmes et enfants, dans une pièce sans fenêtre. Ils ont verrouillé la porte.

Ces hommes ne s'exprimaient qu'en portugais. Aucun de nous ne le parlait. Claire et les autres femmes s'en sont tenues aux deux langages que tout le monde comprenait : le sourire et les pleurs. Puis ma sœur s'est mise à crier. Nous l'avons tous imitée.

« Vous n'avez pas honte ? hurlait ma sœur en swahili, en tambourinant contre la porte. Vous savez que ces enfants crèvent de faim ? On est venus à pied de mon pays en guerre. »

Je ponctuais ses phrases en criant : « Ouais, ouais, ouais. »

Si j'étais toujours furieuse d'avoir perdu mon sac à dos, j'étais soulagée d'être loin de Rob, et je suspectais Claire d'éprouver le même sentiment que moi. Pour autant, nous avions besoin de lui. Nous n'étions que deux filles et un bébé. Rob était notre bouclier, notre barrière contre les prédateurs masculins.

Enfin, le chef de la police de l'immigration a ouvert la porte. Il avait l'air gentil. Il s'est adressé à Claire en swahili et lui a expliqué qu'il était lui aussi un réfugié, originaire de Tanzanie. Ma sœur lui a fait un résumé de notre histoire. Quand elle a eu terminé, l'homme nous a donné de quoi payer notre voyage en bus jusqu'à Maputo, la capitale du Mozambique. Là-bas, nous a-t-il déclaré, nous devrions rester dans un camp de réfugiés.

Cette nuit-là, nous avons de nouveau dormi sur nos morceaux de carton chez les religieuses. Le lendemain, le chef de l'immigration a libéré les hommes.

À ce moment-là, je savais que Rob voulait m'abandonner. Contrairement à Claire, mes émotions ne le laissaient pas indifférent : elles le mettaient hors de lui.

Je ne pouvais pas regarder ma sœur. Je ne voulais pas qu'elle voie ma colère, ou qu'elle découvre à quel point j'étais désespérée. À Maputo, les policiers de l'immigration nous ont emmenés dans un camp dès notre descente du bus. Cet endroit, dirigé par des Italiens, s'est révélé étonnamment agréable. Il était construit comme un foyer : de longues chambrées avec des rangées de lits de camp. Claire et Rob avaient un matelas et des draps. Mariette et moi dormions par terre.

J'étais heureuse de me trouver là, d'être traitée comme une personne, une personne normale avec des besoins humains normaux. On nous distribuait du lait en poudre, de la sauce tomate, du pain, du dentifrice. Parfois, on nous donnait du poisson. Les vendredis, les travailleurs humanitaires servaient des pâtes. Je me sentais en sécurité. Il faisait très chaud et, si je n'allais pas jusqu'à me balader en sous-vêtements, contrairement aux hommes, j'étais suffisamment rassurée pour porter un débardeur.

La nuit, cependant, au moment où les enfants sombraient dans le sommeil, ils appelaient : « Maman, maman ! » Je les haïssais.

Mais le matin, la vie redevenait supportable.

Quelques jours après notre arrivée, Claire est allée voir une femme qui vivait dans le camp depuis vingt ans. Vingt ans ici ? Cette unité de temps n'avait aucun sens à mes yeux. Maputo n'était qu'à 95 kilomètres de la frontière avec l'Afrique du Sud et à 595 kilomètres de Durban. Les hommes qui pouvaient se payer le billet de car se sauvaient pour s'installer et travailler là-bas. Pourtant, cette femme avait vécu ici, dans ce camp, pendant une durée deux fois plus longue que ma propre existence. Claire s'est approchée d'elle et, avec tout son bagout de vendeuse, lui a dit : « J'ai un joli soutien-gorge qui devrait t'aller. » La femme l'a acheté pour dix meticais mozambicains, moins de 20 cents.

Puis ma sœur a demandé à un Rwandais qui vivait lui aussi dans le camp depuis très longtemps – depuis seize ans – de l'accompagner en ville. Il parlait portugais et, d'après ce qu'il avait dit à ma sœur, il avait connu notre tante décédée durant le conflit, ce conflit que personne ne nommait jamais. Claire ne m'expliquait rien.

Le lendemain, ma sœur et l'homme sont partis pour Maputo, un trajet d'une heure à pied. Sur place, ils ont marché jusqu'à ce que Claire trouve un bazar. Elle s'est alors adressée à son compagnon : « Demande au patron s'il veut faire affaire avec moi. Dis-lui que je lui propose des spaghettis d'Italie. »

Le Rwandais s'est exécuté : « Cette jeune dame veut faire des affaires avec toi, a-t-il expliqué en portugais au commerçant indien. Elle dit qu'elle peut t'apporter des pâtes italiennes. »

L'homme a voulu voir un échantillon. Claire a sorti une boîte de pâtes de son sac et a patienté pendant qu'il l'examinait. « Combien en veux-tu ? Tu me payes combien pour une demi-douzaine ? » a-t-elle questionné.

Le commerçant a offert cinq meticais par boîte. Ce soir-là, au camp, Claire était déchaînée. Elle a fait le tour de tous les baraquements en demandant : « Qui veut gagner de l'argent ? » Elle proposait aux gens deux meticais contre une de leurs boîtes de pâtes. Elle a pu ainsi en acheter quatre et, le lendemain, elle est retournée en ville avec le vieux Rwandais. Le commerçant indien lui a donné vingt meticais, qu'elle a donnés à Rob dès son retour au camp. Le jour suivant, il a sauté dans un bus pour l'Afrique du Sud.

En milieu de semaine, Claire est retournée à Maputo pour vérifier le bon déroulement de son commerce. Le propriétaire du bazar avait tout vendu.

Depuis lors, chaque vendredi, ma sœur achetait autant de boîtes de pâtes aux autres habitants du camp qu'elle pouvait en payer et, les samedis matin, elle se levait à 4 heures, empruntait une brouette et transportait son chargement en ville. Avec ses gains, elle achetait du savon, du lait, des bougies, qu'elle rapportait afin que je les vende. Ainsi, grâce à Claire, notre camp s'était enrichi d'une petite économie de marché noir.

Nous avions un toit. Nous avions un réchaud pour faire bouillir l'eau de Mariette afin qu'elle ne tombe pas malade. Cela suffisait. Je voulais rester. Mais Claire était déterminée à ne pas s'habituer au confort. Elle pensait que demeurer dans un camp correct était plus dangereux que de s'attarder dans un mauvais. Nous ne devions pas nous mettre à croire que cette vie était acceptable.

10

Mon plan de survie au lycée était fragile, pareil à une planche en contreplaqué clouée sur une fenêtre brisée. Il a fonctionné quelque temps : j'ai ignoré ma famille, poursuivi ma routine, travaillé dur en classe.

Lorsque j'avais besoin d'un peu plus d'aide, je m'évadais à travers les livres de Toni Morrison. Dans *Sula*, elle décrivait un monde empli de personnes que je connaissais : une fille dont le rire vous transportait, mais dont « la douleur humaine [...] se tenait quelque part sous les paupières ». Une femme noire majestueuse qui « ne connut qu'un seul échec – la manière de prononcer son nom ». Des fillettes « dont l'isolement était si profond qu'il les enivrait et les précipitait dans des visions en technicolor ». Elle décrivait la même solitude profonde et existentielle que celle que je ressentais. « On se sent seul, non ? » demandait l'un des personnages de Toni Morrison à Sula. « Oui. Mais ma solitude est à moi[11]. »

Puis un jour, alors que j'étais à *Target* avec Mme Thomas, Claire m'a appelée pour me dire que Pudi était gravement malade. On pensait qu'il était atteint d'une méningite.

11. Extraits de Toni Morrison, *Sula*, Christian Bourgois Éditeur, 1992.

Je me suis précipitée à la Western Union pour virer à mes parents tout l'argent que j'avais gagné en baby-sittings afin qu'ils achètent des médicaments.

Le lendemain, un vendredi, j'ai pris le train pour aller chez Claire après l'école. Nous avons passé le week-end à attendre que le téléphone sonne. Ma sœur venait de quitter Rob. La maltraitance dont elle était victime était devenue insupportable. Elle n'avait pas de meubles, mais cela n'avait pas d'importance. Nous étions assises sur un matelas à même le sol.

Il était prévu que ma mère nous appelle si les choses ne se passaient pas bien. Nous avons attendu, attendu. Elle a fini par téléphoner. Claude – Pudi – venait de mourir.

Mon frère avait vingt-deux ans. Je ne l'avais jamais connu jeune homme. Je ne lui avais jamais parlé au téléphone – j'avais eu trop peur. Cela m'aurait fait l'effet de parler à un fantôme. Je n'avais pas pu lui dire que je pensais toujours à lui. Je ne lui ai pas dit : « Tu m'as manqué. » Ou : « Tu as essayé de m'aider à comprendre un monde que je ne comprendrai jamais. » Ou : « J'ai gardé tous ces objets pour te les donner. » J'avais tant de choses à partager avec Pudi, et rien du tout à partager. Nous avions vécu des vies que mes parents n'avaient nullement rêvées pour nous.

Je me suis allongée sur le matelas et j'ai déversé un océan de larmes. Tant de gens avaient disparu, tant d'autres avaient été assassinés. Pudi a été la première personne dont nous avons pleuré la perte.

En août 2006, trois mois après notre passage à l'émission d'Oprah, Claire est partie pour le Rwanda. Elle avait obtenu la citoyenneté américaine une semaine avant le show. Là-bas, elle a découvert que nos parents vivaient dans une cabane à la périphérie de Kigali. Notre père ne travaillait pas. Il souffrait d'hypertension et de diabète. Notre mère faisait elle-même la cuisine et n'avait plus de domestiques.

Claire a pris un bus pour gagner la ville et s'est rendue à l'ambassade, où elle a été accueillie comme une star. « C'est Claire, de l'Oprah Show ! » s'est écrié l'employé. Tout le monde, dans le pays, avait regardé l'enregistrement de l'émission. C'était une histoire réconfortante et Dieu sait si le Rwanda en avait besoin.

Un musée du Génocide avait été construit au centre de Kigali, au milieu des plaines luxuriantes. On pouvait y voir une exposition détaillée et graphique à but pédagogique ; une fosse commune pour 250 000 personnes ; un mur de noms inspiré du mémorial des anciens combattants de la guerre du Vietnam qui, jusqu'à ce jour, est encore loin d'être achevé. Essayer de circonscrire et de commémorer la souffrance d'un pays entier n'est pas vraiment possible.

La dernière pièce présentée par le musée est un film dans lequel des Rwandais traumatisés parlent du pardon. Ils déclarent que tout le pays doit pardonner, et qu'eux-mêmes l'ont fait. Il y a peu, Claire et moi étions assises dans l'herbe, dans un parc près de mon appartement de San Francisco, et nous nous sommes disputées à ce sujet.

Ma sœur expliquait qu'elle avait besoin de pardonner et qu'elle le pouvait. Sa foi était son bouclier. Alléluia. Soyez reconnaissant.

« La cousine de Rob qui a perdu son bébé. Elle a subi la pire souffrance que Dieu puisse infliger à quelqu'un, ai-je rétorqué. Et ensuite, ces hommes sont venus et l'ont volée. Ils ont pris tout ce qui lui restait. Ils ont porté atteinte à son humanité. Et on lui demande de pardonner ? »

Claire est restée de marbre en m'écoutant, avant de me répondre :

« Je suis en paix. Je me suis dit il y a bien longtemps que personne ne pouvait m'enlever ça.

— Mais les gens ont besoin de savoir, il faut qu'ils se disent : "Je ne peux pas faire ça, parce que c'est impardonnable. Je ne peux pas décider que ma femme est un cafard, que mon voisin est un serpent. Je ne peux pas tuer ma femme. Je ne peux pas tuer mon voisin. Je ne peux pas transformer les gens en sous-hommes pour ensuite les assassiner. C'est impardonnable. Cela ne pourra jamais être pardonné." On ne devrait jamais laisser passer ça. »

Claire est restée silencieuse un instant, avant de poursuivre : « Parlons du Rwanda » – c'était une première. « Il y a des gens qui avaient des enfants, jusqu'à ce que quelqu'un vienne, et les tue tous. Le meurtrier a survécu. Il y a des enfants qui ont perdu leurs parents, ils ont tout perdu, et les tueurs ont survécu. Et aujourd'hui, le Rwanda est en paix. Crois-tu que ce serait possible si personne n'avait pardonné ? »

Je comprends l'aspect utilitaire du pardon, le fait que ce soit d'ailleurs la pièce manquante dans ma vie, la clé de voûte qui me permettrait d'équilibrer, de stabiliser et d'empêcher de s'effondrer les pierres qui forment l'édifice de mon existence. Mais je n'arrive pas à l'accepter. J'ai l'impression que ce serait un mensonge.

« D'accord, le Rwanda est en paix, mais les gens gardent tout dans leur cœur. Et un jour, ça sortira.

— Pardonne ou oublie, a murmuré Claire.

— Oublier ? C'est impossible. Le mal est fait. Ça se reproduira. Les lignes ont été franchies et on ne peut pas revenir en arrière. Des maris ont tué leur femme, des femmes ont tué leur mari. Les gens nous ont dit : "Ces gens là-bas, on n'en veut pas. Ce sont des cafards", et on les a crus. Chacun pensait que c'était normal. Alors ce que nous devons dire c'est : "Je suis responsable. Nous sommes responsables. Ils sont responsables. C'est arrivé." Aujourd'hui, on peint un tableau, et on trouve qu'il est beau, pourtant le monstre est là ; pendant notre sommeil, on le voit dans nos rêves. »

Ma sœur est intervenue : « On peut parler d'autre chose ? »

Au consulat, Claire a reçu des visas pour ma mère et ma plus jeune sœur. Sur sa terre natale, elle avait retrouvé son talent de négociatrice. Mais elle n'avait pas l'argent pour leur acheter des billets d'avion, du moins pas encore.

Elle est rentrée aux États-Unis et a repris le travail à son rythme habituel : neuf à dix heures par jour, six jours par semaine. Quand elle ne nettoyait pas des chambres d'hôtel, Claire faisait le ménage chez les gens. Il lui avait été si difficile de trouver sa place ici. Lorsqu'elle était encore avec Rob, celui-ci dépensait tout ce qu'il gagnait avec ses petites amies. Il battait Claire, il la détruisait. Ma sœur m'a avoué plus tard que l'humiliation qu'elle avait subie dans son mariage était plus grande que celle endurée pendant notre vie de réfugiées.

En décembre, Claire est repartie pour le Rwanda afin de tenter une nouvelle fois de ramener notre mère aux États-Unis. Elle m'a appelée de là-bas. Elle n'avait toujours pas les moyens d'acheter le billet d'avion de notre mère ; elle le savait en partant. Elle s'était envolée pour Kigali, persuadée que Dieu allait l'aider.

Notre conversation a été tendue. Ma sœur savait que je n'avais pas l'argent non plus. Lorsque je lui ai expliqué que je ne voulais pas demander aux Thomas, elle a mentionné Troy, mon petit ami, ainsi que son père.

Troy et moi n'avions pas vraiment de relation physique. Il était gentil et généreux, et on se tenait mutuellement compagnie. Ses parents s'étaient séparés. Il se sentait très seul chez lui. Souvent, il m'accompagnait chez Claire et m'aidait à m'occuper des enfants. Il cuisinait pendant que je faisais le ménage. Il s'occupait du linge. Il invitait Freddy à ses matches de foot et de basket. Troy et moi nous apportions une sorte d'équilibre. Il se sentait particulièrement concerné par tous les mensonges et l'hypocrisie du monde ; je voulais y rester insensible. Un jour, son père lui a offert une voiture, et il l'a refusée. Plus tard, j'ai lu *Into the Wild* afin de tenter de le comprendre, de savoir pourquoi il se privait de tout. L'argument de Claire pour que je lui demande son aide était le suivant : le père de Troy m'avait dit un jour que si mes parents avaient l'opportunité d'immigrer aux États-Unis, il participerait à l'achat des billets.

Je détestais demander. Toute la dynamique de donner et de recevoir me rendait nerveuse. J'avais dix-neuf ans. J'étais une enfant sans en être une ; j'étais déjà la bénéficiaire d'une incroyable générosité. Je ne voulais pas devenir une œuvre de charité. Claire non plus n'avait jamais supporté d'être sauvée. Les autres réfugiés que nous connaissions avaient adopté l'attitude opposée : ils portaient des pantalons élimés et pas de chaussures, afin de bien montrer qu'ils étaient dans le besoin. Mais Claire n'était pas de ceux qui acceptaient de se retrouver au dernier échelon d'une hiérarchie.

Ma sœur a une compréhension intuitive des effets du post-colonialisme, ceux, durables, causés par des étrangers venus pour sauver, éclairer et moderniser l'Afrique. Les colons, les travailleurs humanitaires, les ONG, tous suivent un même mouvement : ils supposent qu'ils valent plus et sont plus intelligents que les locaux ; en bons paternalistes, ils offrent des cadeaux qui en mettent plein la vue, déstabilisent et créent une dépendance. Comment peut-on accepter quelque chose de la part de soi-disant sauveurs, alors que leurs prédécesseurs ont poussé son propre peuple à se détruire ?

Expier ses péchés ne suffit pas. Ces étrangers doivent se livrer à une introspection, plonger dans leur histoire et leurs préjugés, et élaborer un plan afin de ne pas répéter leurs crimes. Car l'esprit humain, malléable, peut être dominé – si graduellement que l'on réalise trop tard que l'on a perdu toute maîtrise.

Presque quarante ans avant la Shoah, en Namibie, les dirigeants allemands avaient déjà mis en pratique la stratégie qu'ils allaient utiliser contre les juifs. La violence et les humiliations étaient systématiques. Ces Européens considéraient leur race supérieure à celle des ethnies héréros et namas, et ils ont largement développé leurs techniques de meurtres de masse : bastonnades, points d'eau interdits d'accès dans le désert, camps de la mort.

Mais Claire, déterminée à revenir en Amérique avec notre mère, a utilisé un argument imparable pour me convaincre : ma mère était trop fragile et serait trop bouleversée de voir ma sœur rentrer seule à Chicago pour gagner plus d'argent ; comment l'imaginer ensuite se débrouiller seule pour nous rejoindre aux États-Unis ?

Claire devait reprendre l'avion deux jours plus tard. J'ai donc passé le coup de fil. J'étais mortifiée. Mais quelques minutes après, le père de Troy s'entretenait avec ma sœur à Kigali.

Ils ont organisé une conférence téléphonique avec la compagnie aérienne. Claire a donné à l'agent de voyage les informations concernant ma mère et ma sœur ; le père de mon petit ami lui a donné son numéro de carte bancaire.

Quand ils ont eu terminé, il était très tard au Rwanda. Le lendemain matin, Claire a annoncé à ma mère qu'elle avait les billets. À sa question : « Où as-tu trouvé l'argent ? », ma sœur a répondu : « C'est Dieu. »

J'étais encore trop terrifiée pour voir ma mère, aussi j'évitais de me rendre chez ma sœur à son retour.

Ma mère essayait de l'aider à s'occuper de la maison et des enfants, mais il y avait sans cesse des ratés. Elle n'avait pas changé l'heure de sa montre si bien que, deux jours après son arrivée, elle a réveillé les petits au milieu de la nuit afin de les préparer pour l'école. Elle ne savait pas parler anglais, mais les enfants comprenaient à peine le kinyarwanda. Elle tapait dans ses mains pour leur demander d'aller se doucher ou de faire le ménage dans leur chambre, et cela les rendait fous. Claire se sentait infantilisée. Ma mère voulait prendre de nouveau soin de sa fille : cuisiner pour elle, tenir la maison.

Ni Claire ni moi n'avions été des enfants depuis bien longtemps. Ma sœur n'avait pas envie d'être maternée. Elle voulait gagner de l'argent. Toutes deux s'étouffaient l'une l'autre. Quand Claire cuisinait, ma mère lui disait : « Je n'aime pas le poulet frit. » Si ma sœur ouvrait son placard pour lui donner des vêtements, ma mère déclarait : « Je ne porte pas ce genre de chemisier. Je n'aime pas ces chaussures. » Ces incidents minaient ma sœur. Ce n'était pas les retrouvailles auxquelles elle s'était attendue. Souvent, elle sortait de chez elle et allait s'asseoir au bord du lac Michigan pour essayer de souffler.

Quelques mois plus tard, Claire est retournée au Rwanda afin de ramener mon père et mes deux autres frère et sœur. L'église avait levé des fonds pour leurs billets d'avion.

Cette fois-là, ma sœur a emmené notre père à l'ambassade américaine à Kigali. C'était un homme brisé. Il avait cependant gardé dans son portefeuille une photo prise lors de l'émission d'Oprah et, quand le consul lui a demandé s'il avait de la famille aux États-Unis, il a sorti le cliché où Claire, moi et Oprah figurions. Le diplomate a failli s'évanouir. « Oh mon Dieu ! Oprah ! Je peux faire une photocopie ? »

Il a donné à mon père un visa de dix ans.

Mes parents sont arrivés aux États-Unis en tant qu'immigrés, et non comme réfugiés, ce qui signifiait qu'ils avaient un pays d'origine. Vivre en Amérique semblait tellement prestigieux, alors, bien sûr, ils sont venus. Pourtant, ils n'ont pas vraiment été capables de s'implanter, de faire leur trou, de faire pousser les racines et les branches de leur passé et de leur avenir afin de se créer une vie épanouie. Mes parents, comme ma sœur, ne parlaient pas de « l'avant », ni de ce que nous avions traversé entre cet avant et maintenant. Ils évoluaient dans un présent sans fin, ne posant pas trop de questions, ne s'autorisant pas à ressentir, progressant dans les limites de leur petite existence bien rangée. Ils interrompaient leurs conversations dès que Claire ou moi entrions dans la pièce. Peut-être était-il inévitable que nous restions des étrangers irrémédiablement séparés.

Désormais, en raison de son diabète, mon père vivait au rythme de ses visites à l'hôpital. Claire hébergeait huit personnes chez elle : notre famille proche et quelques cousins. Mais elle était la seule qui avait un travail. Pour autant, tout allait bien. Chaque début de semaine, elle achetait une grande boîte de poulet et un sac de riz au World Market. L'église fournissait quelques sacs remplis d'aliments de base pour compléter, et chacun s'efforçait de faire durer les provisions.

Pendant les week-ends, lorsque j'étais chez Claire, je voyais ma petite sœur de six ans sauter avec naturel sur les genoux de ma mère, comme s'il était donné à tout le monde de le faire. Elle réclamait son attention, ainsi que le font les petites filles qui ont de la chance.

Un soir, je me suis assise à la table de la cuisine pour réviser mon baccalauréat. Ma mère, qui préparait un ESL – un diplôme d'anglais langue seconde –, s'est assise à côté de moi pour revoir ses cours. En quatorze ans, c'était la première fois que nous partagions un moment de tranquillité et de proximité.

Quelque temps auparavant, j'avais tenté de la questionner sur son existence pendant la guerre. Ça s'était mal passé. Elle était en train de faire le ménage chez Claire et j'ai cru que cela ferait une bonne diversion : elle pourrait garder les yeux fixés sur les portes de placards qu'elle nettoyait sans avoir à subir d'échanges de regard.

Mais dès que j'ai dit : « Qu'est-ce qui est arrivé… », j'ai eu honte. Le battant a tremblé, les mains de ma mère se sont agitées, comme un oiseau affolé qui se serait cogné contre une fenêtre. Aujourd'hui, je sais que j'aurais dû réfléchir davantage. Claire n'a presque rien dit à Mariette. Quelle mère aurait pu le faire ? Les contours de la douleur sont flexibles. Notre souffrance peut prendre de l'ampleur et se métastaser. Elle reste dans nos cœurs et se transmet à ceux que nous aimons.

Ma mère ne dormait presque plus. Elle se dévouait à ses enfants et à ses petits-enfants, ainsi qu'aux dizaines d'autres gamins du quartier. Elle dressait des listes. Elle se souvenait de tous les anniversaires et donnait à chacun autant de dollars qu'il avait d'années. Ses punitions sont devenues moins sévères.

Pendant que je préparais mon bac, ma mère, tête baissée, travaillait sur son cahier d'exercices, s'arrêtant et réfléchissant à chaque mot, comme s'il s'agissait d'un examen final. Sa peau foncée était différente de la mienne. Ses cheveux étaient courts et plaqués. Dans mon souvenir, ils étaient longs. Ses ongles étaient abîmés, ses lèvres gercées. Ce rêve d'être de nouveau réunis était un mensonge. Aucun éclairage, aucun angle de prise de vue, aucun maquillage n'auraient été capables de nous rendre le temps que nous avions perdu et recréer la relation que nous aurions pu avoir. Les seules choses fidèles à mon souvenir et en accord avec la mère que j'avais connue, c'était ses pommettes hautes et le rosaire blanc qu'elle portait autour du cou.

Je me suis précipitée dans la salle de bains et j'ai fait couler l'eau de la douche à flots. Vingt minutes plus tard, Claire a frappé à la porte.

« Tu n'es pas en train de prendre une douche. Pourquoi as-tu les yeux rouges ? a-t-elle demandé d'un ton dur. Tu as pleuré ? Qu'est-ce qui s'est passé ? »

11

J'ai lu la peur sur le visage de Claire. Nous étions quinze, entassés dans la voiture d'un passeur. Il roulait à tombeau ouvert, dans le noir, phares éteints. J'étais persuadée que nous allions rentrer dans un arbre. Ma sœur avait entendu dire qu'en Afrique du Sud on pouvait gagner de l'argent partout. On pouvait trouver du travail. C'est pourquoi nous fuyions le Mozambique. J'avais huit ans. J'étais accroupie sur le sol de la voiture, entre la banquette et le siège avant. Pour calmer ma peur, je me concentrais sur mes mains. Dans les lignes de mes paumes, je croyais distinguer l'image d'une vieille femme.

Le passeur s'est garé devant une cabane perdue au milieu des arbres. Il nous a donné de la viande séchée, du pain et de l'eau. Puis nous avons marché dans une réserve naturelle. Le ciel était orange, cette couleur que je haïssais. J'ai vu des serpents. Le passeur ne nous avait pas prévenus qu'il y en avait.

Nous avons parcouru des kilomètres. Claire portait Mariette à l'avant. Le poids du corps de ma nièce me manquait. Nous avons enfin atteint une clôture électrique dont un tronçon, à ras de terre, avait été coupé. Nous avons rampé en dessous.

Quelques kilomètres plus loin, un camion nous attendait. Cette fois, j'ai eu un siège et j'ai pris Mariette sur mes genoux. Le camion a roulé, roulé, éclairé par les lumières, celles des petites ampoules jaunes des lampadaires et des maisons.

Je n'avais pas vu de lueurs scintillant au loin depuis si longtemps. Tous les endroits où nous avions vécus étaient plongés dans l'obscurité et détruits par la guerre. Les lumières m'ont fait penser à du pain et de la confiture, à du pain et du beurre, à des frites. J'ai demandé à Claire quand nous allions rentrer chez nous. Elle m'a jeté un regard noir et ne m'a pas répondu.

Je savais qu'elle ne m'aimait pas. J'étais un fardeau pour elle. J'étais terrifiée à l'idée qu'elle puisse m'abandonner.

L'Afrique du Sud m'a paru magnifique. Nous avons passé la nuit dans un immeuble de bureaux abandonné, investi par des personnes qui avaient fui le conflit zaïrois.

Au bout d'un long couloir, nous avons rencontré une femme qui nous a cuisiné de l'*ugali* et nous a fourni une couverture. Elle a fait du poulet mais ne nous a donné que quelques petits morceaux d'ailes. Le reste de la viande et les gésiers étaient réservés aux hommes.

Le lendemain, Claire s'est mise en quête de Rob. L'Afrique du Sud était un pays sous tension, mais aussi débordant de joie et de fierté. Mandela était alors président.

Claire a retrouvé son mari. Il vivait à Mayville dans un township, où il partageait une pièce avec quatre familles. Il travaillait comme coiffeur. C'était quand même une vie.

En tant que réfugiés, nous pouvions nous rendre au ministère de l'Intérieur afin d'obtenir un visa de six mois. On pouvait le demander à de multiples reprises. Nous n'avions pas à craindre d'être arrêtés. Mais Claire voulait avancer. Elle pensait que nous aurions davantage d'opportunités dans la ville côtière de Durban, une cité étincelante bordée de plages et de jetées.

Ma sœur m'avait toujours répété : « Tout est à toi, tout n'est pas à toi. Le monde ne te doit rien ; personne ne mérite d'avoir plus ou moins que la personne suivante. »

Même en étant réfugiée, ma sœur a toujours gardé une tenue correcte. Au départ, un chemisier blanc amidonné, un jean évasé bien coupé, des bottines noires ; plus tard, un costume brun. Ainsi, partout, à tout le monde, elle pouvait donner l'image d'une jeune femme intelligente et dynamique. Elle ne voulait ni pitié ni permission. Elle savait se fondre parmi les autres comme leur égale. Personne n'avait besoin d'en savoir plus.

Désormais, elle avait ses habitudes. Dès que nous arrivions quelque part, elle trouvait quelqu'un qui parlait la langue locale, mettait ses plus beaux habits et allait frapper aux portes pour demander du travail, surtout pas d'argent. Elle décrochait un emploi, bossait dur, ne volait jamais.

À Durban, Claire a rencontré un Tanzanien qui connaissait la langue zouloue. Elle l'a convaincu de lui servir d'interprète. Elle a enfilé son chemisier avant de se rendre dans un quartier aisé. Elle a tapé à une porte. Lorsqu'un homme a ouvert, elle s'est adressée à son interprète : « Dis-lui que je cherche un travail. »

L'homme lui a dit de revenir le lendemain matin.

C'est ce qu'elle a fait. Elle s'est présentée, portant de nouveau sa chemise blanche et son meilleur jean ; l'épouse de l'homme lui a donné un panier de linge à laver à la main. Claire est devenue une domestique, comme celles que ma mère employait à Kigali.

La famille qui l'a embauchée aurait facilement pu s'offrir une machine à laver, mais là-bas, cela ne faisait pas partie des usages. Claire a frotté des vêtements pendant cinq heures – il y avait cinq enfants dans la maison –, regrettant de n'avoir jamais accepté que ma mère lui apprenne à accomplir ces tâches ordinaires. Claire, après tout, n'était pas censée en avoir besoin un jour. Elle devait aller à

McGill. Et maintenant, ça. La femme est rentrée du travail et l'a bien payée. Elle lui a demandé de revenir trois jours plus tard.

Pendant ce temps-là, je traînais avec Mariette. Nous occupions un studio dans un immeuble. Certes, ce n'était pas un camp, mais j'étais toujours une paria. Un jour, les enfants du voisinage ont fait geler de l'urine et m'ont dit que c'était un esquimau, et que je devais le manger.

J'ai tout recraché avant de me sauver.

Dans le bus, Claire faisait croire qu'elle lisait les journaux écrits en langue zouloue afin de dissimuler son statut d'étrangère et de se prémunir contre les risques d'agression. Nous fréquentions une église baptiste. Ma sœur ne comprenait pas bien l'anglais mais elle pleurait abondamment durant les messes. Elle adorait les chants et les hymnes. Un dimanche, à la sortie de l'église, nous avons remarqué une femme blanche afrikaner qui nous observait. Elle était grande, belle, puissante et forte, et la longue robe qu'elle portait ressemblait à celle d'un prêtre.

Elle s'est avancée vers Claire et lui a demandé : « Réfugiée ?

— Réfugiée, a répondu ma sœur.

— Oui, a poursuivi la femme.

— Oui », l'a imitée Claire. Son anglais se limitait à « oui », « non », « bonjour », et « bonsoir ». En général, elle se contentait de répéter ce que l'autre personne disait. J'ignore pourquoi cette femme a remarqué Claire, mais dès que cette dernière a dit oui, elle nous a fait signe de la suivre.

Son logement, situé à trois pâtés de maison de l'église, était décoré de papiers peints, de canapés et de rideaux à fleurs. Elle a ouvert son réfrigérateur et en a sorti du poisson, du bœuf, du poulet et du porc. Elle a tout déposé sur la table, avec des assiettes et de belles serviettes, puis elle a servi des boules de glace à la vanille dans un bol et m'a regardée les manger. Elle voyait en moi l'enfant que personne ne semblait voir.

La semaine suivante, Claire, Rob, Mariette et moi sommes retournés à l'église et avons de nouveau suivi la femme afrikaner, Linda, jusque chez elle. Cette fois, un fumet de curry embaumait la maison. Nous nous sommes tous assis à table pour déjeuner. Linda était aussi grande que Claire était petite. Pourtant, la Sud-africaine lui a donné une brassée de vêtements. Bien sûr, ils étaient trop grands, mais c'était sans importance. Cela faisait tellement de bien que quelqu'un prenne soin de nous.

Lors de notre troisième visite, notre hôte a désigné sa poitrine. Elle avait eu un cancer et subi une mastectomie. Elle nous a montré sa cicatrice. On aurait dit une carte géographique.

Plus tard, l'église a organisé une collecte pour nous et a rassemblé un mois de nourriture. Linda nous a aidés à trouver un petit appartement ; elle nous a donné des casseroles et des poêles. Le jour de notre emménagement, elle est arrivée avec un saucisson italien géant. Nous avons fait des sandwiches avec de la tomate et de la mayonnaise.

L'appartement était au troisième étage, juste en face d'un bordel. J'ai été initiée à la sexualité en observant les femmes qui y travaillaient. Une fille plus âgée qui habitait notre immeuble m'a tout expliqué. Un jour, elle m'a dit : « On ne t'a jamais embrassée. Je vais t'embrasser.

— Je n'embrasserai jamais personne », ai-je répliqué.

Plus de marches, plus de camps, plus de meurtres. Pour une fois, la vie nous paraissait facile. Rob avait cessé de couper les cheveux et travaillait comme ouvrier dans une usine de textile en dehors de la ville. Cela voulait dire, à mon grand soulagement, qu'il partait quasiment toute la semaine. Claire a obtenu un emploi de vigile. Elle surveillait les voitures des clients devant un hôtel de luxe. Les filles plus âgées de notre immeuble m'ont appris les mots de zoulou pour dire « va-t'en », « arrête de me regarder », « dégage ».

Un jour, Claire est rentrée chez nous et s'est exclamée : « Pose le matelas ! Pose le matelas ! » Nous l'adossions contre le mur durant la journée et je l'ai donc abaissé. Claire a sorti des pièces et des billets de ses poches, les a jetés sur le lit avant de s'écrier : « On est riches ! On est tellement riches ! Prends ce que tu veux ! Je t'achèterai tout ce dont tu as envie. »

Pendant des mois, tant que Claire a pu garder ce travail de vigile, j'ai raconté à tout le monde que nous avions beaucoup d'argent. Elle m'a offert une nouvelle chemise et des chaussures. Elle nous a acheté un poulet rôti entier avec un sac de gésiers. En Afrique, ces derniers sont réservés aux hommes. Si une femme sert un poulet sans mettre les gésiers de côté pour son mari, celui-ci peut décider de la quitter. Claire, elle, avait envie d'en manger. Je les ai fait frire. Ils ressemblaient à des testicules mais, pour ma sœur, ils avaient le goût de la victoire. C'était comme déguster du pouvoir.

Mariette était mon univers. Je lui vouais mon existence, elle était ma belle poupée animée. Je me mettais en quatre pour bien l'habiller afin que tout le monde la trouve ravissante et ait envie de la prendre dans les bras. J'étais toujours auprès d'elle, je la surprotégeais. Une fois, j'ai laissé une assiette chaude par terre. Mariette a cru que c'était une petite chaise. Elle s'est brûlée à travers sa couche. J'ai eu tellement honte.

Je voulais une maman et, si possible, je voulais que ce soit Linda. Un jour, cette dernière m'a emmenée m'inscrire à l'école. Elle a promis qu'elle trouverait quelqu'un pour s'occuper de Mariette afin de libérer mes journées. Alors qu'elle remplissait les papiers, le directeur de l'école lui a expliqué que je devais faire un test de dépistage de la tuberculose. Je toussais énormément. Linda m'a donc emmenée à l'hôpital. J'étais malade et on m'a mise en quarantaine.

Si l'hôpital m'effrayait au départ, je me suis rapidement sentie importante et dorlotée. J'avais mon propre lit. Linda m'a offert des fleurs. Un matin, une infirmière m'a réveillée pour me conduire dans une pièce aux fenêtres immenses avec vue sur l'océan. L'hôpital nous servait de la crème anglaise et du riz au lait. Pour le déjeuner, l'infirmière me demandait : « Veux-tu de la gelée ? Veux-tu des haricots verts ? »

Lors d'une visite, Linda m'a apporté un petit sac à dos et une trousse avec mon nom brodé dessus. « Tu peux commencer l'école ici, m'a-t-elle dit, et apprendre à écrire dès maintenant. »

Après ma sortie de l'hôpital, nous avons de nouveau déménagé pour nous rapprocher de l'usine de textile où travaillait Rob, quelques kilomètres en dehors de Durban. Nous nous sommes retrouvés dans un township, parmi des rangées infinies de petites maisons identiques. Mandela était arrivé au pouvoir trois ans plus tôt et son élection avait donné au pays un fort sentiment de fierté. À toute heure, la musique résonnait à plein volume dans la cité : du hip-hop, des musiciens comme Biggie, Papa Wemba, Tupac ou Brenda Fassie. J'ai fait de gros efforts pour apprendre les mots zoulous des chansons de cette dernière : « *Ouvre les portes, Mademoiselle Potins. Mon garçon se marie aujourd'hui*[12]. »

Mes projets de retour à l'école sont tombés à l'eau. Dans ce quartier, je devais surveiller Mariette. Le matin, je l'attachais dans mon dos et voyais tous les autres enfants

12. Brenda Fassie (1964-2004), surnommée la Madonna des townships. Ces paroles sont extraites de sa chanson *Vuli Ndlela*.

partir en classe. Le soir, je regardais les hommes rentrer du travail. L'arrêt de bus était situé plus bas sur la colline. Parmi les voyageurs se trouvait un homme grand et baraqué, comme mon père, qui portait la même casquette que lui. Je l'observais tous les jours.

La langue zouloue est très compliquée. Elle inclut des claquements de langue et autres sons que je n'avais jamais produits, et qui nécessitent l'usage de certaines parties de la bouche dont je ne m'étais jamais servie. Je n'ai quasiment pas prononcé un mot à voix haute pendant des mois. Puis, un jour, je me suis approchée d'une enfant qui, je le savais, était la fille de l'homme que je suivais quotidiennement des yeux. J'avais tellement envie d'avoir une amie ici, d'être intégrée dans le monde normal. J'ai mis de côté ma réserve de petite survivante pour déclarer, dans un zoulou hésitant : « Ton père ressemble au mien. » Elle a brandi son poing. Je n'ai pas compris pourquoi.

Ce n'est que plus tard que je me suis rendu compte de ce que j'avais réellement dit : « Ton père est mon père. » J'ai essayé de lui expliquer, mais il était trop tard.

Claire a perdu son emploi. Elle s'est alors lancée dans l'achat de vêtements en gros. Elle se procurait des maillots de football pour vingt-cinq rands et les revendait dans les salons de coiffure pour cinquante rands. Elle a fait la même chose avec les jeans.

Elle était aussi domestique. Certains jours, je l'accompagnais. D'abord, nous lavions le linge, puis nous balayions, repassions, avec Mariette attachée dans notre dos. Nous ne travaillions jamais à l'extérieur. Les Sud-africains noirs, hommes ou femmes, refusaient désormais les emplois de domestique et ne voulaient pas que les immigrants noirs les acceptent. Si quelqu'un nous avait vues, on se serait fait harceler dans le bus et dans le township.

Quotidiennement, à l'heure où nous faisions le ménage dans le salon, Oprah passait à la télévision. Pour moi, c'était une déesse. Elle avait tellement de canapés différents ! Chaque fois qu'elle apparaissait, elle portait de nouveaux vêtements. Je ne comprenais pas ce qu'elle racontait, mais j'adorais la façon dont elle allait au-devant des spectateurs, j'adorais ses expressions, quand elle était assise – son enthousiasme, sa sollicitude, sa joie, sa colère, sa solidarité, son scepticisme, tout ce qu'elle avait besoin de faire passer. Je ne connaissais personne capable d'être assis avec autant de style.

Claire l'observait mais ne la révérait pas comme moi. Elle me jurait qu'un jour elle la rencontrerait. « Oprah mange, Oprah dort. Moi aussi », déclarait-elle.

Je ne comprenais pas comment elle pouvait avoir autant confiance en elle. Mon estime de soi était alors toute relative. Pendant que nous regardions Oprah, j'étais chargée d'astiquer la table à cocktail. Je voulais qu'on me gratifie d'un A, que le propriétaire de la maison entre, remarque le lustre de la table et s'exclame : « *Zikomo ! Zikomo !* » Un grand merci !

La plupart du temps, j'étais tellement perdue dans ce monde ; je n'appartenais à aucune catégorie sociale que je connaissais, ou que j'aurais voulu intégrer pour pouvoir me définir. Claire, Rob, Mariette et moi ne représentions en rien ni pour personne la vision d'une famille. Même pas pour moi.

Ma sœur est de nouveau tombée enceinte. Dès qu'il l'a su, Rob a cherché à la persuader de rentrer avec moi au Rwanda, mais sans lui, afin de retrouver nos parents.

J'ai détesté cette idée. Ici, nous étions en sécurité. Nous pouvions renouveler notre visa indéfiniment. Nous n'avions pas de papiers pour nous rendre à l'étranger. Pourquoi continuer à voyager, par choix, non seulement au Rwanda, mais à travers une succession de pays détruits ? De plus, nos parents étaient morts. Nous n'avions eu aucune nouvelle d'eux depuis très longtemps. Dans ma tête, ils étaient partis.

« Ne t'inquiète pas, Claire, tout va bien maintenant au Rwanda, a dit Rob pour nous convaincre. Ils ne vont pas s'en prendre à une femme enceinte. »

Ma sœur n'avait pas non plus envie de partir. Nous avions une vie stable et parfois nous étions riches ! Cependant, même si Claire était pleine de ressources, elle n'avait que dix-huit ans. Et si elle ne se laissait jamais rabaisser par des étrangers, elle pensait qu'elle devait obéir à son mari. C'est ainsi que nous avions été élevées. Rob était tyrannique, Claire le savait. Mais pour elle, cela ne changeait rien, elle devait faire ce qu'il lui ordonnait.

J'aurais voulu rester avec Linda, je rêvais qu'elle m'adopte. Mais Claire avait besoin de moi pour que je m'occupe de Mariette. J'avais neuf ans. J'en savais beaucoup trop, et ce savoir était lourd à porter, comme une couverture qu'on aurait plongée dans de l'eau boueuse. Avant, je ne savais pas ce que tuer impliquait. Je ne savais même pas ce que ça signifiait. Depuis, j'avais vu des gens se faire assassiner, j'avais ressenti la mort. Et c'était tellement plus atroce que ces images de violence inspirées de *Rambo* que Pudi avait imprimées dans mon cerveau quand nous étions petits.

Claire, Mariette et moi avons pris un car en direction du nord, par la forêt, en route vers l'Enfer. Nous avons escaladé la clôture électrique pour passer la frontière.

12

Un dimanche, chez ma sœur à Chicago, je coiffais les cheveux de Mariette tandis que ma mère cuisinait – viande, riz, ail, oignons – en fredonnant une chanson qui passait à la radio et qu'elle ne connaissait pas. Les fenêtres étaient embuées par la vapeur piégée sous le plafond bas.

« Aïe, tatie, tu me fais mal ! » a crié Mariette, et tout ce à quoi j'ai pensé, c'était : « Tu ne sais pas ce que c'est, la douleur. »

« Excuse-moi », ai-je répondu, et je lui ai promis de ne pas recommencer. Mon esprit s'est évadé. J'ai songé à l'université, à ma bourse d'étude, à l'argent – j'essayais de me trouver une place dans la vie, une place où je me sentirais bien. Ma mère chantonnait toujours. Sa voix ne me semblait pas familière.

Malgré la vapeur et la chaleur dégagées par la cuisinière, j'ai eu froid. J'ai demandé à Michele, la petite dernière de Claire : « Milu, peux-tu s'il te plaît me passer ton plaid Miley Cyrus ? » Ma nièce m'a jeté un regard méprisant. Elle était bien installée devant sa série animée *Eloïse* et visiblement très attachée à son petit confort.

Quand elle a fini par se lever, elle a déclaré : « Je veux être comme Eloïse, faire des tours aux gens et parler à ma mère en français. »

Elle était si mignonne que j'ai éclaté de rire. Mariette, qui avait cinq ans de plus que Michele, s'est empressée de briser son rêve : « Je suis vraiment désolée de te le dire, mais tu es coincée ici avec nous et ça n'arrivera jamais. »

Michele s'est mise à pleurer. Je lui ai tapoté la tête et j'ai chuchoté à son oreille : « N'écoute pas ta sœur. Tu peux vivre comme Eloïse, si tu le souhaites. »

Les frontières les plus difficiles à franchir se trouvaient entre les communautés africaines et afro-américaines. Bien sûr, j'étais africaine, noire, et je vivais en Amérique, plus précisément en Illinois, au cœur du Midwest. Je n'avais aucune histoire personnelle commune avec les Américains blancs. Ma famille n'avait pas été réduite en esclavage. Aucun banquier blanc ne l'avait empêchée d'acheter une maison. Et ma communauté, dans ma banlieue blanche, s'était montrée extrêmement généreuse envers moi.

En revanche, Mariette, Freddy et Michele vivaient dans un autre univers. Ils grandissaient à Edgewater, dans un logement social. Ils avaient intégré l'argot et le style de leurs amis noirs de l'école et le mélangeaient au swahili et au kinyarwanda qu'ils apprenaient chez eux. Et contrairement à moi, même Claire était à l'aise et avait une réelle proximité avec la culture afro-américaine. Elle pouvait parfois porter un sweat-shirt à l'effigie de Missy Elliott ; d'autres fois, elle revêtait un magnifique kitenge complété d'un foulard de tête. Elle comprenait très bien ses voisins dont les familles avaient vécu depuis des générations dans un système qui les déshumanisait et les dépouillait de tout. Quant à moi, je vivais du lundi au vendredi dans une maison à la pelouse bien entretenue et pourvue d'un garage indépendant. Je portais des polos et des vêtements de chez J. Crew. Mes camarades de classe me demandaient comment se passaient mes week-ends dans la « cité » exotique. Aucune de mes connaissances ne vivait là-bas. Ils habitaient tous à la périphérie de la ville, dans les quartiers aisés.

Dans les essais de Toni Morrison sur les Noirs américains, je retrouvais la même question que celle qui définissait mon existence : « Comment fais-je pour survivre ? » Auprès de chaque personne que je rencontrais, à travers chaque paragraphe que je lisais, je cherchais la réponse à mon interrogation : « Comment faites-vous pour survivre ? » Toni Morrison décrivait également cette force que j'essayais de trouver ; elle l'appelait « la force dans le sang ». *Playing in the Dark : Blancheur et imagination littéraire* n'est pas son livre que je préfère, qui est *L'Œil le plus bleu,* mais il m'a aidée à comprendre que les histoires écrites par les Américains blancs dépendaient de certains présupposés concernant les personnages noirs. La plupart des Noirs que nous étudions en classe étaient morts. Ils avaient combattu dans une guerre qui n'était pas la mienne. Un jour, j'ai rapporté de l'école *L'Autobiographie de Malcolm X.* Mme Thomas était dans la cuisine en train de préparer des haricots noirs. Elle a levé les yeux vers moi, m'a souri avant de dire : « *Blackness is beautiful.* » Les pièces de mon identité se sont entrechoquées dans ma tête en cliquetant comme de la petite monnaie.

J'avais conscience que j'étais désormais une privilégiée. J'avais commencé à oublier ce que c'était de souffrir, de s'inquiéter des besoins fondamentaux. J'avais du temps pour réfléchir, pour créer. Je m'amusais à délaver et à vieillir mes jeans pour qu'ils ressemblent à ceux de Britney Spears ; j'achetais des blousons vintage, je customisais mes vêtements. Je me suis inscrite à un cours de mannequinat chez John Robert Powers.

Cette dernière décision a contrarié Mme Thomas. L'école était située vers l'aéroport et je devais prendre trois métros pour m'y rendre. En offrant deux cours gratuits, puis en demandant un montant ridicule pour les suivants, John Robert Powers apprenait à de jeunes immigrées crédules telles que moi comment se maquiller, comment sourire avec les yeux, marcher pour vendre un pantalon ou une robe, quelles informations avoir sur son CV le jour de l'entretien, ou encore l'importance de porter des sous-vêtements couleur chair pour les séances photo.

Abercrombie & Fitch était une marque très à la mode, portée par toutes les filles de l'école, moi y compris. Et je voulais voir dans leurs catalogues quelqu'un qui me ressemblait. Je ne me voyais nulle part.

Chez John Robert Powers, les professeurs nous expliquaient, à nous, jeunes immigrées, que nos chances de devenir mannequin dépendaient de facteurs précis : notre taille, notre poids, nos formes, notre carnation, l'apparence de nos mains, notre cou. Ils nous ont recommandé de prendre nos mesures tous les mois car, s'il était inscrit sur notre CV que nous faisions une taille 36 et que, le jour de la séance photo, nous nous présentions avec une taille 38, nous serions probablement mal reçues. L'idée de suivre ces conseils m'ennuyait mais je voulais tellement être reconnue. Je voulais qu'on me regarde et qu'on me rétribue. Je voulais entrer dans une pièce et occuper l'espace.

Dans mon cours, il y avait une joueuse de volley russe, grande et musclée, avec des extensions de cheveux blonds. Elle souhaitait être mannequin pour représenter des athlètes. Il y avait également une Ukrainienne hypermince, coiffée à la garçonne. C'est cette dernière qui avait les meilleures perspectives. Quant à nous autres, on nous a dit : « Vous pouvez faire des pubs, vous faire embaucher dans les hypermarchés Walmart, vendre des parfums dans un grand magasin. »

J'ai continué les cours jusqu'au jour où je me suis mise sur mon trente-et-un et que j'ai pris le bus à destination d'un entrepôt pour faire une séance photo. Durant vingt minutes, je me suis sentie glamour, pareille aux femmes des catalogues chics de Neiman Marcus que Mme Thomas recevait. Puis on m'a annoncé que je devrais payer cent dollars par cliché de 13 cm sur 20 cm. Je me suis sentie utilisée. Je suis partie sans payer.

Le musée de l'Holocauste de l'Illinois, situé à Skokie, une autre banlieue de Chicago, m'a invitée à un déjeuner en l'honneur d'Elie Wiesel. J'y ai lu ma dissertation rédigée pour l'émission d'Oprah devant un groupe de trois mille personnes. Elie Wiesel est venu me dire : « Nous continuerons à nous voir. »

Après cette cérémonie, j'ai reçu beaucoup d'appels de personnes souhaitant que je prenne la parole lors de manifestations où étaient organisées des collectes de fonds, et où mon histoire devait servir de thème à la soirée. J'ai alors commencé à travailler en étroite collaboration avec Harpo, la société de production d'Oprah.

C'était à la fois étrange et gratifiant de devenir une personnalité si utile. Je pouvais ainsi faire le lien entre la Shoah et tous les autres génocides du monde entier. Quand je parlais, je parvenais à persuader mon auditoire qu'il était intéressé, qu'il avait envie de m'écouter. Pourtant, même les personnes les plus généreuses, motivées par les meilleures intentions du monde, accordaient rarement une place dans leur esprit à la personne que j'étais vraiment.

Tous se comportaient toujours très bien avec moi, mais derrière leurs mondanités étudiées, je savais qu'on n'avait fait que me donner un rôle. « Veuillez endosser l'identité suivante : la rescapée du génocide passée chez Oprah, l'enfant perdue depuis longtemps par ses parents qui s'en est sortie. » Dans ce beau conte de fées, j'étais la fille intelligente qui poussait la marraine à ressusciter ses parents. Je devais donner corps à ce récit pendant les manifestations et dans l'esprit des spectateurs. J'étais complice. J'étais devenue « la fille de chez Oprah », et ce titre s'accompagnait d'une histoire dramatique avec une fin heureuse et d'un déguisement chatoyant. Au début, j'étais partante.

Mes discours étaient magiques. À la fin de chacun d'eux, mes auditeurs étaient en larmes. Mais ils ne comprenaient rien – surtout, ils ne voyaient pas que je n'avais rien d'extraordinaire. Il y avait tant de gens comme moi, des milliers, des millions. J'étais juste celle qui se trouvait dans la même pièce qu'eux. « Ne pleurez pas pour moi, avais-je envie de dire, mais pour eux. Il vous faudra plus de cent vies pour les pleurer tous. »

Pourtant, j'ai continué à poser pour des photos. J'ai laissé les gens serrer mes mains dans les leurs. Ils m'ont remerciée de leur avoir livré mon récit, si triste, douloureux et passionnant. J'ai souri. Je souriais toujours. Mais au fond de moi, je pensais : « Vous ne savez rien. J'ai partagé une seconde de ma vie avec vous. Je ne suis pas la pauvre petite fille que vous croyez que je suis. »

Dans la partie financière de mon dossier de candidature à l'université, il était écrit : combien gagnent vos parents ? « Quels parents ? » me suis-je demandé. Y a-t-il des membres de votre famille qui ont combattu durant la guerre civile ? « Quelle guerre civile ? »

Mon conseiller, au lycée, a ri quand je lui ai montré la liste de facultés auxquelles je voulais postuler : Princeton, Yale, Georgetown. Selon lui, je devais viser moins haut. Tout le monde était de son avis. J'étais nulle aux examens. Mes notes étaient irrégulières. Ma mère nettoyait les toilettes à l'aéroport d'O'Hare. Le conseiller pensait que je devais déposer ma candidature à Lake Forest College et à William & Mary.

C'est ce que j'ai fait. J'ai envoyé mes dossiers d'inscription à ces deux universités, ainsi qu'à toutes celles de ma liste. Grâce au FAFSA[13], cela ne m'a rien coûté de plus que l'argent des timbres.

J'avais tellement hâte de quitter mon univers de Chicago, de ne plus voir mes parents, Claire. Ma sœur était la seule personne qui savait tout et, pourtant, lorsque je l'entendais parler de sa vie, j'avais l'impression de ne pas exister. Je me sentais sous-estimée, presque effacée de son récit lorsqu'elle racontait comment ses enfants avaient été élevés. Je pensais que si je fuyais loin de ma famille, je pourrais mettre une partie de ma souffrance à distance, me poser quelque part où j'aurais l'impression d'avoir ma place. Rien dans ma vie ne semblait fonctionner, mais je continuais d'essayer.

À l'automne, j'ai défilé pour la parade de Thanksgiving organisée par la chaîne de magasins Macy's. J'avais été la capitaine de mon équipe dans mon camp de majorettes et, en conséquence, j'avais été invitée à participer. Mme Thomas m'avait commandé toute la tenue de couleur moutarde : la jupe, le sweater, les chaussures, les gants blancs. J'étais censée porter des collants chair, mais je n'ai pas trouvé la bonne couleur. J'ai acheté une paire trop claire et l'ai teinte moi-même.

Au printemps, la nouvelle est tombée : j'étais sur la liste d'attente de Yale. Je savais déjà que j'aurais beaucoup d'autres échelons à gravir et que j'y parviendrais si je me montrais patiente, si j'observais les bonnes personnes, étudiais leurs gestes et imitais leurs conversations.

Je connaissais également le pouvoir de mon histoire. Aussi, lorsqu'un membre du bureau des admissions m'a affirmé que s'ils en apprenaient davantage sur moi j'avais

13. The Free Application for Federal Student Aid est un formulaire que peuvent remplir chaque année les étudiants et futurs étudiants américains afin de savoir s'ils peuvent avoir droit à une aide financière.

une chance d'être acceptée, j'ai pris l'avion jusqu'à New Haven. J'ai passé des entretiens toute la journée. J'ai d'abord parlé d'Habitat for Humanity[14], puis j'ai discuté de *Ma vie rebelle*, l'autobiographie de la Somalienne Ayaan Hirsi Ali, aujourd'hui membre du Parlement hollandais. Je venais de lire son livre. Son histoire était à la fois si brutale et si typique pour une fillette somalienne. Elle avait été excisée. Elle avait été mariée de force. À l'âge adulte, elle avait rejeté la religion musulmane et écrit une critique cinglante et féministe de la culture islamique. Pour finir, j'ai déclaré au doyen du bureau des admissions que je pensais avoir ma place à Yale, parmi les futurs leaders du monde.

Le destin est tellement arbitraire : on m'avait condamnée à être tuée, j'avais dû faire la queue durant sept heures pour pouvoir manger, puis on m'avait offert une éducation fabuleuse, avant de me couvrir de lauriers.

J'ai aussi expliqué au doyen que si les gens de Yale voulaient rendre le monde meilleur, je pourrais leur indiquer comment s'y prendre.

Une semaine plus tard, il m'a appelée. « J'ai une bonne et une moins bonne nouvelle. La bonne, c'est que vous avez été acceptée à Yale. La mauvaise... » J'ai inspiré profondément. « J'ai regardé votre niveau à l'écrit, et je pense que vous auriez besoin de cours de rattrapage pour vous améliorer dans ce domaine et dans votre travail.

— Oui, je vais le faire, me suis-je empressée de répondre. D'ailleurs, j'ai pris des cours d'écriture, l'été dernier. »

Le doyen m'a gentiment interrompue. « Je crains que ce ne soit pas suffisant. Ce dont je vous parle, ce sont des cours à l'université de Northwestern pendant quelques semestres. Sinon, je viens de parler à quelqu'un de l'internat de Hotchkiss, j'ai pris la liberté d'envoyer un dossier d'inscription à votre nom. Ils seraient ravis de vous accueillir. »

14. ONG chrétienne dédiée à la construction de logements décents.

À l'image d'un ballon qui se dégonfle peu à peu, j'ai eu l'impression de tourner sur moi-même et de me dégonfler. Il fallait que je reste au lycée ? J'avais vingt ans. Pas pour moi. Ma première réponse, impulsive, était celle d'une personne ridiculement gâtée : « Hors de question. Je refuse. » Mais je me suis ressaisie. C'était la plus honorable des épreuves.

13

Dans le car qui nous conduisait jusqu'à la frontière du Mozambique, j'ai remarqué un père de famille. Il partageait un Fanta avec sa fille. J'aurais tant voulu être cette enfant, boire tranquillement un soda au cours d'un voyage avec l'un de mes parents. Pourtant, même si nous retournions à Kigali, je ne m'attendais plus à vivre des retrouvailles. Tout, dans mon corps, avait changé. J'avais neuf ans. La plupart de mes dents de lait étaient tombées, remplacées par de nouvelles. J'étais musclée. J'avais des cicatrices.

J'ai refusé de m'asseoir à côté de Claire. De toute façon, elle était autant soulagée que moi de ne pas m'avoir auprès d'elle. Elle avait horreur de mes jérémiades et de mon auto-apitoiement. Tandis que je faisais sauter Mariette sur mes genoux à l'arrière du car, Claire, enceinte de cinq mois, était assise près du conducteur sur un strapontin qui se dépliait au milieu de l'allée. Chaque centimètre du véhicule était rempli de gens et de bagages. L'espace compact, coupé du monde alentour, ressemblait à un sous-marin traçant sa route dans un océan terrestre de poussière, de terres cultivées, de lauriers-roses, de laiterons, d'agaves, de lantaniers et de dattiers. Pendant notre voyage à travers l'Afrique de l'Est en direction du nord, mon seul réconfort était que nous allions passer par le Zaïre. Ce pays était l'unique endroit, outre l'Afrique du

Sud, où je m'étais sentie la bienvenue, l'autre pays où nous avions eu ce qui ressemblait à une famille, où des femmes m'avaient donné des robes bien repassées pour aller à l'église.

Mais lorsque nous y sommes arrivées, plus rien n'était pareil. Kazimia avait été détruite par la guerre. La ville, couverte de cendres, semblait s'être écroulée, comme si un enfant avait renversé et brûlé sa création en cubes de construction. Le lac était encore d'un bleu profond, l'ancienne palmeraie toujours aussi splendide. Quelques fleurs sauvages avaient éclos. La famille de Rob s'était réfugiée dans la maison de son oncle où elle mourait de faim. Au lieu de nous accueillir avec un plat de poisson, on nous a servi des feuilles de patates douces, coupées en lamelles et bouillies, sans huile ni sel. Je me suis sentie accablée par l'épuisement et le découragement. Nous avions quitté l'Afrique du Sud pour ça ? Lors de notre dernier séjour au Zaïre, les feuilles de patates douces étaient réservées aux cochons.

Nous étions parties depuis trois ans.

La vie avait été anéantie. L'électricité était coupée. La plupart des pompes d'eau étaient à sec. On ne pouvait plus pêcher dans le lac, ni depuis le rivage ni avec un bateau, on ne pouvait plus s'étendre sur les rochers après la lessive car les soldats ne nous y autorisaient pas. Un couvre-feu interdisait à tout le monde de quitter son domicile après 17 heures et avant 7 heures du matin. Il était donc impossible de sortir au moment où on pouvait attraper du poisson.

Les après-midi de détente passés à nager, les vêtements élégants du vendredi soir, les folles soirées à danser devant la télévision dans la cour : le Zaïre que j'avais connu avait disparu. Le pays s'appelait désormais la République démocratique du Congo. Il grouillait de soldats venus de nombreux pays. Nous vivions et dormions sur un champ de bataille, perdus dans un brouillard de violence gratuite.

Il existe une expression en swahili, *vita ni mwizi* : « la guerre est une voleuse ». La destruction de notre environnement était sans limites. Au milieu d'habitants en état de choc, des cadavres jonchaient les rues. Des bombes explosaient partout. Les enfants étaient affamés. Toutes mes peurs étaient devenues réalité.

On nous a indiqué la marche à suivre : « Si vous entendez une explosion, courez aussi vite que vous pouvez, jetez-vous sous le lit, fermez les yeux et priez Dieu. » Nous avons appris à connaître toutes les fissures du sol, les grincements de chaque ressort du sommier, les endroits où le métal dépassait de la tête du lit et risquait de nous rentrer dans l'œil.

Un après-midi, Étienne, le fils d'une cousine de Rob, était recroquevillé près de moi sous le matelas et sanglotait.

« Est-ce qu'on va mourir ? a-t-il demandé à sa sœur, qui était allongée avec nous.

— Non, aucun de nous ne va mourir, a-t-elle répondu. Nous devons prier Dieu pour qu'Il envoie des anges qui nous protégeront. »

Je ne croyais pas aux anges.

Un jour, Maman Nepele nous a chargés, moi, Dina, Mwasiti et les autres enfants de la maison, d'aller jusqu'à la pompe. Nous avions besoin d'eau, nous n'avions pas le choix. Elle nous a fait partir en groupe afin que nous nous empêchions mutuellement de commettre une erreur qui, aussi minime soit-elle, pouvait se révéler mortelle.

Nous avons marché pendant vingt minutes, chacun portant deux bidons jaunes de vingt litres. À notre arrivée, nous avons vu une dizaine de gens se disputer avec un soldat. Ce dernier avait annoncé qu'il fermait la pompe pour la journée. Nous devions tous nous rendre ailleurs avec nos énormes récipients.

Nous sommes revenus sur nos pas, avons grimpé les collines pendant une heure avant de descendre dans une autre vallée près du lac. Là-bas, nous avons trouvé une grande maison alimentée en eau courante. Un garde à l'extérieur du bâtiment nous a demandé de lui apporter des roches en échange du précieux liquide. Il nous a indiqué derrière lui une petite maison en pierre qui n'était encore qu'à moitié construite.

Nous avons arpenté le rivage du lac à la recherche de grosses pierres. À l'aide de son kitenge, Mwasiti en a attaché une énorme, de la taille d'un grand melon, sur ses reins. Âgée de treize ans, musclée, elle avait l'assurance d'un cheval de course dans son enclos. À cet instant, on pouvait voir que sa vigueur était mise à rude épreuve.

Mwasiti ne connaissait que cette vie. C'était là tout son univers et elle en était fière : prise dans un piège, elle y serait restée en affirmant qu'il n'existait rien de mieux. Son amour pour son foyer était inébranlable. Patrick, en revanche, voulait toujours être materné. Il a ramassé une pierre de la taille d'une noix de coco et a fait la grimace durant tout le trajet jusqu'à la pompe.

Le soldat nous observait tandis que nous remplissions nos bidons – pour ma part, seulement la moitié. Puis, alors que l'après-midi avait déjà débuté, nous avons repris le chemin des collines. Je portais mon chargement sur la tête. Notre petit groupe marchait en silence. Les rues étaient trop calmes. Le marché aussi.

Tandis que le soleil déclinait, je me suis sentie trop fatiguée pour continuer. J'ai vidé un quart d'un de mes bidons afin de pouvoir avancer plus vite. Tout mon corps était noué par l'angoisse. La nuit commençait à tomber. Si nous étions encore dehors après 17 heures, personne ne pourrait plus nous protéger.

Les femmes plus âgées avaient l'habitude de parler entre elles. Je les avais entendues raconter toutes les choses que l'on faisait aux femmes : « Si tu es une fille, un jour, tu seras sacrifiée. Les autres filles devront regarder. »

Un prêtre habitait la maison voisine de la nôtre. C'était un homme blanc. Des gens venaient le voir de partout dans l'espoir qu'il chasse l'esprit malin qui les harcelait. Au fil de la journée, la queue s'allongeait devant chez lui. Tandis que la foule restait à attendre pendant des heures sous le soleil équatorial, certains criaient, pleuraient et s'évanouissaient. D'autres venaient frapper à notre porte pour nous demander un peu d'eau et de nourriture. Nous n'avions presque rien.

Un matin, Maman Nepele s'est levée avant l'aube et a quitté la maison pendant le couvre-feu, afin d'aller faire la queue au moulin. Elle espérait ainsi arriver avant la cohue. Après le lever du soleil, nous l'avons rejointe. Nous sommes passés devant le cimetière puis dans un tunnel.

Malgré cela, nous avons dû patienter plusieurs heures. J'aurais voulu quitter mon corps. Je détestais l'idée de devoir me nourrir. Je détestais mon estomac, mes besoins. Ce qu'offrait mon corps en échange de ses exigences n'en valait pas la peine. Je ne voulais plus avoir à m'en préoccuper.

De retour à la maison, nous avons passé des jours sous le lit ou, plus exactement, nous y sommes restés à tour de rôle car nous ne pouvions pas tous tenir. Le ventre de Claire était aussi gros qu'un sac de riz de trois kilos. Chaque fois qu'elle s'endormait, elle faisait des cauchemars où des gens se transformaient en animaux. Les rebelles qui avaient occupé les lieux quelques mois plus tôt et avaient accroché une peau de crocodile au mur en étaient sûrement responsables. Maman Nepele n'avait jamais osé la décrocher. Pendant la journée, les camions militaires passaient dans les rues ; les soldats défilaient par groupes de six ou huit avec, parmi eux, des petits garçons armés de fusils qu'ils pouvaient à peine tenir.

La maison était construite en partie sur une petite colline, ce qui était un meilleur endroit que sur la route principale. Et pourtant. Toute la nuit, des bombes explosaient, les gens lançaient des grenades. Les adultes poussaient les meubles contre les fenêtres et nous placions les lits au milieu de la pièce. Quant à moi, j'avais l'impression que mon corps était aussi à nu que si j'avais dormi en chemise de nuit sur un plateau en plein vent. J'avais froid même si l'air était chaud. Je grelottais sans pouvoir m'arrêter.

Me serrer contre Mwasiti ou Mado n'aidait pas. On tremblait et on puait la peur. Maman Nepele nous ordonnait de rester silencieuses. Nous ne pouvions pas pleurer, alors nous ne pleurions pas. Le bruit attirait le mal.

Bientôt, je n'étais plus seulement terrorisée : j'étais malade. La malaria, la dépression, la malnutrition, quelle importance. Je transpirais et frissonnais sans arrêt. Je ne pouvais plus rien avaler.

Dans son état, Claire était trop vulnérable pour sortir : elle aurait fait une belle prise pour un sadique. C'est donc Maman Nepele qui m'a emmenée à l'hôpital.

Aucun de mes vêtements ne m'allait. J'avais trop maigri. Maman Nepele m'a enroulée dans un kitenge et a attaché mon corps rachitique de dix ans dans son dos. Je détestais qu'on me porte. Je refusais de croire à cette promesse implicite de soin et de protection. Mais j'étais trop faible pour marcher.

La guerre n'avait ni logique, ni sens, ni but visible, ni visage. Elle était tout, elle était partout, elle signifiait tout en même temps et rien à la fois. Lorsque nous sommes arrivées à l'hôpital, j'étais à demi consciente. Les médecins n'avaient plus rien à faire que prier pour moi. Une infirmière a soulevé ma tête pour me faire boire du charbon, comme Mucyechuru l'avait fait pour Claire au Burundi. Personne n'avait de médicaments à m'offrir.

Nous avons dormi sur un banc de l'hôpital. Puis Maman Nepele m'a ramenée à la maison pour mes derniers instants.

J'étais si maigre, si faible. On devait me soutenir pour que j'aille aux toilettes. Maman Nepele a installé une natte sous de beaux arbres, m'y a allongée puis m'a lu la Bible, afin de me guider vers ma fin. Elle savait que j'allais mourir. Tout le monde le savait, et tous l'acceptaient. Mais moi, j'ai pensé : « Je ne vais pas partir comme ça. Je refuse. Je sais où est mon foyer, je sais où il se trouve et je veux rentrer chez moi. »

Peut-être avais-je besoin de faire le deuil de mon ancienne vie. Malgré les pronostics, je me suis rétablie. Dès que j'ai retrouvé assez de forces, nous sommes partis pour Uvira. La situation n'était pas meilleure là-bas. Dans les rues, les mouches grouillaient sur les cadavres. Un jour, Maman Nepele nous a envoyées, Mwasiti et moi, en haut d'une colline escarpée vers la sortie de la ville pour cueillir des feuilles de patates douces. Après nous être égratignées les genoux sur les rochers, nous n'avons trouvé que des plants totalement dénudés.

Le gouvernement congolais avait commencé à imprimer des billets. Désormais, nous avions besoin d'un sac en plastique entier rempli de francs pour acheter du charbon, et d'une valise pleine pour acheter du sucre.

J'ai prié le Seigneur et chanté davantage.

Je faisais souvent ce rêve dans lequel tout le monde dormait. Je devais réveiller les gens – les sauver de leur mort imminente afin qu'ils puissent recevoir la parole de Dieu. Lorsque je me suis sentie suffisamment forte, je suis allée prier des nuits entières, enfermée dans l'église : je demeurais agenouillée derrière la porte verrouillée jusqu'à en avoir les genoux en sang. J'étais docile. J'étais une sainte. J'ai coupé mes cheveux, mes ongles, je portais de longs vêtements qui dissimulaient chaque partie de mon corps, comme une religieuse. Je régurgitais tout.

Mais après ma guérison, j'ai commencé à douter. À l'entrée des camps de réfugiés, nous avions toujours été accueillis par des pasteurs. D'après leurs discours, nous devions nous concentrer sur la vie qui nous attendait après celle-ci. Ce monde était plein de pécheurs et nous en faisions partie. Nos vies, le camp, représentaient l'enfer. Notre vrai foyer, c'était le paradis.

Ici aussi, les pasteurs nous expliquaient que nous étions coupables et méritions d'être punis. Nous devions prier Dieu pour qu'il mette fin à nos souffrances. Je me sentais perdue. Nous n'avions pas l'air d'être les coupables, pas à mes yeux. Nous manquions d'eau, de nourriture. Les gens, et non Dieu, nous faisaient du mal. Pourquoi devrions-nous être jetés au feu ?

Au mois d'août, Claire est entrée à l'hôpital pour donner naissance à Freddy. Les infirmières de la maternité étaient extrêmement cruelles. À toutes les femmes en travail, elles demandaient : « Pourquoi as-tu écarté tes petites jambes ? Pourquoi cries-tu ? Pourquoi pleures-tu ? Tu crois que tu es la première à souffrir comme ça ? Tu crois que tu seras la dernière ? » Elles considéraient qu'endurcir les mères faisait partie de leur travail.

Cinq heures après la naissance de Freddy, l'immeuble a été bombardé. Claire, qui n'avait pas de vêtements pour son fils, l'a enveloppé dans un drap d'hôpital. Puis elle a couru jusqu'à la maison et nous a rejoints sous le lit.

Les tirs ont duré pendant des jours. Nous avons poussé les lits dans le couloir et nous sommes glissés dessous. Maman Nepele est sortie pour chercher de l'eau. Nous n'avions rien à manger, juste un peu de sucre. Elle l'a mélangé à l'eau et l'a donné à Claire. « Bois, tu en as besoin, sinon tu n'auras pas de lait pour le bébé, a-t-elle expliqué. Si tu n'as pas de nourriture, seulement de l'eau, tu vas t'empoisonner. »

Quelques jours plus tard, Maman Nepele a supplié le voisin de nous donner une banane. Une seule, pour Claire.

Nous avons tous dévisagé ma sœur et le bébé. Nous avons prié pour que Freddy ne pleure pas. Le temps qui passait ressemblait à une boîte où nous étions enfermés, sans échappatoire. Nous chantions sans faire de bruit. Nous priions sans foi. Nous urinions sur nous et faisions comme si les autres ne nous voyaient pas. Les adultes murmuraient :

« Nous devons partir.

— Pour aller où ?

— Au lac, on trouvera un bateau.

— Tu as perdu la tête ? On va se faire prendre. Ils nous tueront.

— Ils nous tueront de toute façon. »

Mon cerveau a cessé d'intégrer quoi que ce soit. Je ne pouvais plus rien assimiler. Je priais pour le lendemain. Je n'exprimais qu'un vœu : pouvoir voir le jour suivant.

Nous sommes vivants, quelle chance ! Voilà ce que nous disions. C'était absurde. Notre unique refuge, c'était l'humour noir. Comme les toilettes étaient situées derrière la maison, nous faisions des blagues sur qui devait surveiller qui pendant qu'il faisait ses besoins ; qui était rapide, ou bruyant, qui dégageait une odeur susceptible d'attirer les balles.

Quand les armes se taisaient, on entendait les oiseaux chanter. Mais aussi le bruit de bottes et les rires des hommes. Freddy a appris à ne pas pleurer.

Personne ne laissait sortir les enfants, même les jours plus calmes, car les adultes savaient. Ils savaient que les êtres humains étaient tous pareils ; ils savaient que nous avions peur, que nous avions faim, que nous étions de ce fait capables de corruption.

L'armée congolaise comptait dans ses rangs de nombreux orphelins de guerre. Beaucoup avaient à peu près mon âge, soit onze ou douze ans. S'ils n'étaient encore que des enfants, comme moi, personne ne les avait obligés à rester à l'abri sous un lit ; on les avait laissés traîner dehors, où ils avaient rencontré un homme armé d'un fusil qui leur avait offert des bonbons ou un ragoût. En échange, on leur avait demandé de transmettre leur douleur et de répandre la haine. Nous avons également vu dans des camions des femmes et des filles brandissant des fusils.

Qui était le diable ? Les enfants affamés et effrayés ? Les hommes armés leur offrant un peu de confort et les moyens de se croire mûrs et autonomes ?

Lorsqu'on a onze ans, le ventre vide, qu'on est resté caché nuit et jour et qu'une fois sorti, on se retrouve à marcher sur des obus d'artillerie usagés, si des hommes nous montrent une belle maison qu'ils ont confisquée, s'ils nous offrent des avocats, une assiette de ragoût qu'ils ont cuisinée, on ne peut qu'en avoir envie. J'en avais envie. Je voulais qu'on me libère de cette misère, même si cet affranchissement serait mal acquis et de courte durée.

Dans la vie normale, les gens discutent de chaussures, ils parlent d'amour. Nous ne parlions que d'armes. Quelle mitrailleuse faisait le plus de bruit ; où étaient cachées les mines ; quelle bombe venait d'exploser, quel était son nom.

Boum baa cchcch cchhh.

Maman Dina se levait le matin après un tonnerre de détonations et priait pour nous.

« Redonnez à ces enfants un monde bien ordonné. »

« La paix va revenir. Toute cette folie sera chassée. Vous en sortirez plus forts. »

Pour moi, c'était la deuxième ou la troisième fois que mon univers se brisait, mais c'était la première vraie rupture, car j'étais assez âgée pour comprendre que les gens étaient capables de commettre des actes de cruauté et des abominations sans même se rendre compte de leur sauvagerie.

La vie, la dignité, semblables à un édifice dont les briques s'effondraient, continuaient leur chemin vers l'anéantissement. Ce que nous traversions était à la fois si illogique et si quotidien que nous n'essayions même plus de relier les destructions en chaîne à une origine précise. On souffrait. On se sentait menacés. Quelqu'un nous infligeait une blessure.

Chaque nuit, je faisais le même rêve. J'étais sur un énorme bateau, aussi chic qu'un paquebot de croisière. Nous étions si loin au milieu de l'océan que nous ne distinguions pas la terre. À bord, tout le monde semblait heureux. J'étais avec Mariette.

Puis, tout à coup, le bateau s'arrêtait, l'électricité était coupée et tout le monde s'endormait, sauf moi. Affolée, j'essayais de réveiller les autres, en vain. Les corps étaient inertes. Le bateau n'avançait plus. Toutes les lumières étaient éteintes. Je courais sur le pont plongé dans une obscurité totale, à la recherche du capitaine. Le rêve semblait durer des heures.

Enfin, j'entendais une voix, un murmure, qui disait : « Va prendre ton sac à dos. » Je m'exécutais et l'ouvrais. À l'intérieur, je trouvais une mini Bible, pareille à celles que nous distribuaient les bonnes sœurs congolaises dans mon horrible vieille école française. Elle grandissait au fur et à mesure que je la tirais du sac. Pendant ce temps, le bateau commençait à couler. Je trouvais Claire et la secouais violemment en criant : « On va se noyer ! » À cet instant, les lettres s'envolaient des pages de la Bible.

Les lumières du bateau se rallumaient et tout le monde se réveillait lentement. Aucun passager n'avait la moindre idée de ce qui s'était passé. Hors de moi, je courais de l'un à l'autre et leur disais : « On a failli couler ! Vous alliez mourir ! » Ils me répondaient : « Non, on s'est seulement endormis. Il est tard. »

Le cauchemar était si perturbant que j'ai refusé de fermer les yeux pendant des jours.

Je l'ai raconté à Claire. « C'est bizarre, m'a-t-elle répondu. Pourquoi un bateau géant sombrerait-il ? »

14

Souvent, ma mère nous testait. « Va chercher une orange », disait-elle à la fin d'un repas. Ensuite, elle découpait le fruit en quartiers et nous regardait. Il pouvait y en avoir deux, quatre ou six. Elle voulait s'assurer que nous ne prenions pas plus que notre part.

Cet exercice n'avait pas de sens. Les orangers de notre jardin ployaient sous les fruits. Nous pouvions tous avoir le nôtre. Mais si notre mère ne coupait pas suffisamment de quartiers pour que chacun puisse manger le sien, la bonne réponse à son petit examen était qu'il fallait encore diviser le fruit.

Ma mère était radicale, dans ses actes si ce n'était dans ses paroles. Le partage était sa philosophie, il s'opposait aux notions de possession ou de droit, qu'elle considérait comme mesquines. Nous ne devions jamais songer : « Cette orange est à moi. Je te donne ce qui m'appartient. » Nous devions nous dire : « Cette orange est à nous. Nous partageons ce qui nous appartient. »

Je repense régulièrement à ces moments lorsque j'essaie de donner du sens à la vie – pourquoi certaines personnes possèdent autant et d'autres ont si peu, et où dois-je me situer entre eux. Parfois, je tente de relier ces deux univers, de faire comprendre à ceux qui possèdent autant comme à ceux qui ont si peu, que « tout est à toi et que tout n'est pas à toi ». Je veux qu'ils comprennent que vouloir s'enfermer dans de petites cases en fonction de sa classe sociale, de sa race, de son ethnie, de sa religion – de tout, en réalité – révèle une pauvreté d'esprit, un manque d'imagination. Le monde est cruel et sans intérêt lorsque l'on s'isole.

La survie, la véritable survie du corps et de l'esprit requiert de la créativité, la liberté de pensée, une collaboration. Tu peux avoir du temps et je peux avoir une terre. Tu peux avoir des idées et je peux avoir de la force. Tu peux avoir une tomate et je peux avoir un couteau. Nous avons besoin l'un de l'autre. Nous avons besoin de dire : j'honore ce que tu respectes et j'accorde de l'importance à ce que tu chéris. Je ne suis pas meilleur que toi. Tu n'es pas meilleur que moi. Personne ne vaut plus qu'un autre. Nul n'est celui qu'il semble être au premier regard. Nous devons voir au-delà de ce que chacun projette aux autres. Nous sommes tellement plus grands, plus nuancés et plus extraordinaires que ce que tout le monde pense, y compris nous-mêmes.

J'ai voyagé dans des avions privés, je me suis prélassée sur des plages privées. Je me suis endormie la nuit sans abri, sans parents, sans pays et sans nourriture. Le monde m'a fait me sentir sans valeur et inutile.

J'en ai assez vu pour savoir que ceux qui détiennent une montagne de ressources, comme ceux qui n'ont rien, peuvent être des monstres. On peut en rencontrer partout, mais surtout aux deux extrêmes. Car c'est là que les gens ont le plus peur : peur des privations d'un côté ; peur de leurs privilèges de l'autre. De ces derniers découle un égoïsme pratiquement inévitable, mêlé d'un grand sentiment de honte. Souvent, la solution pour s'en sortir, c'est de donner. Certes, c'est bien, c'est nécessaire, mais cela peut se révéler problématique. « Tu donnes, je prends ; tu prends, je donne. » Les deux scénarios établissent une hiérarchie. Ils peuvent laisser croire que tout est dû.

L'unique chemin menant à l'égalité – le sens d'une humanité commune, la paix –, c'est le partage, comme l'orange de ma mère. Lorsque nous partageons, tu n'utilises pas ton avantage pour me contraindre à rester derrière toi dans le rang ; tu ne t'imposes pas comme mon sauveur. Claire et moi avons toujours recherché ceux qui partageaient, ceux qui se contentaient de dire : « J'ai du sucre, j'ai de l'eau. Partageons. Ne considérons pas cela comme de la charité. »

Ma mère m'a enseigné autre chose : l'usage des herbes. Après la cueillette dans le jardin, elle triait sa récolte. Certaines herbes étaient soit pendues, soit étalées pour sécher, d'autres étaient enterrées ; elle cuisinait avec celles qui se consommaient fraîches. Je songe à ce tri à présent, tandis que j'essaie de démêler les différentes parties de mon être, de reconnaître et de différencier mes souvenirs et mes émotions, afin de les ranger dans des catégories que je peux utiliser et comprendre.

La première fois que je suis allée à Hotchkiss, j'étais en colère. Je le sais aujourd'hui mais à l'époque, je n'en avais pas conscience. Je me sentais coupable, triste, et j'avais honte.

Mme Thomas a pris l'avion avec moi vers le Connecticut. Pendant le trajet en voiture de l'aéroport d'Hartford jusqu'à l'école, je me suis mise à chercher et à mémoriser des points de repère : la grande église blanche, les pentes des collines. « C'est un tout nouveau chapitre qui commence ! s'est exclamée Mme Thomas. Un nouveau chapitre de ta vie ! »

Elle était résolument positive. Mais à la vérité, au moment où nous sommes arrivées devant le bâtiment plus que centenaire du campus, avec son hangar à bateaux, son cimetière et ses deux patinoires de hockey, nous nous sommes senties toutes les deux désorientées et troublées.

Pourtant, Mme Thomas pouvait se targuer d'avoir réussi : sa générosité m'avait permis d'être ici, à Hotchkiss. Lorsqu'elle m'avait ouvert la porte de chez elle puis avait suivi avec tant d'attention ma scolarité, elle n'aurait pas pu espérer un meilleur aboutissement.

L'arrivée de mes parents à Chicago ne m'a pas aidée à guérir ; au contraire, mon monde s'est fissuré davantage. Ma famille s'est installée et je suis partie à l'internat, ce que personne n'avait anticipé.

J'avais une chambre individuelle au deuxième étage du foyer pour étudiants Wieler. Mme Thomas a ouvert le paquet de draps neufs que nous avions commandés en ligne : un tissu écossais rose, vert et blanc avec des taies d'oreiller vert pétant ; puis nous avons fait mon lit. Sur l'étagère, au-dessus du radiateur, j'ai posé les photos encadrées de nous tous avec Oprah et Elie Wiesel. Je voyais bien que Mme Thomas était nerveuse pour moi. J'avais vécu dans tellement d'endroits, je m'étais toujours bien adaptée, mais je n'avais jamais habité toute seule.

Mme Thomas a pleuré en partant. Moi aussi. Ensuite, j'ai fait une sieste. Au réveil, je me suis efforcée de retrouver mon état d'esprit de réfugiée, la fille coriace et prête à se défendre. Pour ma première sortie dans le campus, je voulais me persuader que cet endroit m'avait attendue toute ma vie.

J'en savais assez pour ne pas jouer le même jeu que les autres étudiants. Je ne cherchais pas un statut. Je savais que j'obtiendrais plus en restant humble. Quand je disais à ma professeure de maths que je ne parvenais pas à résoudre un exercice, elle demandait à la classe si quelqu'un acceptait de me l'expliquer. Lorsque je disais à mon professeur de philosophie que j'étais perdue, il me répondait : « On se retrouve pour le thé. » Nous nous asseyions tous les deux dans le réfectoire. Il me traitait avec tant de gentillesse et de patience. Nous lisions Socrate et Platon en nous arrêtant toutes les deux phrases.

J'étais entourée d'enseignants payés – pas par moi – pour investir dans mon avenir. « Clemantine, tout se passe bien ? Clemantine, ton projet avance bien ? »

Pourtant, j'étais toujours paniquée. Je n'arrêtais pas de m'agiter.

Chaque matin, je dansais de 7 h 30 jusqu'au début des cours, à 9 heures. Ce n'était ni charmant ni à but méditatif. C'était désespéré, souvent agressif. Je ne faisais preuve d'aucune bienveillance à mon égard. Je voyais tout le temps mes professeurs, pendant des heures, chaque jour. Je dirigeais aussi l'équipe de filles de hockey sur gazon. Pourtant, je m'effondrais intérieurement. Pire, j'avais l'impression de n'avoir aucun droit d'être là.

Durant les week-ends, Claire m'appelait et je ne décrochais pas le téléphone. Quand j'habitais chez les Thomas, je m'occupais de mes neveux du vendredi au dimanche et je faisais du baby-sitting à Kenilworth pour pouvoir leur acheter des choses. Désormais, c'était comme si je ne faisais rien. J'avais tout et je ne faisais rien.

Noël a été un cauchemar. Ma famille tenait son discours officiel : « Nous sommes si heureux, nous baignons dans l'amour de Dieu. » Mais l'appartement de Claire ressemblait à une zone de guerre. Ma mère, mes jeunes sœurs, mon frère et mon père formaient un clan. Claire et ses enfants en formaient un autre. Chaque groupe se rassemblait dans une pièce différente pour discuter programmes, tâches ménagères, peu importait. C'était chacun pour soi. Personne n'avait vraiment réussi à surmonter son sentiment de trahison. Il n'y avait pas de front uni.

Je n'appartenais à aucune équipe. Mes jeunes sœurs ne me parlaient jamais. Pas plus que mon frère. Je n'arrivais pas à regarder mon père. J'avais peur d'avoir été égoïste en partant pour mon école. Le temps avait creusé un tel fossé entre nous tous. On pouvait crier, la personne de l'autre côté était si loin qu'elle ne nous entendait pas. La venue de mes parents aux États-Unis était censée être la grande réparation. Pourtant, rien n'était réparé.

Pour le réveillon de la Saint-Sylvestre, Claire a presque réussi à nous rassembler tous : elle nous a demandé de nous habiller en rouge et noir, de brandir un verre de cidre et de poser pour la photo de la famille parfaite célébrant le Nouvel An. Mais j'en ai été incapable. Mariette aussi. Ma nièce était à présent une adolescente. Ses accès de colère la rendaient grossière.

Le 1er janvier, Mariette a refusé d'obéir à ma mère qui lui avait demandé d'aider à faire la vaisselle. Je l'ai attrapée par le bras et l'ai tirée brusquement dehors, sur le trottoir.

« Je me fiche de savoir ce que tu vis ! ai-je hurlé. Tu ne peux pas manquer de respect à tes aînés. Tu vas rentrer et t'excuser auprès de ta grand-mère.

— Nan. C'est pas ma grand-mère. Je la connais même pas. »

Quand je suis retournée à l'école, dans ma chambre individuelle, avec ma couette rose et verte, j'ai craqué. J'avais les compétences pour être là, pour arpenter ces longs couloirs remplis de portraits d'hommes aux visages pâles et aux mâchoires carrées. J'avais la capacité de m'intégrer au système de ce monde-là. Mais aucune de ces qualités ne pouvait me protéger de moi-même. J'avais vingt ans, je me sentais à la fois très vieille et très jeune. J'avais toujours été seule, pourtant je ne l'avais jamais été. J'étais tant de personnes différentes, et en même temps je n'étais personne.

Lors d'un cours de philosophie, je me suis assise autour d'une table en acajou avec mes camarades, les garçons en blazers, les filles en pulls. Sous le ciel d'hiver froid, on distinguait le terrain de golf. Ce jour-là, la classe s'intéressait aux scénarios des films de guerre.

Le professeur, qui s'était montré si patient avec moi, qui m'avait lu les textes anciens phrases après phrases dans le réfectoire, avait consacré sa vie à l'enseignement. Doté d'une corpulence rassurante et d'une barbe bien taillée poivre et sel, il portait des vestes en velours côtelé sur des chemises amidonnées. Il nous a proposé un exercice de réflexion : « Votre bateau coule. Un passager est âgé, l'autre est jeune. Qui allez-vous sauver ? »

Mon vernis de bienséance a commencé à s'effriter. Avant mon arrivée sur le campus, j'avais demandé au principal de ne pas révéler mon histoire. Je ne voulais pas être un objet de curiosité. Mais cette fois, j'ai laissé échapper : « Vous voulez savoir comment ça se passe en vrai ? C'est une question abstraite, pour vous ? »

Après cet incident, je me suis renfermée sur moi-même. Puis, quelques semaines plus tard, autour de la même table, le professeur nous a demandé de partager les exposés que nous avions préparés sur le scénario du film *La Chute du faucon noir*. La question était de savoir s'il fallait ou non envoyer des troupes, comme dans le film, pour une mission extrêmement dangereuse : la capture d'un chef de guerre et de ses généraux en Somalie, un pays en proie à la violence et à une famine qui décimait les enfants.

Je n'avais pas préparé le cours. Je savais que je ne pourrais pas supporter de m'asseoir dans une bibliothèque, d'utiliser mon intellect pour réfléchir à la guerre, au chaos et à la faim, comme s'ils étaient des concepts abstraits, comme si je n'avais jamais failli me noyer dans le lac Tanganyika à bord d'un bateau où s'entassaient des êtres humains qui jetaient à l'eau leurs objets de famille. Tandis qu'autour de la table les étudiants dissertaient chacun leur tour pour savoir s'il fallait intervenir, j'ai vraiment disjoncté.

Au moment où une élève a pris la parole, je me suis mise à crier : « Tu n'en as aucune idée, pas vrai ? Tu ne t'es jamais retrouvée à vivre ce genre de scénario. Qu'est-ce qui te donne même le droit d'en parler ? C'est la réalité. C'est moi... et j'ai un nom, et je suis en vie, mais il y a des gens là-bas qui sont morts, ou s'ils sont vivants, ils sont détruits, et ils détestent le monde parce que les gens, dans ton pays, sont restés assis là à nous regarder nous faire massacrer. »

Je me suis enfuie de la salle de cours.

Lorsque je suis revenue pour prendre mon sac, le professeur m'a demandé de venir le voir plus tard dans son bureau. J'avais adoré cette pièce : les monceaux de papiers, les piles de livres, le cuir de la chaise aussi agréable et profonde que la voix du professeur. Comme d'habitude, il m'a parlé avec patience et assurance. Selon lui, j'avais besoin d'apprendre à maîtriser mes émotions.

« C'est impossible. C'est personnel », ai-je répondu en songeant sans aménité que je n'avais pas survécu à toute cette horreur pour boire le thé et faire partie de son club.

J'étais constamment dans le jugement. Je croyais que le conseil de mon professeur avait pour but de préserver son bien-être tout en ignorant le mien. Cela l'arrangeait bien, d'exclure les manifestations d'émotion dans sa classe. Elles étaient imprévisibles et n'étaient pas sa spécialité. Il ne pouvait pas user de son autorité sur les sentiments, ni imposer sa position morale ou intellectuelle sur ce terrain. J'ai laissé tomber le cours.

Après cet incident, dans chaque classe, même si la matière n'avait rien à voir avec la guerre, la famille, l'origine ethnique, le racisme ou la pauvreté, il fallait que je parle de ma famille, de mon enfance, de ma souffrance, et les élèves levaient les yeux au ciel. Dans toutes mes dissertations, je revenais sur mon histoire personnelle. Chacun de mes commentaires, chacune de mes conclusions exigeaient de l'enseignant qu'il prenne en considération non pas mes capacités intellectuelles, mais ma propre expérience, moi.

Ils ont tous essayé de me rediriger dans la bonne direction, de m'aider à me fondre dans le moule d'Hotchkiss. Le professeur dont j'avais abandonné le cours a été particulièrement persévérant. Il a continué à m'inviter dans son bureau, m'a répété que mes sentiments étaient légitimes, personne n'allait le nier, mais qu'en classe il fallait que je les canalise. Je ne devais pas me laisser aller à des crises de rage, ni mettre tout le monde en colère avant de quitter la salle d'un pas furieux.

Je n'y arrivais pas. Je ne voulais pas y arriver. J'étais ingérable, méprisante. J'ai dit aux enseignants qu'ils n'avaient qu'à continuer de faire cours à ces étudiants qui n'avaient connu que le confort et feraient carrière chez Goldman Sachs. Quant à moi je ne comptais pas poursuivre. Je n'avais pas retiré des insectes de mes pieds ni vu ma sœur allaiter son bébé après avoir été frappée alors qu'on fuyait d'un camp de réfugiés à un autre, tout ça pour qu'un homme en veste en velours côtelé vienne me donner des leçons de morale.

Mme Thomas souhaitait que je l'appelle tous les dimanches. Je ne supportais pas de lui parler. Je ne supportais pas davantage de parler à Claire. J'avais envie de hurler pour me faire entendre, pas de discuter. J'avais une amie, Luisa, qui venait me rendre visite dans ma chambre. Elle avait vu les photos de ma famille avec Oprah, de moi avec Elie Wiesel, et elle savait que je souffrais. Pourtant, je ne discutais de presque rien avec elle. Je faisais des cauchemars : je rêvais que j'étais prisonnière dans un sous-sol, ou je refaisais celui du bateau, où les gens étaient plongés dans un sommeil mortel. J'étais si seule, si déprimée. J'étais en miettes.

Ma conseillère ne savait plus quoi faire. Elle a contacté le doyen de Yale, qui n'avait pas non plus de solution. J'étais un cas, une sorte de maladie rare. De mon côté, je voulais juste qu'on me laisse tranquille. J'étais incapable de m'occuper de moi, mais je refusais d'être la cause dont on se sentirait investi.

Jusque-là, mon existence avait été régie par le pragmatisme et s'était réduite à ma survie. J'avais intégré toutes les données disponibles et les avais synthétisées pour faire de moi la personne optimale en toute situation. Quels vêtements voulez-vous que je porte ? Qui voulez-vous que je sois ?

Tous ces efforts de communication n'avaient été qu'illusoires. Et à présent, je m'effondrais. Je n'avais ni algorithme ni filtre, j'exprimais tout ce qui me venait à l'esprit et ne réfléchissais jamais avant de parler. Je me disais : « Ce n'est qu'une jungle différente, une forêt différente. »

Je détestais vivre seule, ne vivre que pour moi-même. Cela aurait été plus facile s'il avait existé un réceptacle à ma colère : une personne désignée. « Toi. Tu as tout détruit. » Mais ce n'était pas le cas. Je n'avais aucune cible satisfaisante. Le monde s'était déchiré et je pensais que j'en recousais les morceaux. En réalité, il n'y avait pas de suture possible.

La nuit, quand je ne pouvais pas dormir, je fabriquais des bracelets. J'en faisais depuis la troisième, lorsque la mère de Mme Thomas était partie vivre dans une maison de retraite. C'était une femme simple et terre à terre. Au cours des dernières décennies, elle avait collectionné quantité de boutons, perles et boucles d'oreilles dépareillées qu'elle rangeait dans une grande boîte en fer. Pendant que nous nettoyions son appartement, elle avait finalement décidé de s'en séparer, et je l'avais rapportée dans ma chambre. Moi aussi, je gardais tout : de jolis sacs en plastique, des bouteilles en verre, des talons de tickets.

Des heures durant, tard dans la nuit, je fouillais dans la boîte, sélectionnais des perles en céramique et des boutons en cuivre, je les nouais et les assemblais sur une ficelle élastique.

Les bracelets que je confectionnais étaient volumineux et très beaux. J'en gardais deux pour moi et donnais les autres aux personnes dont je percevais qu'elles avaient souffert. J'en ai offert un à une de mes camarades de classe qui se scarifiait. Je lui ai dit que, lorsqu'elle se mettait à penser qu'elle méritait de souffrir, elle devait mettre le bracelet et se souvenir qu'elle était unique et aimée.

Mme Thomas m'a emmenée dans des magasins de couture afin que j'achète des boutons au kilo. Je me suis également rendue dans des boutiques de dépôt-vente. J'adorais ces endroits, avec leurs chaussures en cuir, leurs articles ménagers abandonnés ou leurs dizaines de chaînes en or, tous ces objets dont les propriétaires s'étaient volontairement séparés.

J'essayais de relier les événements de mon histoire, de réunir toutes mes différentes vies. J'ai décidé de fabriquer une centaine de bracelets et de tous les distribuer. À travers chacun d'eux, je devais rompre avec quelque chose en moi de douloureux ou de destructeur. Le premier m'a servi à arrêter le Coca. J'en buvais deux canettes par jour pour la caféine. Je me punissais, je soulageais ma culpabilité d'avoir survécu en me privant de sommeil.

Ensuite, j'ai voulu cesser de détester mes jambes. Je haïssais mes cicatrices : celle sur ma cuisse, que je m'étais faite sur une clôture en fil de fer barbelé, l'autre sur mon mollet, due à une grave infection contractée à l'âge de onze ans et qui avait creusé un trou dans ma chair.

Mais ça ne fonctionnait pas. J'avais besoin de plus que ça.

La femme d'un enseignant m'invitait de temps en temps chez eux. Peut-être voyait-elle dans mes yeux l'isolement dont je souffrais. Elle cousait, et j'aimais entendre le bruit de sa machine. L'idée m'est alors venue de créer une robe pour le projet de mon cours d'art plastique. D'abord, je l'ai imaginée faite de tulle, avec une longue traîne en papier mâché. Mais le tissu était plus cher que je ne le pensais. Je me suis donc rabattue sur le matériel fourni par l'atelier de l'école.

Le modèle que j'ai choisi était celui d'une robe avec une seule manche, un corsage moulant, une large ceinture, une grande fleur en tissu cousue comme une broche sur la clavicule gauche et une jupe trapèze. Je l'ai enfilée sur le mannequin. Elle avait l'air si blanche et si pure. J'ai décidé de la peindre en rouge. Je l'ai rapportée à l'atelier, où j'ai mélangé les couleurs : betterave, coccinelle, panneau de stop. Je ne parvenais pas à trouver la bonne teinte. Enfin, lorsque j'en ai obtenu une qui me paraissait satisfaisante, j'ai dilué la peinture et j'ai emporté la robe dehors.

Je l'ai étendue par terre, sur une toile en plastique, j'ai trempé un pinceau dans le pot et j'ai éclaboussé le tissu. La peinture ressemblait vraiment à du sang. J'ai continué à en projeter sur le vêtement. C'était un massacre, mais une manière pour moi d'exprimer ma douleur. J'ai entièrement recouvert la ceinture. On aurait dit une entaille, une plaie béante. J'ai présenté la robe sur le mannequin pour l'exposition artistique de fin d'année. J'ai intitulé mon travail *Belle à mourir*. Si on ne prêtait pas attention à ce qu'elle symbolisait, elle était jolie.

Chaque personne qui la voyait me disait : « Clemantine, quelle belle robe. »

15

Je suis restée assise avec Freddy et Mariette près de notre valise déchirée. Les gens passaient devant nous, soit en nous regardant avec mépris, soit en détournant les yeux. Personne ne nous adressait la parole. Nous étions en Zambie. Nous étions invisibles.

Autour du marché en plein air de Lusaka, il y avait des égouts à ciel ouvert. Le sol sale était détrempé par les pluies qui étaient tombées deux ou trois jours avant. En plein soleil, on distinguait des empreintes de pas moulées dans la terre tandis qu'à l'ombre, les mouches s'agglutinaient dans la boue épaisse comme des sables mouvants. Ce qui avait été une eau de pluie propre et pure quelques jours plus tôt était à présent un réceptacle stagnant et nauséabond pour les déchets : carcasses de poisson, légumes pourris, excréments, sacs en plastique. Un jeune homme a plongé son seau dans le caniveau et l'a ressorti rempli à ras bord pour nettoyer son vélo.

Après avoir quitté la République démocratique du Congo, nous avions tenté de rentrer au Rwanda en passant par le Burundi. Mais c'était trop dangereux. Nous avions dû nous replier en Tanzanie, comme nous l'avions fait la première fois que nous avions fui la RDC, lorsque c'était encore le Zaïre. À présent, Claire et moi voulions retourner en Afrique du Sud. Là encore, le voyage était trop risqué avec un bébé et un tout-petit. Aussi, un prêtre nous avait aidés à monter à bord d'un bateau pour la Zambie. Nous avions pris quatre bus pour arriver ici, sans aucun plan.

Claire nous a laissés devant le marché COMESA pour partir en quête d'un abri et de nourriture. Ma sœur refusait de retourner dans un camp de réfugiés. Elle en avait fini avec cette vie-là. Fini de faire la queue pendant des heures pour aller aux toilettes ; fini de ne manger que des haricots ; fini de vivre durant un an dans un sac en plastique que les autres appelaient une tente.

Nous sommes restés à l'attendre pendant ce qui m'a paru des heures. Le temps s'écoulait, nous ne bougions pas. Chaque étal débordait de bric-à-brac : casseroles bon marché, sandales en plastique, chemisiers, kitenges, nattes pour dormir, brosses à dents, jeans, savons, culottes, soutiens-gorge, parapluies, réchauds électriques – tous les biens de consommation nécessaires à la forme la plus modeste de vie urbaine.

Entre les stands, dans l'allée centrale, se trouvaient des piles de palettes en bois, emplacements commercialement moins attractifs, car il fallait protéger les produits avec des bâches dès qu'il pleuvait. Ces palettes offraient exactement les mêmes produits.

À midi, le marché était bondé de femmes zambiennes en kitenges, tongs et T-shirts qui marchandaient et s'interpellaient. La plupart semblaient épuisées, le regard usé, signes d'une fatigue chronique due au stress permanent d'être dans le dénuement. Le vacarme des klaxons et de la musique était assourdissant, le chaos régnait.

Des enfants, la plupart de mon âge, se tenaient aux abords du marché, mendiant à manger ou quelques pièces. J'avais si faim et si peur. Je n'arrêtais pas de penser à la nourriture : de l'*ugali*, du riz, des arachides, des bananes, des avocats – tout ce que j'aurais pu dévorer.

Me retrouver seule avec deux petits enfants était nouveau pour moi. Je savais cependant que je ne devais pas montrer ma peur, et je gardais les yeux baissés. Je me sentais très mal à l'aise : une fille de dix ans avec une toute petite fille et un bébé. Qu'est-ce que les gens pouvaient bien croire que nous étions ? Freddy dormait malgré le bruit. Si j'en éprouvais de la gratitude, cela me déconcertait également. Il était si parfait, avec sa peau noire brillante qui semblait lustrée comme celle d'un scarabée.

Mariette, en revanche, qui était âgée de trois ans, était assise à côté de moi et pleurait à chaudes larmes. Elle aussi avait faim et était effrayée, mais j'étais incapable de la réconforter. Si j'avais commencé à lui parler, je me serais effondrée. Nous n'avions nulle part où aller, aucun foyer dans le monde, pas d'argent, pas d'amis ni de famille.

Finalement, une femme s'est arrêtée devant moi et m'a parlé avec douceur dans une langue que je n'ai pas comprise. Puis elle a sorti de son sac deux petites pochettes en plastique remplies d'eau fraîche. Elle en a tendu une à moi, une à Mariette. Nous avons bu avec avidité. La femme m'a de nouveau parlé. J'ai secoué la tête et lui ai répondu en swahili : « Merci, mais je ne comprends pas. »

Cette fois, elle m'a adressé la parole en swahili. Elle m'a demandé si je voulais venir m'asseoir avec elle à l'ombre de son stand.

Nous l'avons suivie. Je me suis sentie un peu mieux, moins comme une charogne, moins abandonnée et exposée. Mais les heures qui continuaient de s'écouler étaient sans importance. Nos vies n'avaient aucune valeur, pas plus que la manière dont nous occupions notre temps.

Claire est revenue avec des nouvelles mitigées. Une femme lui avait donné l'adresse d'un pasteur en lui suggérant d'aller frapper à sa porte.

Nous avons pris une longue rue plate, nous nous sommes éloignés de la cohue de la gare routière, du marché COMESA, du centre-ville, puis nous avons continué le long de routes goudronnées pleines de nid-de-poule. Des deux côtés de la chaussée, des centaines de gens marchaient, des gens noirs et maigres qui se tenaient bien droit, habillés de tenues élaborées à partir de vêtements de seconde main ; ils avançaient d'un pas lent et régulier, à l'allure qu'adoptent les personnes habituées à marcher pendant des kilomètres.

La femme du pasteur nous a ouvert sa porte. Elle était en train de faire le ménage. Elle tenait une serpillière à la main et avait noué sur sa tête un kitenge bleu et doré. Claire s'est excusée de la déranger et d'avoir à lui demander un service, avant de lui expliquer qu'elle venait d'arriver avec ses deux enfants en bas âge et sa petite sœur, et que nous n'avions nulle part où dormir.

La femme du pasteur, que Dieu la bénisse, n'a réfléchi qu'un bref instant avant de nous inviter à entrer. Elle nous a donné à boire et à manger, et nous a indiqué des nattes en coton que nous pouvions utiliser pour dormir sur le sol qu'elle venait de laver.

Lorsque son mari est rentré, il nous a regardés de ses yeux doux et las. Deux jours plus tard, il nous a aidés à acheter des billets de car pour le Mozambique. Il pensait que nous pourrions peut-être, et devrions, retourner en Afrique du Sud, où Rob vivait toujours et où nous aurions plus d'opportunités.

Le voyage, terriblement long, a duré douze heures. Lorsque nous avons atteint la frontière, la police de l'immigration a refusé de nous laisser passer. Nous n'avions pas de visas, pas de foyer. Nous avons été obligés de refaire le trajet de douze heures en sens inverse jusqu'à Lusaka. De nouveau, nous avons marché sur les bas-côtés de la route plate jusqu'à la maison du pasteur.

Nous savions que son épouse ne voulait plus de nous. Claire, bien que regrettant de devoir la déranger de nouveau, pensait qu'il n'était pas excessif de demander. Nous étions pauvres, vulnérables, sans famille ni pays. La bonté était une valeur chrétienne, nous pouvions bien quémander un toit et de la nourriture.

La femme du pasteur a soupiré bruyamment lorsqu'elle nous a ouvert la porte, mais elle nous a laissés entrer. Elle nous a tolérés chez elle pendant deux semaines avant de nous demander de partir, car sa belle-mère venait leur rendre visite.

Freddy attaché dans mon dos, Mariette dans celui de ma sœur, nous sommes repartis au hasard. Nous sommes passés devant les cahutes où étaient vendus des fruits, des t-shirts, de l'huile, du maïs et des pneus de vélos. Nos visages étaient stoïques, du moins celui de Claire. Des hommes l'ont interpellée en kinyarwanda : « Eh, ma belle ! » L'attention masculine était plus un inconvénient qu'une aide, mais comme ils s'étaient adressés à elle dans notre langue, ma sœur s'est arrêtée. « Vous êtes rwandais ? »

L'un d'entre eux, qui était très grand, a répondu par l'affirmative.

« Je m'appelle Claire », a dit ma sœur, et à cet instant, le visage de l'homme s'est crispé et il s'est mis à pleurer.

Sa sœur était morte pendant le génocide, nous a-t-il révélé. Et elle portait le même prénom.

Claire lui a répondu qu'elle était désolée. Que pouvait-elle dire d'autre ? Puis elle a expliqué notre situation. « Je n'ai nulle part où dormir. Je suis avec ma petite sœur et mes deux enfants. Je m'en fiche, si vous me mettez dans la cuisine ou n'importe où. »

L'homme dont la sœur s'appelait Claire nous a invités à venir chez lui. L'ami avec qui il cohabitait a tenté de s'interposer. « J'ai une petite copine, on ne peut pas vous héberger... », a-t-il rétorqué d'un ton sec.

Claire n'a pas bougé. Elle a répété : « J'ai deux enfants... Ça m'est égal de dormir dans la cuisine ou n'importe où. »

L'homme qui nous avait proposé de nous accueillir nous a demandé de le suivre jusqu'à son stand de patates douces. C'est alors que son ami a cédé. « Je crois que je me souviens de toi, on a dansé ensemble à l'église. »

Nous avons emménagé chez les deux hommes. Claire se démenait pour gagner de l'argent afin d'aider nos hôtes à payer la nourriture et le loyer. Elle parlait de nombreuses langues. Elle se liait d'amitié avec tout le monde, elle saluait tous les voisins, toujours avec le sourire. « Eh, tatie ! Eh, tonton ! » Elle ne se laissait jamais atteindre. Je lui en voulais de me laisser avec les enfants, mais je devais reconnaître qu'elle était mue par une force inébranlable ; elle était déterminée à s'accrocher à son petit morceau d'indépendance et à ne jamais être prise en pitié.

Claire n'a jamais voulu vendre son corps, et j'étais alors assez grande pour comprendre que cela tenait du miracle. Je ne jugeais pas les autres femmes et filles qui m'entouraient, qui étaient trop maquillées et portaient des talons hauts afin de signaler leur commerce. Elles n'avaient rien et il fallait survivre. Mais ma mère avait été catégorique : il ne fallait jamais, jamais le faire.

Je repensais aux leçons que cette dernière enseignait à Claire, parfois, quand nous étions réunis dans la cuisine. Avec son vocabulaire emprunté à la religion, elle nous expliquait à quel point une femme était précieuse ; et que lorsqu'elle couchait avec un homme, celui-ci lui prenait quelque chose. Il la connaissait intérieurement et extérieurement, elle ne pouvait plus redevenir celle qu'elle était avant.

Claire a essayé tellement dur de résister. Ou peut-être qu'elle refusait tout simplement de perdre sa dignité.

De nombreuses femmes, au marché, dépensaient leurs gains minuscules en crèmes pour s'éclaircir la peau. Le monde, les hommes, les faisaient se sentir laides. Elles voulaient se sentir belles.

Quelques semaines plus tard, nous avons eu la surprise de voir débarquer Rob. Il avait pris un car pour Lusaka, avait demandé partout si quelqu'un savait où nous étions, puis il nous avait retrouvés. Il était arrivé les mains vides, sans jouet pour Mariette ni argent pour nourrir et vêtir son garçon qu'il n'avait jamais vu. Claire était trop embarrassée pour continuer à vivre dans la maison des deux Rwandais, elle ne voulait pas qu'ils voient comment Rob la traitait.

Lusaka était une ville très divisée. D'après ce que j'avais compris grâce à nos trajets en bus, les gens riches menaient une vie faste dans leurs grandes maisons avec piscines et belles pelouses. Les gens aisés vivaient bien aussi, dans leurs quartiers aux rues goudronnées, à l'abri derrière leurs portails.

Les gens modestes habitaient dans de petits pavillons aux toits de tôle balayés par la poussière. Ils n'avaient pas l'eau courante et leurs enfants devaient marcher une heure pour se rendre à l'école. Mais ils entretenaient avec soin les bougainvillées qui fleurissaient près de leurs entrées, ainsi que les tomates, haricots et autres légumes de leur jardin ; ils parvenaient à se construire une existence agréable et respectable. Un peu plus loin, dans d'autres quartiers, on trouvait des blocs de maisons à moitié construites, avec les fers à béton qui sortaient du sol comme des bras qui auraient demandé de l'aide.

Enfin, il y avait Chibolya, le bidonville où nous sommes allés nous installer. J'en étais venue à croire que l'on progressait par étape vers la mort, que l'on ne s'écroulait pas brusquement pour rendre son dernier souffle. Le premier jour à Lusaka, au marché, lorsque je m'étais sentie invisible et que Claire avait essayé de nous trouver un endroit où passer la nuit, je pensais avoir atteint un premier palier vers ma fin. Chibolya se situait largement au-delà. En plus de ses caniveaux répugnants et de ses mares d'eau stagnante, on y trouvait des décharges d'ordures en plein air ; des enfants sans chaussures vêtus de haillons, assis le regard vide dans les rues crasseuses ; des maisons branlantes en parpaing ; des filles qui se prostituaient ouvertement ; des gamins qui se pressaient contre les portes d'entrée des écoles que leurs parents n'avaient pas pu leur payer en espérant, contre toute raison, que les professeurs leur donneraient de quoi déjeuner.

Nous avons loué la pièce la plus petite possible : un mètre cinquante sur trois. Sans même tenir compte de sa taille, le lieu était étouffant. Pour moi, c'était comme si nous étions descendus dans un conduit atrocement étroit et avions atteint le stade ultime avant la mort. J'avais envie d'arracher ma peau pour me rappeler que j'étais encore vivante.

Notre chambre donnait sur une cour. Là, sur un tabouret, l'une des filles de la propriétaire, Joy, faisait le guet pour s'assurer que nous n'utilisions pas la douche de la salle de bains commune, car nous étions si pauvres que nous ne pouvions pas payer pour y avoir accès. Si nous avions beaucoup de visiteurs, elle se plaignait qu'ils utilisaient trop les W.-C.

Quand il pleuvait, les décharges gonflaient, les ordures enflaient comme un grotesque colosse boursoufflé. Chaque goutte de pluie tombant sur le toit en tôle résonnait comme une cavalcade assourdissante. Notre cuisine était constituée d'un vieux réchaud électrique aux fils dénudés. Il faisait des étincelles quand on l'allumait. J'étais morte de peur à l'idée d'être électrocutée. Je portais des chaussures en plastique pendant que je préparais le repas.

L'activité principale de Claire se passait au marché. Elle avait sympathisé avec une femme qui louait un emplacement sur les palettes en bois et qui la laissait partager son stand. Cette femme vendait des culottes et des soutiens-gorge noirs, blancs et rouges. Ma sœur, qui continuait à saluer tout le monde, lui ramenait des clients. Si l'un d'eux achetait du côté de Claire, la vendeuse laissait ma sœur garder le bénéfice, car sa présence était un net avantage.

Bientôt, d'autres commerçants lui ont passé des commandes pour qu'elle leur vende des jeans ou des maillots de foot. Ils lui donnaient une chemise et lui disaient : « J'ai besoin de gagner 13 dollars dessus. » Sur tout le marché, cette même chemise était vendue à 15 dollars. Claire la proposait à 14,50 dollars.

Mieux valait un peu d'argent chaque jour que pas d'argent du tout, tel était son raisonnement. Très vite, elle a eu plus de commandes qu'elle n'en pouvait traiter. Elle rendait la marchandise invendue à son propriétaire à la fin de la journée car elle ne voulait pas en être responsable. Beaucoup de vols étaient commis à Chibolya.

Quant à moi, mon activité principale, c'était simplement de passer la journée. Préserver ma dignité ; garder les enfants propres et en particulier empêcher Freddy de ramper dans la saleté ; rouler chaque matin la natte où je dormais ; faire « briller » la maison, ce qui se limitait à nettoyer le sol avec de l'essence pour chasser les insectes ; nettoyer ma chemise hawaïenne criarde au motif floral et à manches courtes que j'adorais et que je portais nouée à la taille sur ma jupe en jean ; rendre les enfants mignons, pour qu'on les aime et qu'on les regarde ; acheter les légumes les moins chers – tomates, patates douces, haricots et épinards à moitié pourris –, rentrer à la maison, enfiler mes sandales en plastique et cuisiner.

Les besoins des enfants étaient nombreux. Je n'autorisais pas Mariette à jouer avec les autres enfants car sinon, elle rentrait couverte de crasse. Les gens trouvaient le gros ventre de Freddy adorable. Ça n'avait rien d'adorable. Quant à moi, j'étais la petite fille de onze ans la plus épuisée au monde.

Notre logement n'avait pas de véritable infrastructure. La pompe à eau était à vingt minutes de marche. Pour m'y rendre avec Freddy et Mariette, j'empruntais une brouette, même si cela signifiait qu'en échange, je devais revenir avec un ou deux bidons de 4 litres pour son propriétaire.

Mon corps changeait, et ça me terrifiait. Pendant que je faisais la queue, j'écoutais les femmes raconter quel mari trompait sa femme et avec qui. Rob était infidèle, tous les hommes l'étaient. Ils avaient besoin de se sentir supérieurs à quelqu'un, et ils choisissaient naturellement leurs épouses.

J'étais une proie facile pour un homme qui aurait eu quelque chose à prouver. Je n'étais rien, juste une fillette de onze ans qui n'appartenait à personne. Après 16 heures, je ne restais jamais attendre à la pompe, de peur d'être violée. Et même plus tôt dans la journée, j'essayais de faire ce que je faisais depuis l'âge de sept ans. Je tentais de me rendre plus impressionnante et plus grande : 30 mètres de haut et cent cinquante ans.

Mais parfois, mon existence me paraissait plus dure que jamais. Claire et moi avions déjà eu cinq vies différentes et nous n'avions rien construit. Je refusais d'engager la conversation, je ne faisais confiance à personne.

Un jour, alors que j'attendais mon tour pour tirer de l'eau, Mariette s'est sauvée. J'ai laissé mes bidons et ma brouette et suis partie la chercher. À mon retour, mes affaires avaient été sorties de la file, j'avais perdu ma place. Les femmes continuaient à discuter, à raconter des ragots – quel mari trompait qui –, mais je ne supportais plus de les entendre.

J'ai songé : « Je ne peux plus écouter parce que si j'écoute, je vais me tuer. Rester en vie est trop dur si c'est pour finir comme ça. »

Là où nous habitions, j'avais une amie qui s'appelait Rhoda. C'était à sa mère que nous louions notre pièce. Sa plus jeune sœur, Joy, s'était attribué le rôle de vigile pour la salle de bains commune. Elles vivaient ensemble dans un logement de plusieurs chambres, près de l'entrée du groupe de cahutes dont elles étaient propriétaires. Elles étaient grosses, ce que tout le monde jalousait. Être gros signifiait que l'on mangeait trois repas par jour, que l'on prenait le bus au lieu de marcher pendant des kilomètres.

Rhoda avait quelques années de plus que moi. Elle était grande, claire de peau, avec d'abondantes boucles noires. Elle avait une jupe blanche hideuse décorée de broderies florales qu'elle adorait. Elle aimait paresser et n'arrêtait pas de se mordiller la langue. La pointe rose sortait de sa bouche comme la languette d'une canette de soda.

Sa paresse n'était pas apathique. Elle était indolente parce qu'elle savait qu'elle n'avait pas à s'activer. La vie avançait d'elle-même. Après avoir mangé ses céréales, elle lâchait sa cuillère et s'en allait. Elle jetait ses vêtements sales et les laissait par terre. Quelqu'un d'autre les laverait.

Bien qu'elle habite à Chibolya, la mère de Rhoda donnait à ses filles l'impression qu'elles menaient une existence parfaite. Et elle l'était, comparée à la mienne. Elles mangeaient de la viande. Elles voyageaient pour rendre visite à leur famille à Livingstone, en Zambie, près des Chutes Victoria. Elles allaient à l'école. Rhoda était trop fainéante pour étudier, mais elle me laissait regarder ses cahiers. J'avais toujours ma trousse avec mon nom dessus. J'aurais été en classe à sa place si j'avais pensé qu'on aurait pu me prendre pour elle.

Trente minutes par jour, les rayons du soleil entraient par notre fenêtre, transformant la vitre en miroir. J'étais à la fois attirée et repoussée par mon reflet. J'y reconnaissais ma tante ainsi que ma mère. Les cheveux de ma mère avaient toujours été longs, ondulés et brillants. Les miens étaient affreux, tressés n'importe comment par mes soins.

Un garçon a commencé à venir traîner chez nous. Il avait quinze ans, il était dégingandé, et quand il nous rendait visite, il apportait des bonbons pour les enfants de Claire. Je ne voulais pas de lui chez nous. Après quelques mois à Chibolya, Rob avait une petite amie qu'il ne se donnait même pas la peine de cacher. À la maison, il battait ma sœur. Si elle se plaignait de quoi que ce soit, comme de manger une fois par jour ou de vivre dans une seule pièce, Rob rétorquait : « Retourne au Rwanda ! Est-ce que tu as seulement de la famille, là-bas ? »

La police de l'immigration a commencé à sévir. Six mois après notre arrivée en Zambie, Claire a cessé d'aller au marché car tout individu contrôlé sans papiers était jeté en prison.

Rob a été arrêté. Il prenait de gros risques pour voir sa petite amie. Une nuit, un soldat l'a interpellé tandis qu'il quittait sa maison pour rentrer chez nous. N'ayant pas de visa, il a été incarcéré. Je croyais que Claire allait le renier, ce que Rob souhaitait probablement.

Une femme que nous avions rencontrée dans un bus nous invitait chez elle les dimanches et nous laissait regarder la télévision. Elle aussi avait un mari violent. Elle a conseillé à Claire de quitter Rob. D'après elle, il reviendrait lorsque les enfants seraient plus grands. Et comme il voudrait que Mariette et Freddy l'aiment, il cesserait de la battre.

Presque chaque matin, Claire empaquetait de l'*ugali* et du ragoût, si nous en avions, et parcourait à pied les onze kilomètres jusqu'à la prison afin de les apporter à son mari. Pendant sa visite, elle mettait un point d'honneur à rester devant la porte du directeur de la prison et lui demandait : « Vous avez bien déjeuné, aujourd'hui ? Le thé était bon ? » Après avoir échangé des amabilités avec lui une dizaine de fois, elle lui a dit : « Je ne pars pas avant que vous écoutiez mon histoire. » Elle a menti en lui racontant que Rob était le soutien de la famille, qu'il vendait des vêtements au marché et que nous dépendions de lui pour pouvoir manger. L'office de l'immigration faisait des exceptions vis-à-vis des parents qui géraient de petites affaires.

Le directeur a relâché Rob le lendemain.

Le dévouement de Claire pour son mari a été vain. Lorsqu'il est sorti de prison, son comportement a empiré. Toutes les femmes du bidonville avaient peur de lui, même si, en réalité, la plupart des femmes avaient peur de presque tous les hommes.

Les femmes étaient habituées à l'idée qu'elles étaient destinées à souffrir, à se sentir inférieures. Pour les hommes, il était difficile de concilier leurs espoirs, leur image de la virilité, avec la vie qu'ils menaient. Par conséquent, ils compensaient par de sauvages accès de rage et des liaisons étalées au grand jour.

Une nuit, Rob est rentré furieux et a battu Claire. Il était très tard, presque 23 heures. Lorsqu'il s'est arrêté, il a hurlé : « Prends tes gosses et dégage ! » Chibolya, qui arrêtait toute activité au crépuscule, était terrifiant quand il faisait nuit. Tant de désespoir, tant de corps entassés les uns contre les autres.

Malgré cela, Claire a tout de suite attrapé Mariette, et moi Freddy, et nous sommes sorties pour aller nous cacher dans les buissons. Nous ne pouvions pas laisser les enfants avec leur père. Nous ne voulions pas qu'il nous trouve.

J'étais hors de moi. Je voulais briser une fenêtre et attaquer Rob avec un éclat de verre. Je voulais tout casser. J'éprouvais une colère énorme envers ma sœur. Je n'avais pas demandé d'élever ses enfants. Je n'avais pas demandé de déménager tout le temps. À présent, Claire avait des bleus partout. Tapie dans les broussailles, tremblante, elle a tenté de me rassurer, comme si moi aussi j'étais un petit enfant. « Ne t'inquiète pas, on va se débrouiller... », m'a-t-elle dit. Je n'ai pas supporté de l'entendre.

« Ce type vient de nous mettre dehors de la maison que *tu* as payée ; que tu as payée parce que tu vas au marché tous les jours pour rapporter de l'argent et de la nourriture pour les enfants et moi. » C'était la première fois que je verbalisais tout ce qu'elle faisait pour moi. Je n'avais encore jamais parlé de sa force de caractère et je désirais plus que tout qu'elle reconnaisse la mienne. « Nous devons prendre soin de nos petits, nos beaux petits », ai-je poursuivi. « Nos » petits, pas seulement les siens. Ni ceux de Rob. Nos enfants, ceux de Claire et moi.

Nous sommes restés une heure dans les buissons. Puis nous sommes allés frapper à la porte d'une voisine plus âgée qui nous a laissés passer la nuit chez elle.

Une semaine plus tard, Claire nous a emmenés vivre chez une autre famille aux abords de Lusaka, dans un quartier modeste formé de petites maisons indépendantes aux toits de tôle. Ma sœur avait peur. Nous mangions une fois par jour. Notre logement appartenait à la cousine germaine de la femme qui nous invitait les dimanches à venir regarder la télévision. Elle aussi avait quitté le Rwanda, mais depuis plusieurs décennies. Elle a proposé de nous garder chez elle, moi et les enfants, durant la journée. Elle portait de longues robes d'intérieur. J'adorais ses mains, ses longs ongles vernis rouges, sa peau teinte au henné des jointures au poignet. Je restais assise dans sa cuisine pendant des heures à la regarder préparer les repas. Elle découpait, épluchait et mélangeait les aliments avec précision. Son vernis n'était jamais écaillé.

Chaque jour, dans sa cuisine, elle suivait la même routine : elle cuisait d'abord tous les aliments à base d'amidon, puis tous les légumes et enfin le poisson. Une fois qu'elle avait terminé, elle faisait des *mandazi*. Elle les roulait dans du sucre, ou de la cannelle, ou dans diverses épices utilisées pour le chai – selon les désirs de Freddy ou de Mariette.

« Clemantine, je vais tresser tes cheveux, disait-elle. Viens ici, ma mignonne. »

« Clemantine, on a faim. On a faim de quoi ? »

Comme mon corps se remplumait, la femme m'a emmenée faire du shopping. Nous avons acheté une robe à froufrous noire avec de petites fleurs violettes, roses et blanches ; elle était à manches courtes et descendait au niveau du genou ; elle séchait rapidement au soleil. Elle était seyante et je l'adorais.

Pendant un certain temps, Claire a gagné de l'argent en envoyant des fax. En entrant un jour dans un bureau du consulat belge, elle est tombée sur un fonctionnaire. Elle a prétendu qu'elle était venue vendre un collier à sa secrétaire, avant de lui faire du charme pour qu'il la laisse utiliser son fax. Elle lui a raconté qu'elle essayait d'avoir des nouvelles de nos parents. Par la suite, elle a pu en envoyer sans difficulté pour nos voisins contre une commission.

Puis il est redevenu possible de travailler au marché sans risque d'être arrêté. Claire s'est mise à vendre sur commande des soutiens-gorge, des culottes, des chemises. C'est alors qu'elle a rencontré une femme qui était employée par l'ONU et qui proposait des microcrédits à des réfugiés désireux de lancer de petites entreprises. Claire a déposé sa candidature. Il y avait encore en elle l'étudiante brillante qui avait chanté l'hymne canadien, la jeune femme qui n'attendait l'aide de personne pour s'en sortir. Après avoir entendu l'histoire de Claire, la femme lui a dit : « Je serai ta tante, ou tout ce que tu voudras que je sois ! »

Quand ma sœur a eu un peu plus d'argent, Mariette, Freddy et moi sommes retournés vivre à Chibolya avec Rob. Tous les jours, à 16 heures, je m'habillais et emmenais les enfants faire le tour du pâté de maisons. Nous étions tous les trois propres et nets. Parfois, j'allais faire une course, par exemple acheter du sel. Mais ce n'était pas ça l'important, mon but n'était pas là. Je voulais juste qu'on me voie.

J'avais envie de dire : « Je suis là. J'ai besoin que vous me regardiez, j'ai besoin que vous voyiez que je suis là. Vous, le monde, n'arriverez pas à m'anéantir. Je suis en vie, je suis en vie, je suis en vie. » Je voulais que tous se retournent sur mon passage, me dévisagent et s'exclament : « Oh mon Dieu, quelle robe magnifique. Mais qui es-tu ? » Chaque jour, je sentais la nécessité de me répéter : « J'existe. Je me suis lavée, j'ai lavé mes cheveux. Mes vêtements sont repassés. Je prends soin des petits. Ils sont propres. Moi aussi je suis propre. »

Durant cette heure-là, je me sentais fière. Pas seulement digne, mais confiante, inatteignable, pareille à un roc. Le soleil qui transformait la vitre en miroir m'avait confirmé mon existence. Mais j'avais besoin de voir mon corps, et qu'il m'appartienne.

Presque toutes les autres minutes de ma vie, je souffrais de n'être l'enfant de personne. J'étais profondément blessée par les hypothèses émises sur mon compte parce que je n'avais ni père ni mère. Les gens pensent que, lorsqu'on n'a pas de parents, on est à la dérive, on est vulnérable. Ils présument que nos besoins sont moindres, que notre esprit est brisé et que notre corps peut se soumettre au leur.

Mais lorsque je sortais, lavée de frais, vêtue de ma robe, tenant Mariette et Freddy par la main, j'avais l'impression d'être le quelqu'un de quelqu'un. Je chuchotais pour moi-même les mots que j'avais besoin d'entendre : « Ma jolie, ma douce ; comme cette robe te va bien. »

De retour chez nous, j'enlevais mon beau vêtement. Je préparais le dîner en utilisant l'affreux réchaud. Le temps que ma sœur rentre à la maison, j'étais redevenue une domestique.

Claire est rentrée un soir avec des nouvelles. La femme qui travaillait à l'ONU, celle qui attribuait des microcrédits et chez qui ma sœur allait prier, l'avait informée que son organisation avait lancé un projet pour les réfugiés survivants du génocide afin de leur permettre d'entrer aux États-Unis. Pour ma sœur, ce pays était par excellence celui du dynamisme et des récompenses. On pouvait lancer son entreprise et devenir riche. On pouvait posséder six voitures. On pouvait avoir un robinet d'où sortait de la bière. Quand on débarquait là-bas, quelqu'un nous prenait par la main et nous donnait tout. On nous achetait des chaussures, une maison. On recevait un téléphone. Claire voulait-elle s'inscrire ? lui a demandé son amie.

Le lendemain, ma sœur a enfilé son jean, des bottes et un chemisier blanc bien repassé avant de se rendre à l'ambassade américaine. Son amie l'a retrouvée sur place et l'a aidée à remplir les formulaires en anglais. Parmi les informations demandées, il y avait la liste des membres de la famille. Claire a mis le nom de Rob.

Son amie s'est moquée d'elle. « Claire, c'est complètement stupide. »

Ma sœur lui avait parlé de son mari. Ses infidélités étaient de plus en plus flagrantes. Sa petite amie, une femme d'une petite quarantaine d'années, venait le chercher chez nous en talons hauts et rouge à lèvres brillant. Elle portait souvent des sacs de courses des grands magasins. Si Claire lui demandait de partir, elle crachait : « Qu'est-ce que tu vas faire ? Moi je peux te dénoncer aux services de l'immigration. »

Pourtant, ma sœur est restée inflexible. « Si Dieu nous donne à tous l'opportunité, nous devons la saisir. Qu'est-ce que je dirai à mes enfants ? Il changera peut-être quand on sera en Amérique. »

Trois mois plus tard, Claire a appris qu'elle était convoquée pour un entretien. Il était prévu pour le lundi. Elle a prévenu Rob le vendredi soir. « Tu pars en Amérique ? a-t-il dit. Il n'y a pas quelqu'un à qui tu tiens, en Afrique ? Tu n'as personne dans ta vie ? »

Ma sœur est restée de marbre. « Si tu veux partir avec nous, pars. Sinon, j'irai avec Clemantine et les enfants. »

Ce week-end-là, pour la première et unique fois, Rob a repassé les vêtements de Claire. Le lundi, nous nous sommes tous bien habillés : moi avec ma robe noire, ma sœur avec son jean et sa belle chemise blanche. Rob a ciré ses chaussures. J'ai tressé les cheveux de Mariette. Freddy a gardé sa chemise rentrée dans son pantalon.

Je n'étais jamais allée dans le quartier des ambassades de Lusaka. Il y avait un jardin immense avec de hauts arbres taillés et bien entretenus. Dans les bureaux, nous avons attendu longtemps et en silence. Je détestais faire la queue. Personne ne parlait. Puis l'employé nous a appelés. Il a interrogé Claire sur notre vie, sur notre départ du Rwanda. Je n'ai pas écouté.

Quand nous sommes sortis, l'employé a chuchoté : « Vous avez réussi. Je ne devrais pas vous le dire, mais vous avez réussi. Ne le dites à personne. »

À présent, je détenais ce secret, ce secret magnifique et éclatant que je tournais comme une bille dans mon esprit. Nous partions en Amérique, le pays des *Jetson* et de *Zoom*. Claire nous a répété que, dès notre arrivée, on nous offrirait des chaussures ; là-bas, on deviendrait tous riches. Le pays nous invitait. Nous allions trouver notre place. Lorsqu'on n'a pas sa place dans un pays, le monde décide que nous ne méritons rien.

Nous avons nettoyé notre maison de fond en comble. Claire nous a offert de nouveaux vêtements. En plus des doudounes, elle a acheté : de nouvelles baskets Keds, une chemise marron avec une rayure blanche sur le col et un jean slim pour moi ; une salopette OshKosh et une chemise à fleurs pour Mariette ; une chemise à rayures bleues et grises et un jean pour Freddy.

La veille de notre départ, ma sœur a donné nos casseroles et nos sacs de couchage à la femme plus âgée qui nous avait accueillis quand Rob nous avait chassés.

Nous avons pris un bus pour aller à l'aéroport.

J'ai pleuré pendant tout le voyage jusqu'à Chicago. Désormais, plus personne ne pourrait nous retrouver.

16

Des années après le premier show télévisé – j'avais alors vingt-trois ans et j'étais en troisième année à l'université –, Oprah a appelé pour m'annoncer qu'elle voulait nous emmener, Claire et moi, en Afrique du Sud en classe affaires afin d'assister à une manifestation dans son nouveau lycée pour filles, le Oprah Winfrey Leadership Academy for Girls, au sud de Johannesburg.

Cette école était un endroit de rêve : grandes pelouses, bâtiments en stuc, carrelage avec motifs traditionnels, fresques murales représentant des jeunes filles en train de danser. Oprah a pris la parole, puis ça a été mon tour. Ensuite, elle a serré ma main dans la sienne en disant : « Ma fille, ma fille, ma fille. »

Je portais une robe en mousseline de soie verte de la même nuance que celle des uniformes des élèves. Après les discours, nous avons pris des photos. Dans le hall d'entrée du lycée, j'ai remarqué trois poupées, une petite, une moyenne et une grande. Pourvues d'yeux ronds et rouges, elles étaient recouvertes de perles des pieds à la tête.

« Est-ce que j'avais une poupée avec des perles ? » ai-je demandé à Claire. Dans mon esprit conscient, j'avais oublié l'histoire que me racontait Mukamana lorsque j'étais enfant.

Ma sœur n'avait aucune patience pour ce genre de questions.

« Non, tu n'en avais pas.

— Pourquoi est-ce que je me souviens d'une poupée avec des perles ?

— C'est à cause du conte. Tu me demandais sans arrêt de te le raconter. »

Puis Claire s'est éloignée, mettant ainsi un terme à la conversation.

Le lendemain matin, nous sommes retournées à l'école. J'ai de nouveau fixé les poupées.

« S'il te plaît, tu pourrais me redire cette histoire ? » ai-je demandé à ma sœur. Elle m'a regardée d'un air exaspéré. Je détestais cette expression. Je l'avais vue des dizaines de milliers de fois. Elle signifiait : « Ne me pousse pas à bout. Je n'ai pas besoin de toi. Tu es un fardeau. »

« Tu te rappelles ? a-t-elle enfin daigné me répondre. Il était une fois, une fille au sourire de perles… »

Cela m'a suffi. Le conte a resurgi dans ma mémoire. Tout prenait sens : mes bracelets, mes perles.

La fable traditionnelle rwandaise commence avec une femme stérile. Elle est triste, elle voudrait désespérément avoir un enfant, comme toutes les autres femmes de son village. Un jour, alors qu'elle descend dans la vallée pour chercher de l'eau, elle prie pour tomber enceinte. La pluie se met alors à tomber.

Pendant l'averse, le tonnerre gronde, mais la femme continue de prier. Elle désire porter un enfant qu'elle chérira, et qui plus tard, lorsqu'elle sera vieille, prendra soin d'elle. Le tonnerre se déchaîne, la femme prie plus fort, encore plus fort que le fracas du tonnerre.

« Qui est cette femme dont les cris sont plus puissants que les miens ? interroge le tonnerre. Toi. Arrête. »

La femme refuse. Le tonnerre renouvelle sa demande et sa fureur s'amplifie. La femme lui propose alors un marché : elle calmera ses prières si l'orage lui donne un enfant. L'orage accepte.

Quelques mois plus tard, la femme donne naissance à un magnifique bébé, la plus belle petite fille du village que l'on ait jamais vue. Le bébé étant la fille de l'orage, elle est en partie un être magique. Son sourire est si lumineux que, dès qu'il se dessine sur ses lèvres, de magnifiques perles en jaillissent. Sa mère, débordante de fierté mais aussi très possessive, est terrifiée à l'idée que sa fille puisse lui être volée. Elle l'enferme chez elle. Pourtant, un jour, en partant au marché, elle oublie de verrouiller la porte. La fille au sourire de perles s'échappe.

Durant la nuit entière, la mère la cherche partout, dans tout le village, jusque sur la colline voisine. Elle demande à ses voisins et à des inconnus s'ils ont vu sa fille et ils lui répondent par l'affirmative. Les perles, disent-ils, ce matin ils ont vu ses perles. Pas son corps, seulement une traînée étincelante. Ils l'ont cherchée, ils voulaient la voir, mais chaque fois, elle avait disparu.

L'orage, apprenant que son enfant s'est perdue, descend du ciel pour la retrouver. Il met en rang toutes les filles de toutes les collines et leur ordonne de sourire. Lorsqu'il découvre celle au sourire de perles, il l'emmène dans le ciel, chez lui. Sa mère recommence à pleurer car elle est de nouveau seule.

Lorsque ma nounou Mukamana me racontait cette histoire, elle me décrivait les personnages, me donnait le préambule, avant de me laisser compléter le reste. « Et ensuite, que crois-tu qu'il s'est passé ? » me demandait-elle. J'adorais cette question. Pour moi, c'était comme un cadeau. Quelle que soit ma réponse, quelle que soit la trame que je choisissais, Mukamana me répondait que c'était exact. Ainsi, la fille au sourire de perles est devenue la réponse à tous les mystères, une manière de donner forme à un monde que mes parents ne m'avaient pas expliqué, et que Claire, plus tard, ne m'expliquerait pas davantage ; un moyen de tordre et de façonner la réalité afin de pouvoir l'appréhender et l'accepter.

Je pensais que j'étais cette fille. Je pensais que les perles étaient du feu, et parfois de l'eau, ou du temps. Dans ma version de l'histoire, la fille se promène sur la terre et elle est toujours en sécurité, elle est là mais elle n'est plus là, car elle est sans cesse en mouvement. Et elle est vraiment unique, indéniablement forte et courageuse – elle est l'incarnation d'un rêve, une superstar, un genre de déesse. J'avais besoin de croire que tout cela était possible, et que ça l'était aussi pour moi. Dans le récit que le monde proposait, je n'étais rien. Le monde me disait que je n'étais rien. L'intrigue présentée par l'univers était remplie de famines, de guerres et de viols. Je n'allais pas, ne pouvais pas vivre dans cette histoire-là.

À la place, j'ai décidé d'être la fille au sourire de perles, ou du moins ma version de cette fille : puissante, maîtresse de sa propre vie et ne se faisant jamais attraper. Et j'avais mon *katundu*, mon bazar, avec mes boîtes de perles et de boutons. Lorsque je racontais cette histoire, quand j'imaginais l'avenir, je la racontais de cette manière : « Il était une fois, il n'y a pas très longtemps, dans un pays plein de collines, pas très loin d'ici, une magnifique jeune fille, unique, lumineuse et magique, au sourire de perles. Tandis qu'elle voyageait, elle semait des perles dans son sillage, comme de la poussière de fée, et lorsqu'on voulait l'attraper, elle avait déjà disparu. »

À Yale, ma colocataire m'a précédée dans ma chambre située sur Old Campus. Elle a emménagé avec son canapé bleu de chez Ikea et ses plantes en pot. Elle s'est installée sur le matelas du bas de notre lit superposé, me laissant celui du haut. Tout ce qu'elle avait était moelleux, assorti et bien rangé. J'avais fait expédier mon bric-à-brac de boîtes, mon *katundu*, à New Haven directement d'Hotchkiss.

J'aurais aimé que notre chambre soit plus grande, mais j'étais soulagée de découvrir qu'au moins elle était propre. La semaine précédente, j'avais participé à un camp d'intégration avec deux cents autres étudiants de première année, au milieu du Connecticut, quelque part dans les bois. Nous avions fait des jeux censés nous aider à créer des liens, nous avions dansé le quadrille dans une grange et tout cela était, j'imagine, assez amusant. Mais les hamburgers n'étaient pas assez cuits, les chalets sentaient l'urine et les matelas étaient durs et verdâtres. J'imaginais ce que Claire aurait pu dire si elle nous avait vus : « Les gars, vous êtes assez intelligents pour intégrer Yale et assez idiots pour rester dans un endroit pareil ? »

Pourtant, à l'université, j'ai acheté un sweat-shirt Yale et porté des vêtements de chez J. Crew. Du dimanche au mercredi, je restais assise à la bibliothèque Sterling, sur l'une de ses chaises en cuir défoncées, et je lisais jusqu'à 4 heures du matin ; pendant les trois nuits suivantes, je sortais pour me rendre à des fêtes privées ou pour danser sur la piste poisseuse et minuscule d'un bar, le *Toad's Place.* Mais je ne faisais que me distraire, je ne créais pas de véritables liens ; je me perdais, au lieu de me trouver. Je savais que le conservatisme bon chic bon genre de Kenilworth et d'Hotchkiss ne me représenterait jamais. Pour autant, je n'étais pas comme Claire, qui était toujours fan de ses soaps nigérians, s'habillait avec ses kitenges et cuisinait encore de l'*ugali.* La maison de ma sœur ne désemplissait pas de personnes originaires d'Afrique – Nigérians, Congolais, Rwandais, en majorité des parents, nièces, neveux, frères et sœurs. Je ne voulais rien avoir à faire avec ce monde-là.

L'été qui a suivi ma première année à Yale, j'ai décidé de ne pas rentrer à la maison. Je me suis inscrite à un voyage organisé par l'université à destination du Kenya pour étudier le swahili. Je me suis convaincue que ce serait très agréable. Au lieu de rester coincée entre ces jolis murs protecteurs, j'allais m'aventurer dans le vaste monde et commencer ainsi à relier les éléments de ma vie, comme des points.

J'avais un petit ami, Zach, qui avait envie lui aussi de partir pour le Kenya. Zach était l'homme idéal : beau, sûr de lui, brillant. Élève de troisième année originaire d'Atlanta, il était à moitié nigérian et à moitié hollandais. Nous suivions le même cours de swahili. De plus, il apprenait le kinyarwanda pour pouvoir me parler à moi, la fille qui posait des questions quand elle était enfant auxquelles personne ne répondait jamais. Cela m'était apparu comme la chose la plus romantique du monde.

Je nous imaginais tous les deux au Kenya, dans un endroit magnifique, où nous mangerions des plats délicieux. Là-bas, on m'accepterait, on me comprendrait, on me féliciterait, les gens voudraient même me serrer dans leurs bras. Les Kényans viendraient à ma rencontre et me diraient : « Oh, waouh, tu connais notre langue, c'est fantastique ! »

Avant notre départ, le département de langue de Yale nous a imposé un code vestimentaire : les femmes devaient respecter les coutumes locales et ne pas porter de shorts, de jupes courtes, ou de vêtements à fines bretelles. Nous devions emporter des foulards pour couvrir nos têtes et notre corps.

Je ne me sentais pas obligée d'obéir. J'étais différente, du moins c'est ce que je croyais : j'étais une enfant du pays de retour sur son continent. Je ne venais pas en tant que réfugiée socialement inutile, mais en tant que citoyenne des États-Unis, étudiante à Yale, rien que ça ! J'avais un passeport américain. J'avais une identité dont la valeur était certifiée.

Mon mérite faisait partie intégrante de mon être. Mon pouvoir ne pouvait pas m'être retiré.

Durant le printemps, Zach et moi avons passé du temps au centre culturel afro-américain. Le lieu était fréquenté par une population fabuleuse : des Noirs européens, jamaïcains, haïtiens, américains, africains. Je ne m'étais pas retrouvée au milieu de tant de personnes noires depuis mon départ de Zambie.

J'avais établi si peu de relation avec la beauté noire. J'avais étudié l'esclavage et son abolition. J'avais travaillé sur Harriet Tubman et Martin Luther King Jr. Je connaissais et j'adorais Toni Morrison, James Baldwin et Maya Angelou. J'avais mémorisé chaque mot de *And Still I Rise*[15] (« Et pourtant je m'élève »), chaque strophe était un mantra.

Vouliez-vous me voir brisée ?
Tête basse et yeux baissés ? [...]
Vous pouvez me tuer avec votre haine,
Et pourtant, comme l'air, je m'élèverai[16].

Mais la douleur d'Angelou n'était pas la mienne. L'histoire de l'esclavage, même si j'y étais liée, ne m'appartenait pas. L'Amérique blanche n'était pas responsable de mes blessures.

J'avais connu si peu d'hommes noirs élégants, éduqués, ambitieux et cultivés. Ceux qui venaient chez Claire étaient tellement détruits intérieurement que je me demandais même s'ils connaissaient la véritable source de leur tourment. Mon père avait renoncé. Rob avait souffert plus qu'il n'en pouvait supporter, et la violence suintait de tous les pores de sa peau.

---

15. Maya Angelou, *And Still I Rise*, recueil de poèmes non traduit en français, publié en 1978 aux États-Unis.
16. *Did you want to see me broken ? Bowed head and lowered eyes ? [...] You may kill me with your hatefulness, But still, like air, I'll rise.*

Zach, le charmant Zach, a été une révélation. Un soir, il m'a emmenée à New York pour assister à un ballet de la troupe d'Alvin Ailey.

Un autre soir, à la maison afro-américaine, une Sénégalaise s'est levée et a récité un poème en wolof, puis en anglais. J'étais fascinée : la façon dont elle était habillée, ses yeux, ses lèvres noires, la maîtrise de sa langue natale mais aussi d'elle-même. Moi aussi, je voulais posséder cette complétude, cette cohérence. Je voulais être elle. Mais j'étais incapable de me prendre en main, même là.

Bientôt, je poussais les autres étudiants de la maison afro-américaine à débattre sur des aspects moins consensuels de la culture africaine. Je dissertais de mon expérience avec les femmes du Malawi, qui se jetaient à terre en présence d'un homme ; avec celles de Zambie, à qui on apprenait à rouler sur le sol après avoir eu un rapport sexuel avec leur mari afin d'exprimer leur asservissement et leur gratitude ; des enfants rwandais, qui étaient battus avant d'aller à l'école, leurs parents appelant ces séances de coups « *kiboko* », petit déjeuner.

Mes récits suscitaient des réactions de défense, de colère et d'agacement. D'après mon auditoire, ils étaient contre-productifs, typiques de la vision de l'homme blanc sur le désordre africain. Parmi ces étudiants, nombre d'entre eux avaient été envoyés par leurs parents dans des internats en Grande-Bretagne ou, au moins, avaient une famille suffisamment stable financièrement pour leur payer douze années d'école. Je n'avais aucune envie d'entendre leur point de vue sur la belle Afrique.

Zach a fini par me prendre à part : « Clemantine, tu es très brutale, et tu ne laisses pas les autres s'exprimer… »

Mais j'en avais assez, j'étais à bout : « Non, non, non. C'est la vérité, ai-je répliqué. Les gens s'entre-tuent. C'est ce que nous nous faisons les uns aux autres. Et à nous-mêmes. »

Dès notre atterrissage à Mombasa, j'ai ressenti toute la laideur des lieux. Nous avons pris un taxi jusqu'à notre pension de famille, qui était épouvantable. À vingt minutes à pied de l'établissement, en direction du rivage, se dressait le fort Jesus, temple de la monstruosité et de la souffrance humaine : là, les marchands d'esclaves avaient regroupé et séquestré les Africains avant de les embarquer. La construction était un mélange d'architecture arabe et de style colonial, un dédale de couloirs avec de petites et de grandes portes, chacune finement sculptée, chacune, un portail vers des vies anéanties.

Je me suis sentie piégée. La ville entière me paraissait menaçante, insidieuse. Les hommes lançaient des regards mauvais et lubriques aux femmes, en particulier aux femmes noires, les femmes noires étaient surtout au service des femmes blanches. Dans les restaurants, les locaux pensaient que j'étais la traductrice de mon groupe de Yale, ou leur prostituée.

Une travailleuse ou une prostituée, pas une Américaine, pas une étudiante de Yale, pas la fille de chez Oprah, pas la fille si particulière, forte et brave. « Non, je suis étudiante ! disais-je en swahili puis en kinyarwanda. Je suis ÉTUDIANTE ! » Mais après avoir lâché cette information, j'arrêtais de parler. Mon déchaînement de rage plaisait aux locaux. Ils me surnommaient « la petite furie brune ».

Avec nous, il y avait une autre jeune femme noire, mais sa peau était très claire et elle avait des tresses blondes. Elle pouvait se fondre dans le groupe. Ma peau était foncée, elle était devenue presque ébène sous le soleil équatorial.

À table, lorsque les Kényans nous parlaient en ne s'adressant qu'aux Blancs, j'avais envie de hurler : « Ces gamins n'en ont rien à faire. Ils ne connaissent rien de votre vie. Et moi je suis assise ici. Je sais exactement qui vous êtes, j'ai vécu votre vie, et c'est moi qu'on méprise ? »

À Mombasa, une partie du front de mer était le lieu dédié aux touristes blancs et à leurs escorts. C'était un spectacle absolument abject : des Européens de cinquante ans avec des gamines de quinze ans.

Les rues et les discothèques étaient également emplies d'hommes vieux accompagnés de toutes jeunes filles. Ces dernières avaient peut-être vu sur Facebook la photo d'une amie qui épousait un riche Blanc et elles imaginaient que le mariage serait leur ticket gagnant. Peut-être croyaient-elles qu'elles tomberaient amoureuses. Des femmes blanches d'un certain âge se promenaient dans les rues avec leurs jeunes et beaux amants noirs. Tout semblait mieux que fort Jesus.

Les hommes et l'argent, les hommes et les bonbons. L'histoire ne s'arrêtait jamais. Lorsque je vivais encore à Kigali avec mes parents, il y avait un homme qui conduisait une moto et qui nous rendait visite. Il apportait toujours des bonbons. Ma mère m'avait expliqué que c'était ainsi que les filles se faisaient duper – lorsque les hommes leur donnaient des petits cadeaux : ils mentaient et vous donnaient des cadeaux. Après ça, j'ai refusé les bonbons et j'ai déclaré à l'homme que je ne les aimais pas.

Jusqu'à ce jour, je les déteste. Au cours des deuxième et troisième visites de l'homme, il m'a jeté un regard de dégoût lorsque je n'ai pas accepté sa confiserie. Je me souviens qu'il se rendait aussi dans les maisons voisines, dont celles où vivaient deux fillettes avec qui je jouais. Certaines d'entre elles prenaient ses petits cadeaux sans l'ombre d'une hésitation.

C'est probablement la raison pour laquelle je n'avais pas d'amies, parce que je criais : « Il va vous salir ! »

Je me suis rebellée. J'ai commencé à porter des hauts à fines bretelles et des jupes courtes. Je me suis promenée seule. C'était dangereux et stupide. Je craignais tellement que la personne que j'avais construite se perde, qu'elle soit déjà perdue. Mes peurs se multipliaient. J'étais terrifiée à l'idée que le groupe de Yale reprenne l'avion et m'abandonne ; terrifiée qu'on me vende, qu'on me tue.

Je comprends à présent que je ne faisais qu'exprimer mes angoisses, je les semais comme des graines dans un sol fertile et les rendais réelles. Lorsque je marchais seule dans la ville, je me faisais siffler, tripoter, coincer contre un mur. Je voulais me prouver que je pouvais rester qui j'étais malgré les agressions. Je voulais me prouver que je pouvais être comme Claire : inatteignable. Je voulais prouver que je pouvais être rejetée, dénigrée, mais que personne n'avait le pouvoir de me faire penser que j'étais faible.

Les chats de Mombasa poussaient des cris stridents et miaulaient comme si on les battait. Je les entendais dans mes rêves, et dans mes rêves je répondais à leurs persécuteurs en swahili. Ainsi, à mon réveil, j'avais révisé le vocabulaire pour me défendre.

Quand je n'étais pas en cours, je lisais dans ma chambre, où j'espérais découvrir le secret de la haine.

Dans le livre de Walter Benjamin *Illuminations*, j'ai trouvé un essai racontant que, chaque fois que les hommes partent pour la guerre, ils perdent leur langue. Quand ils rentrent chez eux, ils sont incapables de décrire ce qu'ils ont vu à leur famille. Ils repartent à la guerre pour réapprendre les mots.

J'ai acheté pour 200 dollars de perles. Je n'en ai rien fait. J'ai rêvé que je fourrais des objets dans un placard. Dans ce rêve, j'ouvrais la porte du placard où j'avais l'intention d'entasser mon *katundu*, mais je découvrais que toutes mes affaires y étaient déjà.

Vers la fin de notre séjour, nous avons passé quelques jours sur Lamu, une île qui avait résisté à la colonisation. Il n'y avait pas de routes, seulement des sentiers pour les hommes et les ânes. Là-bas, enfin, j'ai obtenu la réaction que j'attendais. « Tu vis en Amérique, me disaient les gens, et tu parles swahili ? Viens t'asseoir avec nous dans notre maison pour boire le thé. »

Mais quand je suis retournée à Mombasa, toutes mes peurs et ma colère sont revenues, ainsi que les cauchemars où je me perdais, où on m'enlevait, où on me vendait.

Je suis rentrée plus tôt à Chicago.

De retour à Kenilworth, chez les Thomas, j'ai mis mon short et mes chaussures de running et je suis partie courir sur Sheridan Road, soulagée d'être dans un lieu où je me sentais en sécurité et n'avais pas besoin de m'inquiéter sans cesse de mon corps.

Quelques jours avant de prendre l'avion à destination de New Haven pour la rentrée des cours, je suis allée à la pharmacie avec une ordonnance. Je venais de faire du baby-sitting, j'étais en legging et t-shirt. Mes cheveux étaient en désordre. La pharmacienne m'a fait passer un sale quart d'heure.

« Je suis enregistrée, ai-je expliqué, j'ai une assurance. » Je bénéficiais toujours de celle des Thomas.

La femme m'a répondu très sèchement : « Je suis désolée, je ne trouve pas votre nom. Vous n'êtes pas enregistrée. » *Suivant.*

Son ton était définitif, arrogant et dédaigneux. Très bien, ai-je pensé, tu veux me juger sur mon apparence ? Très bien.

Je suis retournée chez les Thomas, j'ai pris une douche, je me suis maquillée et habillée dans le style des jeunes filles de Kenilworth, j'ai changé ma démarche et ma voix pour adopter celles des gentilles filles du coin. Je suis revenue à la pharmacie. La femme ne m'a pas reconnue, ou ne l'a pas montré. J'ai eu mes comprimés et je suis partie.

17

Imaginons qu'il se passe quelque chose. Par exemple : un oiseau se cogne soudain contre la fenêtre. Toi et moi, nous ne nous connaissons pas, nous sommes des étrangers l'un pour l'autre. Au moment où nous sommes témoins de cet incident, nous venons de lieux différents. Il est possible que le coup violent et la vision du carnage me terrifient, que je fasse un bond en arrière comme si l'oiseau était une bombe. Tu pourrais penser que je sur-réagis et me dire : « Ce n'est qu'un oiseau. »

Qu'est-ce qui cloche chez moi ? Ou qu'est-ce qui cloche chez toi ? Si je ne partage pas mon histoire avec toi, si je ne t'explique pas ce que j'ai vécu à cet instant précis – le choc de cet oiseau se heurtant à la fenêtre me rappelle un obus qui explose –, alors comment pourrais-tu me connaître ? Si je tremble en essayant de me ramener à la réalité objective, en me répétant intérieurement : « C'est un oiseau, d'accord ? C'est un oiseau, d'accord ? C'est un oiseau, d'accord ? », et si je ne te révèle pas mon traumatisme, je me coupe de moi-même et je te mets à distance.

Toutes les choses que nous ne formulons pas ne créent pas seulement une distance entre nous mais un champ de force, une pression énergétique permanente. Deux individus qui souffrent sont comme des aimants qui se repoussent l'un l'autre. Nous ne pourrons ou ne voudrons pas franchir l'espace qui nous sépare afin de nous relier les uns aux autres. La majeure partie du Rwanda – et du monde – doit se battre contre ça. Quand on a subi un traumatisme, l'image que l'on a de soi, notre individualité, sont mises à mal. Notre couleur de peau, notre éducation, notre souffrance, notre espoir, notre sexe, notre foi, tout est profané. Ces parties essentielles de notre être nous sont dérobées. Nous, en tant que personnes, sommes vidés, écrasés, et cette violence, ce vol, nous empêche d'incarner une vie qui semble nous appartenir. Pour continuer à exister en tant que personne, nous avons besoin de recréer, pour nous-mêmes, une identité vierge de tout ce qui a été déployé contre nous. Nous avons besoin d'imaginer et de construire un être à partir d'éléments qui n'ont pas été souillés. Nous avons besoin de nous reconstruire selon nos propres conditions.

À présent, je sais que pour accomplir tout cela, il me faut davantage que de simples objets fabriqués de mes mains et entassés dans une valise. J'ai besoin de comprendre mon histoire, une histoire qui remonte loin. Je connais les événements du génocide, la sauvagerie délibérée des massacres, l'usage du viol et de la contamination du sida comme armes de guerre. Mais ce n'est pas suffisant. Ce passé, ce récit, ne peut pas me remplir. Il me faut un passé plus lointain, plus large, plus humain, pas seulement une histoire qui baigne dans le sang. Il me faut de la clarté, une mise en perspective, de la joie, de la beauté, de l'originalité, de l'intelligence, un grand angle de vue.

Mais à la vérité, je sais déjà comment envisager la prochaine étape de ma vie, et c'est très simple. J'ai besoin d'être courageuse et vulnérable. J'ai besoin de franchir l'espace qui me sépare de l'autre, de prendre la main de ma mère et de partager mes joies et mes peines.

C'est tellement dur.

Lors de ma deuxième rentrée à Yale, j'ai commencé à observer mes mains. C'étaient celles de ma mère. J'ai regardé mes pieds, le droit en particulier : c'était l'un des pieds de mon père. J'ai également essayé de me comprendre à travers ce que j'étudiais : psychologie, histoire et science politique. Mais j'ai trouvé cette approche trop abstraite, littérale et dénuée de sensibilité.

Puis ma professeure de photographie a demandé à la classe de lire un poème décrivant une fille du Connecticut qui allait à l'école à pied, dans le froid. L'enfant voulait prendre le train, mais elle était noire, et les Noirs n'en avaient pas le droit.

Le cours suivant, notre enseignante nous a emmenés faire une sortie pédagogique à Canterbury, dans le Connecticut, à l'école pour jeunes filles noires, la Prudence Crandall School for Negro Girls. Je ne l'ai appris que plus tard, mais Prudence Crandall, une abolitionniste, avait ouvert cette institution en 1831. Au début, seules des élèves blanches y avaient été inscrites. Puis Prudence Crandall avait intégré une jeune Noire, provoquant le départ de nombreuses Blanches. L'école avait dû fermer pendant quelque temps. Elle avait ré-ouvert en 1833, mais uniquement pour jeunes filles noires. En 1834, une foule de voisins furieux et menaçants s'en étaient pris au bâtiment à coups de barres de fer et de bâtons. Après cette agression, l'école Prudence Crandall pour jeunes filles noires avait définitivement fermé ses portes.

À notre arrivée sur place, notre professeure a déclaré : « Parfois, ce qui n'est pas écrit est le souvenir le plus fort que nous ayons. Il emplit l'air, et je veux que vous le découvriez. »

Elle nous a demandé de déambuler dans le bâtiment, d'occuper l'espace et de réfléchir à une histoire à partir des détails que nous remarquerions et ressentirions.

C'était la première fois qu'on me demandait de suivre la voie de la mémoire et de croire en ce que j'expérimentais.

C'était la première fois qu'on m'expliquait que l'histoire, ainsi que toutes les informations dont j'avais besoin, étaient déjà présentes. Il fallait simplement que je prenne mon temps, que je sache regarder et écouter. Je devais accepter que les petits détails persistant contiennent tout le récit.

L'école Prudence Crandall pour jeunes filles noires avait été soigneusement restaurée. Le bâtiment, ancien et intimidant, était pourvu de pignons, pilastres cannelés et cheminées jumelles. Durant trois heures, nous avons erré en silence dans les lieux. J'ai ressenti la même répulsion qui m'avait submergée dès l'atterrissage à Mombasa.

La peur, la claustrophobie, l'impression d'être prise en chasse. J'étais de nouveau cachée dans l'école avec Claire, celle qui avait une cour de récréation mais pas de carreaux aux fenêtres. Ma haine se réveillait. J'entendais la femme qui pleurait, et ses gémissements ne s'arrêtaient pas.

Il y avait un livre de W.G. Sebald intitulé *De la destruction comme élément de l'histoire naturelle*. Le titre me rappelait mon histoire, raison pour laquelle je me suis inscrite à un séminaire consacré à l'œuvre de l'écrivain.

Le cours était donné par Carol Jacobs, professeure de littérature comparée. Malgré ses yeux fatigués et ses paupières lourdes, elle avait un regard déterminé. Son accent allemand prononcé m'apaisait. Elle était à la fois présente et absente, investie et profondément plongée dans ses pensées.

Sa première conférence était un avertissement. Méfiez-vous si vous croyez comprendre Sebald. Méfiez-vous si vous croyez savoir ce qu'il pense. Méfiez-vous de vos déductions sur sa manière de présenter l'espace. Méfiez-vous de vos déductions sur sa manière de présenter le temps. Méfiez-vous aussi de vos déductions sur son utilisation des images : il se servira de celles d'un musée contemporain de New York et les replacera en Europe, dans le passé. Méfiez-vous de vos déductions sur la manière dont il présente les histoires, parce que, dans son livre, certains personnages existent vraiment et d'autres pas. Méfiez-vous de vos déductions sur la vérité. Vos déductions ne seront d'aucune utilité dans ce cours.

Selon la professeure Jacobs, notre travail consistait à rester en éveil en permanence, à interroger les détails de nos vies et à créer des cartes, même incomplètes, de nos mondes intérieurs.

Sebald n'est pas un écrivain facile. Il est intense et insondable. Il est né en Allemagne vers la fin de la Shoah mais il n'est pas juif. Il a atteint sa majorité dans un pays qui s'était autodétruit. Dans ses livres, il inclut des photos qui semblent avoir été mises au hasard : clichés de bibliothèques, d'yeux, d'animaux, de fenêtres ou d'arbres.

Notre professeure nous a prévenus que nous risquions d'être perdus, et que nous devions accueillir ce sentiment. C'était intentionnel de la part de Sebald de ne pas fournir suffisamment d'informations. Les images étranges, les pensées en boucle, l'impression de désorientation qu'elles causaient, tout cela visait à faire entrevoir au lecteur l'amnésie collective qui avait saisi l'Allemagne après la Seconde Guerre mondiale.

Dans ce cours, il y avait un garçon mexicain ou chilien – je ne l'ai jamais su. Il parlait avec une autorité incroyable, lançant des références à la théorie sémiotique littéraire. Je n'avais aucune idée de ce qu'il disait. Je le trouvais inspirant.

Encore aujourd'hui, je peux ouvrir au hasard *Austerlitz*, de Sebald, et lire une phrase qui me semblera incarner le monde entier. Ce livre a été mon flambeau, mon miroir, mon tout. Le roman raconte l'histoire d'un homme juif d'âge mûr prénommé Austerlitz qui, alors qu'il n'était qu'un tout petit enfant durant la Seconde Guerre mondiale, avait été envoyé de Tchécoslovaquie en Angleterre par ses parents. Il avait fait partie du *Kindertransport*, cette opération humanitaire qui avait pour but de sauver des enfants juifs en les faisant passer en Angleterre. Durant toute sa vie d'adulte, Austerlitz est en quête, il se sent incomplet, morcelé, perdu. Personne ne lui révèle jamais rien de son passé.

Sebald nous conte son histoire à travers un formidable brouillard. Il suit son personnage, tandis que celui-ci tente de retrouver le fil de sa vie à partir de ses obsessions, de ses questionnements, de ses habitudes intellectuelles. Son père et sa mère sont morts pendant la guerre, lorsqu'il n'était encore qu'un très jeune enfant. Il voit des traces de ses parents partout.

J'ai été immédiatement fascinée. En page 16, Austerlitz décrit la Belgique comme une « petite tache jaune grisâtre à peine identifiable sur la mappemonde[17] ». La Belgique : une petite tache à peine identifiable. La Belgique, le pays qui avait colonisé et brutalisé le Rwanda. La Belgique, qui avait tout changé, qui avait tout détruit. Si je regardais ce pays avec la bonne perspective, sous le bon éclairage, il était pitoyable, jaune grisâtre et minuscule.

Avant d'assister à ce séminaire, j'avais souvent pensé que mes sentiments n'étaient pas justes, que les réactions que j'éprouvais dans certains lieux n'étaient pas les bonnes, car mes sentiments et mes réactions changeaient d'un jour à l'autre. Parfois, l'architecture de Yale me terrifiait ; d'autres fois, elle me sécurisait. Ce revirement intérieur, supposais-je, démontrait la fragilité de ma pensée ou l'instabilité de mon esprit.

Sebald m'a fait comprendre que nous vivons à la fois en tous lieux et en tout temps. Sa préoccupation principale relevait quelque part de la physique quantique, il cherchait à définir et à décrire ce qu'il appelait les « lois gouvernant

17. W.G. Sebald, *Austerlitz*, Actes Sud, 2002, traduit de l'allemand par Patrick Charbonneau.

le retour du passé ». Le passé est partout présent, tout le temps, il est pareil à un sombre chaudron qui bouillonne. Différents détonateurs entraînent différentes pensées qui remontent à la surface à différents moments. Tout ce qui change, c'est ce que nous voyons sur l'instant.

Chaque jour, je passais volontairement devant Annette, une femme qui s'installait devant le bâtiment des sciences humaines de l'université avec un seau rempli de fleurs. Elle en achetait une bonne quantité à l'épicerie et les revendait à l'unité pour un maigre profit. Presque personne ne faisait attention à elle.

Elle n'avait rien en commun avec les étudiants de la prestigieuse université de l'Ivy League. Mais pour moi, avec mon nouvel état d'esprit sebaldien, elle formait un lien avec mon passé enfoui, elle me rappelait Claire qui vendait de la viande de chèvre, des soutiens-gorge ou toute sorte de marchandises afin de nous extraire de nos existences dégradantes de réfugiées.

J'avais été une observatrice chevronnée pendant très longtemps, mais j'avais exploité cette compétence afin d'imiter les gens, de me transformer en caméléon, et non pas pour investiguer. Je collectais des informations, des preuves, des gestuelles et des styles, et je les régurgitais. Je considérais mon aptitude comme un petit jeu, une manipulation qui pouvait rapporter. Savoir imiter permettait d'obtenir les clés du royaume.

Je n'avais jamais envisagé d'utiliser mes capacités pour moi-même, de rassembler des indices sur moi, d'observer mes propres paroles et mes tics. Mais la professeure Jacobs nous avait suggéré d'être toujours en alerte, de tout étudier en permanence, de tout analyser, de partir du principe que tout avait un sens.

J'avais tenté plusieurs fois de suivre une thérapie, mais cela m'avait toujours paru trop direct, trop intrusif, trop médicalisé. Pour moi, cette démarche s'apparente au tableau de Rembrandt, *La Leçon d'anatomie du docteur Tulp*. Sur la toile, un groupe de huit hommes qui paraissent presque identiques, joues roses, barbus, en habits noirs et collerettes, se tiennent d'un air bête autour du corps d'un neuvième homme, nu, mort, macabrement livide, et dont un bras a été écorché et disséqué. Cette image que je trouve proche du voyeurisme est déplaisante à cause de la description minutieuse que nous donne le peintre de ce cadavre sans défense, et des regards suffisants des hommes en costumes qui s'estiment dans leur bon droit. Ils semblent penser que le monde entier leur appartient, qu'ils peuvent jouer avec, en faire leur objet d'étude, même lorsqu'il s'agit d'une dépouille.

Puis j'ai découvert Sebald, et grâce à lui, j'ai su que je n'avais pas besoin d'en passer par là. Je n'avais pas besoin de m'écorcher vive jusqu'à hurler de douleur, je n'avais pas besoin d'exposer mes blessures aux autres. Je pouvais travailler seule sur mon problème. Je pouvais utiliser mon monde intérieur comme manuel. Je pouvais parvenir à comprendre mon propre esprit.

Ses livres offraient une méthode, ou du moins en suggéraient une : si un individu sonde suffisamment en profondeur sa mémoire et prête suffisamment attention aux indices qui s'offrent à lui, alors une narration pourvue d'un sens moral et émotionnel émergera.

Sa théorie de la mémoire signifiait que les reliquats de mon histoire étaient déjà en moi. Il fallait juste que je pose les bonnes questions et que je cherche les réponses avec discernement. Pourquoi utilisais-je le GPS de mon téléphone, même sur le campus, alors que je savais où j'allais ? Pourquoi parlais-je autant ? Était-ce par peur de disparaître ? Pourquoi ne buvais-je que du thé, jamais de l'eau froide ? Pourquoi est-ce que je me recroquevillais quand le soleil rougeoyait ?

Un jour, après avoir vu Annette, j'ai tourné dans Prospect Street et j'ai pris des photos de racines et de plantes grimpantes qui poussaient à l'extérieur du cimetière de Grove Street. J'étais en quête d'ordre et de connexions dans le monde. Je voulais trouver un lien vivant, une route de retour vers tous mes morts qui n'avaient pas été enterrés et ne le seraient jamais. Puis, sur mes clichés, j'ai étudié les motifs de plantes grimpantes afin de voir s'ils s'accordaient à ceux des veines de mes mains.

L'été suivant, j'ai intégré le programme de diversité de Google. Un jour, notre directeur nous a demandé de venir de bonne heure et nous a tous surpris en nous annonçant que nous partions pour Disneyland. Un monospace nous a conduits à l'aéroport de Chicago.

Pendant la courte durée du voyage jusqu'à Los Angeles, j'ai raconté à mon collègue l'histoire de mon sac à dos Mickey. Ce souvenir me faisait encore pleurer.

Sa réponse a été parfaite : « Clem, nous allons TOUT faire. »

Disneyland m'a abasourdie : pas seulement à cause des employés qui se baladaient en costumes de Mickey et Minnie, comme un rappel irréel et joyeux de mon trésor perdu. Tout cet endroit était un paradis, un triomphe de la créativité, la preuve qu'il était possible de se retrouver et de se demander : « Et ensuite, que crois-tu qu'il s'est passé ? », puis de faire que cette histoire devienne réalité. J'ai acheté de la barbe à papa et je l'ai mangée sans crainte. Je me suis laissée flotter pendant l'attraction « It's a Small World ». J'étais dans le monde de Walt Disney, au cœur de son imagination, et de celle de personne d'autre. L'embarquement pour les « Pirates des Caraïbes » a été mon moment préféré. J'ai adoré monter sur le bateau. Ce n'était pas celui de mes cauchemars. C'était *ibulayi*, un ailleurs.

18

J'ai longtemps cru que les fantômes de mon passé m'empêcheraient de vouloir retourner dans mon pays. Je venais à peine de me remettre de mon séjour au Kenya. Pourtant, au cours de ma deuxième année à Yale – j'avais alors vingt-deux ans –, une femme du campus m'a demandé de participer à un voyage au Rwanda pendant les vacances de printemps. Elle faisait partie d'un groupe qui avait collecté des fonds pour acheter des citernes d'eau à destination de l'Agahozo-Shalom Youth Village. Cette communauté avait été fondée par des Américains qui s'étaient inspirés d'un kibboutz israélien créé pour des orphelins de la Shoah. Le groupe de Yale partait installer les citernes au mois de mars. J'ai accepté de les accompagner.

Dans l'avion, Zach m'a assuré que tout irait bien. Il n'avait aucune idée de ce qui l'attendait : j'ai paniqué pendant tout le voyage. Nous sommes arrivés dans le village d'enfants tard dans la nuit. J'ai pris un somnifère mais me suis réveillée avant l'aube. Avant de partir, je m'étais fait une promesse : une fois au Rwanda, j'accepterais mon chagrin. Je ne l'enfouirais pas, je ne l'afficherais pas ni ne le renierais. Je le garderais et il m'appartiendrait.

Au lever du jour, le ciel était orange vif – l'orange du désastre, l'orange des cônes de signalisation, celui qui signifiait, comme me l'avait dit Pudi, qu'une bonne sœur ou un prêtre venait de mourir. Zach a pris une photo de moi assise sous le porche, à moitié réveillée, en train de contempler l'aurore. Mes cheveux sont en désordre, non tressés, et je semble soulagée.

Ce sentiment n'a pas duré. J'ai continué à étudier Sebald. J'ai cousu davantage de robes pour essayer de chasser mes démons. J'ai présenté Elie Wiesel au musée du Mémorial de l'Holocauste de Washington, et j'ai été nommée au conseil de cette institution par le Président Obama. C'était un tel honneur et une telle source de réconfort de travailler avec des gens qui se consacraient au souvenir. Puis, en 2014, alors que j'avais vingt-six ans, je suis retournée à Kigali avec une délégation du musée afin de participer à la commémoration du vingtième anniversaire du génocide rwandais.

J'étais la plus jeune du groupe, l'émissaire qu'on avait choisie pour raconter l'histoire du génocide aux générations futures. J'étais également la seule Rwandaise. Un monospace a conduit notre délégation de l'aéroport à l'hôtel. Sur place, je me répétais que j'allais bien, même si je scrutais chaque pièce pour en vérifier les issues, au cas où j'aurais eu besoin de fuir, et que j'étudiais le visage et le langage corporel de chaque personne, afin de savoir exactement ce que l'on attendait de moi, comment je devais marcher, parler ou agir.

Les fleurs d'orangers et de citronniers embaumaient l'air de Kigali. Les rues étaient propres, il n'y avait pas de mendiants. La ville, nichée au milieu des collines, ressemblait à une capitale de la province toscane : moderne mais encore rurale, avec ses églises en abondance, quelques immeubles de bureau un peu plus élevés en centre-ville, des vendeurs de téléphones portables à tous les coins de rue. Près du Centre du mémorial du génocide se dressait une bibliothèque publique flambant neuve, avec ses murs de verre et ses plafonds vertigineux. Un lieu spacieux, tout en lumière, qui évoquait l'intelligence et l'espoir. Il semblait que la nation entière s'était investie dans un projet : garder le menton bien haut, se montrer déterminé à ne pas faire volte-face pour s'assurer que personne ne surgissait derrière son dos. Le poids et la présence de l'Histoire étaient écrasants. Le Rwanda faisait de son mieux pour circonscrire et cloisonner le passé en rejetant tout ce qui était antérieur au génocide dans l'« avant ». Le mot « avant » est simple et efficace : il y a eu le passé, il y a le présent ; avant le génocide, coupe du bois, porte l'eau ; après le génocide, coupe du bois, porte l'eau – une manière d'appréhender la vie dans une continuité acceptable et rassurante, comme lorsqu'on regarde au loin vers l'horizon, au-delà de l'océan immobile, calme, bleu, là où nul cadavre ne flotte à la surface, où nul morceau de corps ne dépasse.

À présent, à chaque grande intersection, des jeunes gens se tenaient en faction avec leurs fusils, leurs pantalons rentrés dans leurs bottes noires luisantes. Ils scrutaient les véhicules et les passants. Cette vision me faisait horreur, mais le Rwanda avait besoin de ça. Cette situation, nous l'avions provoquée. Après que les citoyens d'un pays se sont entre-tués, il est nécessaire de rétablir l'ordre, de montrer que l'on assure la sécurité. Il faut éviter à la population de replonger dans ses peurs, même totalement raisonnables.

La première nuit, nous sommes tous allés dîner à l'hôtel des Mille-Collines – l'« hôtel Rwanda » du film, pour mes compagnons de voyage. Pour moi, ce lieu était en réalité celui où le frère de ma mère nous emmenait nager lorsque nous étions enfants. Il nous achetait des glaces et nous nous asseyions à l'ombre sous les parasols. Lorsque nous partions, il plaisantait toujours en disant : « Si je veux encore vous acheter des glaces, j'ai intérêt à continuer de travailler dur ! »

Désormais, mon oncle était mort. Pas rappelé à Dieu. Mort.

Au cours du deuxième jour, je me suis bien habillée et, avec les autres femmes de la délégation, nous nous sommes rendues dans la résidence présidentielle pour un déjeuner organisé avec la Première Dame. Toutes les rues de Kigali étaient numérotées. Auparavant, elles n'avaient ni noms ni numérotation. La plupart des arbres avaient été abattus. Tout ce qui était dans l'ombre était désormais à la lumière. Aucun endroit pour se cacher.

La nappe était brodée de motifs de fleurs et d'oiseaux réalisés au point de chaînette. La Première dame était élégante et aimable. Elle avait envie d'entendre nos histoires et de nous raconter la sienne.

Le gouvernement rwandais avait désormais un récit officiel. Avant que les Belges ne colonisent le pays, les Hutus et les Tutsis vivaient en paix. Mais la colonisation se construit sur l'idée que nous sommes différents, que nous ne possédons pas le même degré d'humanité. Les Belges avaient imposé leur terrible idéologie : la croyance qu'un peuple doté de crânes d'une certaine taille et d'un nez d'une certaine largeur valait mieux et était plus intelligent qu'un autre, et qu'il appartenait à une race supérieure.

Cette doctrine s'était insinuée dans le psychisme rwandais, entraînant l'autodestruction du pays.

Au matin de la journée du Souvenir, un bus est venu nous chercher à l'hôtel pour nous conduire au stade Amahoro. Je n'arrivais pas à croire que cet événement se déroulait dans un tel lieu. Vingt ans plus tôt, dans l'Est du pays, les fonctionnaires du gouvernement avaient demandé à la population de se rassembler dans le stade Gatwaro. Douze mille personnes avaient obéi. Elles avaient toutes été assassinées.

Pourtant, nous avons continué notre voyage vers l'horreur. Les gens arrivaient dans le stade de toutes les régions du Rwanda, changeant de bus plusieurs fois, marchant pendant des jours, tout cela parce que c'était le jour anniversaire, le seul de l'année où les Rwandais avaient le droit de faire leur deuil. Auparavant, l'État avait désigné une saison consacrée, une période de cent jours qui commençait le 7 avril. Mais, durant cette période, le pays vivait en permanence dans le trouble et l'agitation, les citoyens n'arrêtaient pas de gémir, de hurler des obscénités, de mettre le feu de rage.

En dehors de ces cent jours, les Rwandais se saluaient avec le mot *komera* – « sois fort ». Tout le monde se montrait sympathique mais sur ses gardes et insondable.

Lorsque nous sommes entrés dans le stade, une fanfare jouait. Je me suis assise dans la partie VIP avec les autres représentants du musée de l'Holocauste. Sur mon siège, j'ai trouvé un petit paquet cadeau avec un pin's en perle célébrant le jour du Souvenir. Aucun des Rwandais derrière moi ne savait qui j'étais ni que j'étais l'une des leurs. J'avais envie de disparaître. Je me suis blottie dans l'étole que j'avais apportée. J'ai gardé mes lunettes de soleil. Je ne voulais pas voir.

Tout autour de moi, les gens ont commencé à crier. D'abord une femme, puis une autre, puis encore une autre. Les hommes s'y sont mis aussi. Le programme des commémorations a débuté comme une superproduction : la reconstitution extrêmement condensée de l'histoire du Rwanda, de la colonisation jusqu'à nos jours, le tout avec des chants et des danses. Il y avait plus de six cents participants. Tout le monde connaissait les grandes lignes du scénario.

« La déshumanisation a commencé. Et les hommes sont devenus des objets », a retenti une voix à travers le système de sonorisation. Quelques minutes plus tard, les danseurs qui jouaient le rôle des colons ont changé pour celui des travailleurs sociaux blancs.

Peu après, des centaines d'acteurs ont mimé les assassinats et la mort.

Les cris hystériques se sont poursuivis tout du long. Les gémissements sont devenus si grandiloquents, si ardents, volcaniques, incontrôlables que les gardes en gilets de sécurité jaunes ont commencé à porter les personnes les plus agitées parmi les endeuillés pour les évacuer. Sur le terrain du stade, les acteurs qui jouaient les soldats du maintien de la paix de l'actuel gouvernement ont ramené à la vie les Rwandais décédés.

Je n'ai pas aimé cette mise en scène, mais laquelle aurait bien pu convenir ? Concevoir une telle manifestation était de toute façon inenvisageable : réunir le pays pendant quelques heures pour se souvenir que presque un million de personnes avaient été exterminées et des millions de vies détruites.

Le président Kagame, silhouette souple, sophistiquée et sombre, s'est levé pour prendre la parole. Il a expliqué à la foule assemblée et au monde que les Rwandais devaient s'unir et guérir par eux-mêmes, car si nous ne prenions pas soin de nous, personne ne le ferait.

Pendant son discours, le président passait sans arrêt de l'anglais au kinyarwanda et vice-versa, afin que les dignitaires internationaux ainsi que ses citoyens puissent comprendre. Selon lui, le génocide s'était produit à cause de la colonisation. Il avait été le reflet grotesque d'une mentalité dérangée, la part d'ombre de l'inconscient européen. La stratégie narrative de son exposé faisait sens. Il proposait une histoire simple, assimilable : les Belges étaient arrivés, ils avaient propagé le mal, puis ils étaient partis. Nous autres, nous étions restés.

Nous avions besoin de trouver une façon de supporter l'insupportable vérité. Nous devions accepter des faits qui étaient incompatibles avec une foi solide en l'humanité, incompatible même avec toute définition sensée de Dieu.

Les discours ont continué. Les pleurs ont continué. Les cris ont continué sans interruption. Les gardes en gilets jaunes ont porté deux cents et quelque personnes hors du stade. Il y avait tant de chagrin. J'ai eu profondément honte. Je ne voulais pas être l'émissaire de ça. Je ne voulais plus raconter cette histoire aux générations futures. Cela me détruirait. Je n'avais qu'une envie, m'enfouir dans mon étole, m'envoler.

Ma voisine s'est évanouie. J'ai fini par me demander si elle était réelle ou si j'hallucinais. Elle ne pouvait pas l'être, et pourtant son corps était là.

J'ai pris l'avion pour rentrer chez moi et je suis restée au lit pendant une semaine.

Un an plus tard, je suis allée en Israël avec le centre Carter. Je faisais partie d'une délégation qui s'intéressait aux réfugiés. J'ai pris mes livres et mes bougies et je me suis rendue au camp de réfugiés d'Aida, tout près de Bethléem, en Cisjordanie, où vivaient des Palestiniens. C'était la première fois que j'allais dans un camp où les habitants ne me ressemblaient pas.

Vers la fin du voyage, nous avons visité le mur de sécurité, la barrière géante en béton et fils de fer barbelé qui sépare Israël de la Palestine. J'avais lu des articles sur le sujet, je connaissais l'existence des murs, mais après avoir découvert cette monstruosité, ce monument dédié à l'intimidation et à la peur, après avoir fait la queue pour franchir la sécurité… je me suis sentie brisée. Il y avait des hommes avec des fusils ; des enfants avec des fusils ; des voix désincarnées nous demandant de nous regrouper dans un espace qui rappelait une cage de contention.

Nous avons avancé. Devant nous, des murs verts, une surface nue, grise et verte. Puis les voix, ces voix désincarnées, ont résonné pour nous donner des ordres. Les voix, les ordres, nous faisaient nous sentir minuscules. On ne voyait pas d'homme, on ne voyait personne. On n'était pas une personne. On entendait seulement une voix.

Mes chaussures m'ont posé problème. Je portais des bottines noires en cuir, presque comme celles des soldats, avec des talons de cinq centimètres et une boucle argentée sur le côté. Je les avais mises au Rwanda.

Les gardes, à la porte, voulaient des renseignements sur elles. Les agents de sécurité, à l'aéroport, en voulaient aussi. Ils m'ont interrogée pendant deux heures. J'ai pleuré la plupart du temps. Ils voulaient savoir où je les avais achetées. Où je les avais portées. Ce que je faisais en Israël. Ce que je faisais en Palestine. Ils m'ont demandé de les enlever pour qu'ils les scannent.

Je me suis intéressée à la raison pour laquelle ils faisaient une telle fixation sur mes bottines – un questionnement que je devais à Sebald. Qu'est-ce qu'elles signifiaient pour eux ? Quel enseignement pouvais-je tirer de ce moment ?

Après qu'ils me les ont rendues, je me suis calmée et me suis hâtée vers la porte. Les gardes m'ont de nouveau arrêtée. Ils m'ont fait mettre sur le côté et ont fouillé mes bagages à main. J'avais mes règles. J'avais une réserve de tampons et des sous-vêtements de rechange. Ils les ont sortis pour les regarder. Je me suis sentie humiliée.

Lorsque j'ai embarqué dans l'avion, j'étais de nouveau en larmes. J'ai sangloté pendant tout le vol. Même si je voyageais en première classe, ni le niveau du service ni la quantité de champagne ne pouvaient effacer le cauchemar que je venais de vivre.

Mais au moins, j'avais mon passeport américain. Je pouvais m'échapper.

19

Les écolières de la Palm Beach Day Academy portaient toutes des robes chasubles jaunes. Les garçons avaient des polos en coton blanc, avec, brodées en fil bleu marine, les lettres PBDA. J'avais pris l'avion depuis New Haven pour venir parler dans cet établissement de Palm Beach et, comme d'habitude pour mes discours, je m'étais bien habillée : robe trapèze et hauts talons. Je n'avais pas l'air accessible, j'avais l'air imposant. Pourtant les élèves aux joues rebondies me regardaient avec leurs grands yeux ronds, doux et candides.

À la fin de la réunion, j'ai remarqué une petite fille qui me dévisageait ouvertement dans le couloir. Elle a commencé à s'approcher de moi, puis, prise d'un accès de timidité, elle s'est cachée derrière son professeur. Celui-ci s'est accroupi devant elle et lui a chuchoté avec une immense douceur : « Tu peux aller dire bonjour. »

Ce n'était rien, et pourtant ça m'a profondément ébranlée. J'avais oublié que les adultes étaient capables de se montrer gentils envers les enfants des autres. Cette fillette se sentait en sécurité, ici, dans sa jolie école, avec pour seule protection la jambe de son professeur.

Je n'ai jamais fait preuve de douceur protectrice. J'adore mes neveu et nièces, mais j'ai activement, délibérément détruit leur sensibilité. Ma manière de prendre soin d'eux avait un aspect militaire. Ma mission était de les protéger du mal et de la mort. Je les ai préparés au pire.

Les enfants de Claire n'avaient ni marge de sécurité ni coussin amortisseur, on ne les surveillait même pas correctement. Mes neveux, mes jeunes frères et sœurs ainsi qu'un jeune cousin qui vivait également chez ma sœur, regardaient la télévision jusqu'à 23 heures et s'endormaient en classe. Chaque soir, en raison des emplois du temps de Claire, ils étaient les derniers que l'on venait chercher à la garderie ou à l'étude, et si ma sœur était retenue par son patron ou si le train était ralenti, elle arrivait encore plus tard.

Un vendredi après-midi, lorsque je suis rentrée à la maison, j'ai découvert Freddy et ses amis, de retour de leur entraînement de football, avachis dans les fauteuils en train de regarder le sport à la télé. J'ai explosé.

« Tu sais qu'en ce moment il y en a d'autres qui préparent leur SSAT[18] ? Pourquoi ta chambre n'est pas rangée ? Pourquoi la vaisselle n'est pas faite ?

— C'est vendredi, m'a répondu Freddy.

— Je sais que c'est le week-end ! Et je m'en contrefiche ! Dis à ces gosses de ficher le camp d'ici. » J'ai également crié sur les amis de Freddy. « Rentrez chez vous et lisez un livre. Arrêtez de regarder ces émissions débiles. » Ils me détestaient.

Nous étions tous brisés. J'étais totalement brisée. J'aurais dû m'en prendre au monde entier, mais je m'acharnais sur ces gamins. Je n'étais pas rassurante. Je n'étais pas gentille.

Quand je suis revenue de Palm Beach, j'avais une nouvelle mission : éloigner de nous les enfants de Claire, au moins une partie du temps. J'étais une experte pour utiliser le système : je savais où trouver des bourses, comment remplir les formulaires d'aides financières. Je savais que

18. Secondary School Admission Test : examens qui se déroulent pendant trois périodes de la scolarité, du primaire au lycée.

si la commission d'admission d'une école avait des doutes sur le niveau d'apprentissage d'un de nos enfants, nous pouvions proposer son redoublement.

Ainsi, j'ai mis mes neveux sur le chemin que j'avais suivi : Mariette est partie faire un semestre à l'African Leadership Academy[19] en Afrique du Sud, puis elle a intégré l'université américaine de Washington ; Freddy est entré à l'école de Mooseheart Child City & School[20] près de Chicago, puis à la Milton Academy, un internat en périphérie de Boston ; Michele a suivi son frère à Milton trois ans plus tard. En classe de troisième, Freddy était une star de l'équipe de football. Il était adoré et posait sur la couverture du magazine de l'école. Quand nous le voulions, nous étions de bons Américains.

Après mon diplôme universitaire, je n'avais pas de foyer à moi. Je ne pouvais pas retourner chez les Thomas. Ils m'avaient donné autant qu'à leurs propres enfants. Au moment où j'étais le plus vulnérable, Mme Thomas m'avait comprise et elle avait veillé sur moi. Elle savait que si elle bougeait quoi que ce soit dans ma chambre pendant mon absence, je remettrais tout à la même place. Elle avait toujours du pop-corn et de la camomille. Mais je sentais que je devais avancer et grandir. Je ne pouvais plus vivre à Kenilworth. Je ne pouvais pas non plus retourner chez Claire ni vivre chez mes parents, ce qui m'aurait de nouveau définie comme leur enfant. Même mes plus jeunes frères et sœurs ne vivaient pas chez eux, mais chez Claire.

J'avais des opportunités – des invitations extraordinaires et généreuses. Un ami me prêtait pendant un mois son appartement chic de New York ; on m'accueillait à Palm

19. École réservée aux jeunes Africains et Africaines talentueux, après le lycée, pour les préparer à intégrer les meilleures universités.
20. École réservée aux enfants dont les parents ne peuvent pas assurer les frais d'éducation.

Beach dans une luxueuse maison, pour participer à des fêtes à la Gatsby et rire avec des filles blondes et bronzées.

Et après ? Encore des voyages ? Encore une vie de luxe ? Allais-je continuer de me servir, de me resservir, de goûter et d'ingurgiter, de dire « oui, merci » et « merci beaucoup » ? Ce cycle, je le savais à présent, ne finirait jamais car je n'avais toujours pas rempli, ni même entièrement accepté, mon immense vide intérieur.

Mon existence était en proie à une sorte de folie, à un dysfonctionnement répétitif : l'histoire se poursuivait, je continuais à sourire des perles, mais je ne parvenais jamais à un dénouement. J'avais besoin de faire une pause. J'avais besoin de stabilité. Mon petit ami, Ryan, un joueur de hockey de la Côte est avec qui j'avais commencé à sortir à Yale après ma rupture avec Zach, voulait vivre en Californie. Il était doux, patient et gentil avec moi. Il ne s'intéressait pas à Sebald et ne questionnait pas les détails de sa vie de manière obsessionnelle. Si cela me contrariait de temps en temps, je me sentais surtout plus forte et en sécurité. Alors, j'ai déménagé, on a déménagé.

J'ai loué un appartement à San Francisco, près du parc Lafayette, dans un des rares vieux immeubles classiques de la ville. J'ai fait du yoga, parfois deux séances par jour. J'ai marché dans les collines de Berkeley, qui me rappelaient celles du Rwanda.

En public, je jouais mon rôle. Je mettais le bon maquillage, les bons bijoux, la bonne robe. Je n'étais personne et j'étais tout le monde. Mais aucune de mes prestations ne me convenait vraiment. J'y mettais trop de distance, voire de la ruse.

Face à mes auditeurs, j'essayais de raconter mon histoire en lui donnant le plus d'impact possible. Parfois, les gens écoutaient, parfois ils ne le faisaient pas. Quelques personnes paraissaient stupéfaites et émues, d'autres avaient l'air de s'ennuyer, d'être contentes d'elles, comme si elles venaient de cocher une case.

« Voilà mon histoire, disais-je. Utilisez-la maintenant ou plus tard. Lorsque vous en aurez besoin, elle sera là. Peut-être un jour serez-vous confronté à un défi, et vous penserez à mon récit. Vous penserez à Claire. Vous vous souviendrez de mettre votre ego dans un sac et de jeter ce sac. Vous vous souviendrez d'être bon, généreux et meilleur. Vous vous rendrez peut-être compte que vous devez apprendre à raconter votre propre histoire. Vous vous direz : comment ai-je fait pour posséder ce que j'ai ? Comment suis-je parvenu à croire en mon Dieu ?

« Je sais que je suis privilégiée d'avoir la sécurité, le temps, le confort et l'éducation nécessaires pour tenter de transformer mon expérience en quelque chose de cohérent, et penser à ma vie avec un esprit critique et créatif. Il y a une différence entre l'histoire et l'expérience. L'expérience est un gigantesque désordre, elle est tout ce qui est vraiment arrivé ; l'histoire, ce sont les morceaux que l'on assemble et ce qu'on en fait, c'est un guide pour notre propre existence. L'expérience, ce sont les cicatrices sur mes jambes. Mon histoire, c'est qu'elles sont la preuve que je suis vivante. Votre histoire – le sens que vous choisissez de donner aux faits quand vous m'écoutez – pourrait être différente. Ce pourrait être que mes cicatrices sont là par ma faute et que je devrais avoir honte. »

Sur scène, j'ai essayé d'être pertinente et pas trop effrayante. Si je parlais à mes pairs, je disais : « J'ai complètement flippé en regardant *Hunger Games*. Vous aussi, peut-être ? Le District 9 ressemble au Zaïre pendant la guerre. » C'était vrai : les chats sauvages dans les immeubles en ruines, le monde recouvert de sang et de suie grise.

Presque toujours, je portais des talons de douze centimètres. Je suis sûre que toute l'assistance se demandait : pourquoi une conférencière humanitaire porte de telles chaussures ? Mais j'avais besoin qu'on me regarde, qu'on m'admire et qu'on m'aime. J'avais besoin de contrarier les attentes des gens. J'avais besoin d'être ma propre création : précise, grave, singulière.

Souvent, après ma prestation, la réaction de certains auditeurs me contrariait. Ils voulaient m'aider et ne supportaient pas l'idée que je ne sois pas vaincue. Eux qui se considéraient plus forts que moi avaient l'air paniqués lorsque je leur suggérais que l'échange pouvait être à double sens, que je pouvais moi aussi les aider.

On me classait régulièrement au rang de martyre ou de sainte. J'étais spéciale, très spéciale. Tellement forte et courageuse, une princesse du génocide ; je ne faisais assurément pas partie de ces masses de corps à la peau sombre entassés dans de fragiles embarcations, ces migrants qu'on voyait sur les photos effroyables des premières pages du *New York Times*. Pourtant, je demeurais un personnage issu de leur imagination, prisonnière de leurs présupposés. Je n'étais pas leur égale. Parfois, on me demandait si je me sentais coupable d'avoir survécu.

« Heu, non, répondais-je. J'ai fait tout ce que j'ai pu pour survivre. Vous pensez que je devrais l'être ? Vous sentez-vous coupable de ne pas avoir été dans l'une des tours jumelles, le 11 septembre ? »

Par un soir d'hiver, environ un an après mon installation à San Francisco, j'ai participé à une table ronde pour une association internationale à but non lucratif. D'après ce que j'avais compris, elle souhaitait s'associer à des leaders d'opinion pour innover. J'étais souvent invitée avec le gratin de la Silicon Valley. J'étais une femme : la case était cochée ; noire : coché ; une réfugiée : coché deux fois.

Cette association croyait vouloir entendre mon histoire et je croyais vouloir la leur raconter. Elle avait organisé une « semaine des Réfugiés ». Je devais être la représentante de ces derniers et m'entretenir avec les grands esprits de la nouvelle économie afin de réfléchir aux moyens de résoudre la crise des migrants.

Pendant au moins trente secondes, le monde s'est réellement soucié de leur cas. Alep était en état de siège. Les migrants continuaient de mourir en Méditerranée. Tous les fils d'actualité sur Instagram et Facebook relayaient la photo accablante du petit garçon noyé sur la plage. Cette image était si puissante que dès que j'entendais le mot « réfugié », je voyais cet enfant. Plus précisément, je voyais le petit garçon, la plage, l'eau, le bateau, le bleu étincelant.

Depuis le chaos syrien, quelques héros occasionnels mettaient en ligne leurs vidéos, ponctuant cette horreur expurgée et organisée. Certains de ces youtubeurs étaient des stars nées des réseaux sociaux : ils étaient beaux, ils s'exprimaient bien, ils étaient courageux et singuliers. Ce festival de regardez-comme-je-déborde-de-compassion valait mieux que l'indifférence.

Mais il était difficile de se concentrer sur toutes ces vies individuelles. Des dizaines de milliers de personnes mouraient très loin de nous et on nous demandait : regardez ce petit enfant, ou cet adulte exceptionnel. Je le comprenais. Je le faisais moi-même. Mais il est absolument impossible d'appréhender en même temps toutes les expériences douloureuses qui surviennent dans le monde. Le cerveau humain ne peut pas supporter autant de souffrance. De plus, on ne peut pas différencier chaque individu et compatir pour une personne en particulier. On ne peut pas écouter toutes les histoires et reconnaître que chacune d'entre elles est forte et particulière, puis continuer à poursuivre le fil de sa journée.

Au cours de la table ronde, nous avons parlé de la Croix-Rouge et de la façon dont elle devait intervenir. L'un des participants a rapporté une information qu'il trouvait amusante : en plus de la nourriture, de l'eau et d'un abri, les réfugiés avaient demandé aux travailleurs humanitaires un moyen de conserver leurs photos.

Pour lui, ce détail avait tout d'une bonne blague dans une comédie classique : imaginez un peu, on est en train de discuter d'un problème énorme, grave, terrible, et quelqu'un nous interrompt pour parler d'un sujet futile, ridicule, qui concerne notre monde développé.

Pour les personnes concernées, ça n'avait rien de drôle. Je n'avais plus que deux photos de moi au Rwanda et très peu de ma famille avant 2000. C'était une éternelle source de désarroi. Je voulais voir les visages de ceux dont je descendais. Je voulais les voir afin d'essayer de comprendre la personne que j'étais et celle que j'aurais pu être.

Mais le stockage numérique n'était pas un sujet qui intéressait mes collègues. Ils étaient venus pour secourir des gens. Ils avaient prévu d'être des sauveurs.

J'ai inspiré et expiré profondément. J'ai gardé mon calme. J'étais très douée pour rester assise tranquillement dans un groupe. Puis, au milieu de la soirée, un autre de mes collègues, un grand milliardaire courageux, s'est tourné vers moi et m'a demandé : « Alors, qu'est-ce que ça fait, d'être l'une des nôtres ? »

J'ai eu un mouvement de recul. Ce soir-là, je portais du rouge à lèvres violet, seulement sur le bord interne de mes lèvres. Les gens trouvaient ça intéressant. « L'une des nôtres » : qu'est-ce que ça signifiait ? L'une des personnes riches ? L'une des personnes blanches ? L'une de celles qui n'avaient jamais été chassées du royaume ? Qui sont au-dessus de la masse de l'humanité ? L'une de celles qui donnent et ne prennent pas ? Qui n'a jamais souffert ? Je ne savais pas ce qu'il voulait dire par « des nôtres » et je n'avais pas envie de vivre dans son histoire.

« En réalité, je préférerais que vous me demandiez pour quelle raison je suis assise ici, ai-je répliqué, toujours calme, souriante, mais ayant cessé de jouer le rôle que l'on attendait de moi. Demandez-moi de vous raconter mon voyage, ai-je poursuivi. Demandez-moi pourquoi je suis là, ce que je sais que les autres réfugiés, ou que les gens sans abri ne savent pas. Ce que je sais et que vous ne savez pas. En fait, j'ai piraté votre système pour m'y introduire.

— Nous parlerons de ça plus tard », a répondu le milliardaire, gêné que je me sois éloignée du discours standard et acceptable de la gentille réfugiée. Le modérateur nous a demandé de passer à un autre sujet.

Après la réunion, je suis allée trouver le milliardaire et lui ai demandé s'il acceptait de me rencontrer pour boire un thé afin que nous puissions discuter. Il m'a suggéré de lui envoyer un mail pour fixer une date. J'ai obtenu son adresse par les organisateurs de la table ronde.

Je lui ai écrit mais il ne m'a pas répondu.

20

J'étais encore une personne qu'il n'était pas simple d'aimer. Je voulais qu'on m'adore, qu'on m'admire, mais pas qu'on ait besoin de moi. Je voulais avoir le droit de disparaître. Rester quelque part, faire son nid, créait en moi la peur d'en être arrachée. Pour contrer cette crainte, je préférais me sauver ; j'avais besoin de me prouver que je savais encore prendre la fuite.

Mon corps demeurait toujours un étranger, un fardeau. J'avais dû le trimbaler partout avec moi, ce corps avec sa peau noire, ses cheveux indisciplinés et ses pieds étroits ; ce corps, avec ses faiblesses, ce corps qui avait été vandalisé, volé. C'était la chose la plus dure qui soit : me remémorer cette dévastation et continuer à croire qu'il était magique, me remémorer cette brisure et continuer à croire qu'il était incroyable, sacré et capable d'enfantement.

Il y a des moments pour lesquels je n'ai toujours pas trouvé de mots. La terreur, les ravages évoqués par mon esprit deviennent des couleurs. Je dis : « C'était bleu. » « C'était vert. » Mes souvenirs me donnent envie de tout brûler, de raser la galaxie, et mon cerveau ne supporte pas de se confronter à ce récit. Mais je dois continuer d'essayer, nous devons continuer d'essayer. Je dois trouver une manière de vous dire : « C'est arrivé. Des hommes sont venus, ils voulaient saccager mon corps et détruire mon avenir. Mais je refuse d'être anéantie. »

Le viol est l'histoire des femmes et de la guerre, des filles et de la guerre. C'est celle de centaines de milliers de mères, de filles, de sœurs, de grands-mères, de cousines et de tantes rien que dans mon pays ; celle de centaines de millions d'autres à travers le monde. Tant d'hommes ont été assassinés au cours du massacre. Tant de femmes sont mortes plus tard du sida. Des décennies après la guerre, le viol, la destruction corporelle, psychologique et sociale laissent encore leur marque, y compris dans les milieux les plus cultivés, sophistiqués et privés. *La Nuit* n'est pas l'histoire d'une femme. Les Rwandais sont persuadés que le silence nous convient. Mais le silence nourrit la haine.

J'essaie de me reconstruire afin de ne pas avoir peur des hommes ou de ne pas avoir besoin d'eux pour me protéger. Ainsi, je peux me réapproprier mon pouvoir. En ce moment, je lis Audre Lorde. Elle est mon phare. « On nous a appris que le silence nous sauverait, mais ce n'est pas le cas. » « Je sens, donc je suis libre. » « L'érotisme est une mesure entre l'éveil du sens du soi et le chaos de nos sentiments les plus forts[21]. » Tout homme à qui j'ouvre mon cœur et ma vie doit comprendre l'ampleur des émotions qui habitent une femme qui a vécu la guerre.

Lorsque Ryan m'a dit pour la première fois qu'il m'aimait, je lui ai répondu avec dureté : « Excuse-moi, qu'est-ce que ça veut dire ? “Je. T'aime.” Vraiment, qu'est-ce que ça veut dire ? » Sur le moment, j'ai cru qu'il m'imposait sa volonté. J'ai trouvé sa déclaration égoïste. « Très bien, si c'est l'histoire que tu veux te raconter, si tu dis que tu m'aimes, alors je suppose que c'est vrai. »

Ryan s'est montré extrêmement patient et gentil. Lui, l'athlète universitaire blanc typique, était à mille lieues de

21. Audre Lorde, *Sister Outsider, op. cit.*

ma terrible histoire de survivante-du-génocide, ce qui était sûrement ce que je cherchais. Sa mère avait fait de lui un bon catholique. Il jouait au roller hockey. Il était chauffeur pour Uber et Lyft. Les dimanches, toute la journée, il s'asseyait sur le canapé de notre appartement pour regarder le foot, le basket ou le baseball, ou encore des films en mangeant des chips. Moi, pendant ce temps, je prenais frénétiquement des notes.

Nous avons vécu cinq ans ensemble. Il me protégeait, m'adorait, me supportait. J'avais instauré de nombreuses règles. Je lui interdisais de m'appeler « mon petit chou » ou de m'affubler de tout surnom impliquant de la nourriture. Il n'était pas autorisé à me décrire comme une personne autoritaire, insolente, garce, ou en utilisant tout adjectif péjoratif.

J'avais besoin de lui, vraiment. Des amis m'ont demandé de me joindre à eux à Burning Man, ce camp dédié à la culture et à la fête. J'y suis allée, Ryan est resté à la maison. J'ai tout de suite compris que je m'étais piégée moi-même. C'était là que les gens venaient prendre de l'ecstasy mais aussi se rapprocher de la souffrance – une souffrance vécue comme une option, un luxe. Le désert brûlant et poussiéreux était envahi de tentes. Au réveil, le matin du premier jour, je me suis dit : « Qu'est-ce que j'ai fait ? Où est la nourriture ? » J'avais froid. J'avais laissé ma couverture bleue à la maison.

Pendant la journée et la nuit, je me suis déguisée, j'ai bu, j'ai dansé, j'ai regardé des œuvres d'art et je me suis retrouvée complètement désorientée. Les couleurs tournoyaient, le temps et l'espace sont devenus kaléidoscopiques. J'ai voulu regagner ma tente, alors j'ai ouvert mon plan. Il m'a complètement déconcertée : le camp était disposé comme une horloge. Rien n'avait de sens. Le retour a pris des heures, des jours, peut-être des années. J'ai finalement réussi à retrouver notre campement et, le lendemain matin, en me réveillant, je me suis dit : « OK, je vais devoir survivre un jour de plus. »

Mes amis étaient déjà partis pour de nouvelles aventures. J'étais seule. Je me suis mise à pleurer. J'ai pris mon téléphone et j'ai regardé les photos de mes neveux. « J'ai une famille, me suis-je dit. Je vais bien. J'ai une vie quelque part, hors d'ici. »

Je me suis habillée avant de sortir. Le vent et la chaleur qui m'ont sauté au visage m'ont fait l'effet d'une claque. Je me sentais déshydratée et perdue. J'ai reconnu une femme que j'avais vue la veille. Elle faisait du yoga. Elle semblait heureuse et détendue. Comme j'étais trop nerveuse pour m'approcher d'elle et lui dire : « J'ai besoin d'aide », j'ai regardé de nouveau les photos de mes neveux avant de sangloter de plus belle. « Je ne veux pas rester ici », ai-je dit à personne en particulier, mais j'étais suffisamment près de la femme pour qu'elle puisse m'entendre. « Je veux rentrer chez moi. »

Elle a interrompu son yoga, s'est approchée de moi et m'a serrée dans ses bras. « Ma puce, ma puce, tu es chez toi. Tout va bien. »

Le Rwanda est un pays magnifique, mais trop de gens parmi ses habitants pensent qu'ils ne méritent que de souffrir. Je veux trouver une autre manière de voir les choses. Lors de mon dernier voyage là-bas, je suis restée chez mon oncle, un homme qui n'est pas vraiment mon oncle mais qui est, de bien des façons, ma vraie famille. Il vit à Kigali dans une belle maison, avec une agréable véranda ouverte où il aime prendre son petit-déjeuner constitué de fruit et de thé sucré. Le voisinage, composé de jardins bien entretenus et de rues goudronnées, fait penser aux collines de Berkeley.

Au-dessus de la table de la salle à manger, il y a une grande photo de mariage encadrée : mon oncle, très beau dans son uniforme militaire, tient le bras de son élégante troisième femme, qui vient de décéder. Cette photo est tellement triste mais sa présence m'apaise.

Je n'ai pratiquement pas quitté la maison pendant mes cinq jours à Kigali. Quand je sortais, je me rendais principalement au *Shokola Storytellers Café*, situé au dernier étage de la bibliothèque publique. Là-bas, je me sentais vraiment dans ma zone de confort : le lieu était décoré de parquets foncés, de tapis en jute, de chaises et de canapés modernes aux lignes épurées. On pouvait s'asseoir sur la terrasse en bois du toit, contempler les collines vertes, manger de petits *mandazi* chics et boire du café d'origine unique agrémenté d'un *latte art*. En revanche, je n'aimais pas conduire en ville : je supportais mal la vue de tous les immeubles datant d'« avant » et de toutes les nouvelles constructions. Près de chez mon oncle, sur les collines surplombant les terres agricoles de la vallée centrale de Kigali, il y avait un immense lotissement neuf, des centaines de nouveaux appartements à l'architecture détestable, dénuée de charme, froide. Les bâtiments étaient d'un blanc stérile. Il était prévu qu'ils restent ainsi.

Tout ce projet semblait hurler : « Vous qui vivez ici, vous ne méritez pas la beauté. Nous qui avons élaboré ceci, notre créativité a été anéantie, nous vivons repliés sur nous-mêmes et nous avons honte. »

Un après-midi, tandis que je faisais ma lessive, je me suis étendue sur une couverture dans le jardin pendant que mes vêtements séchaient sur une corde à linge. Le soleil me redynamisait. Dans un coin d'ombre, des fourmis s'attaquaient à une mangue. Près d'elles, j'ai aperçu une araignée jaune. Après les centaines de cours de yoga que j'avais pris, j'ai eu l'impression que j'arrivais enfin à expirer. Je portais un haut noir imprimé de grosses fleurs jaunes et vertes ainsi qu'une jupe jaune vif. Je me singularisais et je m'intégrais en même temps, et j'avais l'impression qu'on prenait soin de moi d'une façon que je n'avais jamais connue nulle part ailleurs. Il y avait si longtemps que je ne m'étais pas sentie ainsi – comme une enfant choyée par un autre adulte que ses parents.

Aujourd'hui, dans tout le pays, le dernier samedi matin du mois est réservé à l'*Umuganda*. C'est un programme gouvernemental qui incite les Rwandais à nettoyer et à prendre soin de leur nation. Cela concerne les espaces physiques, bien sûr, mais aussi les cicatrices du passé. Chaque citoyen est invité à sortir de chez lui et à se joindre à ses voisins pour s'occuper des biens collectifs. Ensemble, ils nettoient les rues, repeignent les écoles, font tout ce qui s'avère nécessaire.

C'est une idée magnifique, un superbe mécanisme de réparation. Mais les blessures sont encore là et l'histoire encore récente. Tout le monde a fait et vu des choses atroces et on ne peut rien effacer. Les pasteurs racontent que la femme de Loth a été changée en statue de sel car elle s'est retournée pour jeter un dernier regard à sa ville détruite. Au Rwanda aussi, le message est : « Oubliez, allez de l'avant. » Pourtant les ruines fumantes sont encore là, à se consumer.

Lors de ma dernière visite chez mon oncle, le projet de l'*Umuganda* était de désherber un champ laissé à l'abandon. Les gens sont arrivés en baskets et coupe-vent, sourire aux lèvres. Ils tenaient des machettes, l'outil que toutes les familles rwandaises stockent dans leur garage pour des travaux de jardinage comme celui-ci. Mon oncle n'a pas cillé. Ses voisins non plus. Ils s'étaient réhabitués à en voir. Quant à moi, ce matin-là, j'ai eu beaucoup de mal à vivre cet *Umuganda*. Je ne pouvais pas supporter la présence des fantômes.

Plus tard ce jour-là, Vicki, un ancien voisin et ami de Claire près de vingt-cinq ans auparavant, est venu me chercher chez mon oncle à bord de sa Toyota. Je lui ai proposé d'aller au *Marriott* mais il a refusé : « Oh, non, je ne vais pas dans ce genre d'endroit. C'est pour les riches. Je ne peux pas y aller. »

Je devinais les pensées qui lui traversaient l'esprit. Il n'avait pas les bonnes chaussures, il ne serait pas à sa place. Il devait rester dans son monde. Il n'avait pas droit aux belles choses. « Eh bien, aujourd'hui, nous allons être riches ! lui ai-je lancé. Allons-y. »

Nous sommes entrés au *Marriott.* J'ai commandé du thé, puis on s'est connectés au wifi et on a passé un bon moment.

Lorsque nous sommes partis, j'ai demandé à Vicki : « Alors, c'était comment ?

— Trop bien. »

La veille de mon départ, Vicki est revenu me chercher et m'a conduite en haut d'une colline escarpée. Nous sommes restés sur le bord de la route où nous dominions Kigali. Le soleil s'est couché. La vue était splendide. Si je m'en rendais compte intellectuellement, j'étais incapable d'en apprécier la beauté avec mon cœur. Les collines vertes sont devenues bleues puis noires. Elles s'étendaient, encore et encore, telle une chaîne infinie. Vicky a pointé le doigt vers les plaines pour désigner une petite tache de lumières clignotantes. « C'est là que nous vivions », a-t-il dit. J'ai levé mon téléphone pour prendre des photos.

Sur le chemin du retour, Vicki est passé aussi près de notre ancien quartier qu'il me pensait capable de le supporter. Nous avons roulé dans la rue animée où des hommes vendaient des cartes téléphoniques, des enfants poussaient des pneus de vélos avec un bâton et les femmes musulmanes utilisaient des kitenges pour couvrir leurs têtes. Je retrouvais tout ce mélange exubérant et multiculturel du monde dans lequel j'avais vécu avant que l'univers ne s'écroule. Vicki a garé la voiture devant une petite échoppe sans panneau et en est ressorti avec des chapatis bien chauds glissés dans un sac en papier brun que l'huile commençait à imbiber.

Nous avons mangé avant d'aller à l'église où mes parents s'étaient mariés. Le chapati était délicieux, comme un lever de soleil, comme un bain tiède dans le jardin de ma mère, lorsqu'ensuite je me laissais envelopper dans le vieux peignoir de Claire. L'église n'avait pas changé.

Quelques mois avant ce voyage, j'avais alors vingt-neuf ans, Ryan et moi sommes allés marcher dans les collines de Berkeley. Nous avons pris un sentier qui traverse mon parc préféré. Nous avons abordé le sujet du mariage, mais il m'était impossible de vivre dans ce conte de fées. Pour moi, il était surtout question de possession : « prendre pour épouse... jusqu'à ce que la mort nous sépare. »

Les êtres humains ne sont pas faits pour être possédés.

De plus, Ryan m'aimait plus que je ne m'aimais moi-même, et cela m'était intolérable. Je l'ai repoussé. J'avais besoin d'apprendre à apprivoiser ma peur, de comprendre comment accepter les aspects les plus sombres de mon être. Lorsque je suis revenue du Rwanda, il était parti. Nous avions fini par nous détacher. Ma quête du passé et mes voyages incessants rendaient difficile la vie à mes côtés. Ce jour-là, Ryan avait tout emporté. Je lui avais répété tant de fois que l'une de mes peurs les plus profondes était d'être abandonnée. J'avais vécu avec l'angoisse prégnante que Claire me laisse, qu'un jour elle se lève et s'en aille, parce que je n'étais pas assez bien, pas assez rapide ou que je n'avais pas suivi les règles.

La première chose que j'ai remarquée en entrant dans notre appartement et en posant ma grosse valise noire, c'était que la guitare de Ryan n'était plus là. Il la rangeait dans le salon, sur un support près de la télévision. Je ne l'y trouvais pas, le support non plus. Dans notre chambre, j'ai aperçu son chargeur. Bien. Ryan en avait besoin. Il ne pouvait pas être parti. Mais la porte de notre penderie était grande ouverte. Toutes ses chemises avaient disparu.

Là, dans cette pièce, mes pires frayeurs ont resurgi. Merde, merde, merde, le vol, les visages, l'eau, les corps. Tout a resurgi.

Je suis restée dans la chambre et j'ai essayé de respirer. Je me suis répété : « Je vis ici. Je suis chez moi. »

21

Je recherchais sans cesse des mères de substitution et en trouvais toujours une pour veiller sur moi. Je n'avais jamais vraiment laissé de chance à la mienne. Même si j'étais une adulte éduquée et expérimentée, je ne savais pas comment faire fonctionner notre relation.

J'ai donc invité ma mère à voyager avec moi en Europe. Je voulais rejouer nos retrouvailles. La fois précédente, la mise en scène et le coup de théâtre final avaient été tout sauf satisfaisants et totalement incontrôlables. Personne ne m'avait demandé : « Et ensuite, que crois-tu qu'il s'est passé ? » Cette fois-ci, ce serait beaucoup mieux.

Ma mère et moi ne nous étions pas retrouvées seules toutes les deux depuis vingt ans. Je l'ai devancée à Londres. Je voulais que tout soit parfait, que chaque détail soit minutieusement préparé et merveilleux, à l'image de l'œuf rempli de paillettes que j'avais reçu en guise d'invitation de la part d'une société secrète à l'université. La coquille avait été percée, et l'intérieur garni de petits éclats dorés avec, au centre, un message. Je voulais offrir à ma mère un cadeau semblable à celui-ci. Je voulais l'inviter à notre réunion.

Avant son arrivée, je suis allée dans une épicerie de West Brompton et j'ai acheté des fruits, du pain, du lait, du thé, des œufs, du riz et un poulet. J'ai également pris un bouquet de roses sauvages et je les ai disposées dans un vase près de son lit. Sur le couvre-lit, j'ai étendu la chemise de nuit et la robe de chambre blanches que je lui avais achetées. Dans la penderie, j'ai suspendu la nouvelle garde-robe que je lui avais offerte : deux chemisiers, deux robes, quelques étoles et des jupes.

Je voulais que ma mère se sente unique. Je voulais qu'elle connaisse sa valeur. Je voulais que les gens lui adressent un sourire approbateur dès qu'elle entrerait dans une pièce.

J'ai pris le train pour Gatwick afin d'aller l'accueillir à l'aéroport. Je l'ai attendue très longtemps. Ma mère n'arrivait pas. J'ai fini par l'appeler. Elle s'était perdue. Incapable de trouver son chemin, elle avait fini par s'asseoir.

Je lui ai demandé de donner son téléphone à quelqu'un, n'importe qui, pour que je puisse demander à cet inconnu de lui indiquer la sortie. Je me suis sentie tellement coupable et irresponsable. Je ne lui avais pas donné l'adresse de notre logement de West Brompton. Elle n'avait jamais voyagé avec son passeport américain ni seule.

Enfin, elle est apparue. Elle était la dernière de son vol à franchir la douane. Elle portait un jean neuf et un sac neuf brillant. Ses cheveux étaient soigneusement tressés et ses ongles peints. « Je suis désolée, je suis désolée », n'a-t-elle cessé de répéter. J'ai appelé un Uber. Une luxueuse voiture noire s'est présentée.

« Mon Dieu ! Clemantine ! » s'est exclamée ma mère. Durant le trajet à travers la ville, elle a enfoui son visage entre ses mains et s'est endormie.

Elle a adoré la chemise de nuit et la robe de chambre. Elle a adoré les fleurs. Elle a adoré les vêtements. J'ai frotté ses pieds avec les huiles essentielles que j'avais apportées, puis elle a fait la sieste. Lorsqu'elle s'est réveillée et m'a rejointe en bas, une employée de maison blanche s'affairait dans la cuisine. Les propriétaires de l'appartement l'avaient envoyée pour vérifier que tout allait bien.

« Est-ce que cette femme habite ici ? » a demandé ma mère après le départ de la femme.

J'ai secoué la tête avant de lui montrer la photo de la famille noire à qui appartenaient les lieux.

Ma mère a eu l'air totalement perdue.

J'avais tout planifié : la durée de chaque trajet de bus, les arrêts où nous monterions et descendrions. J'ai emmené ma mère à l'abbaye de Westminster. J'ai trouvé les effigies à taille réelle effrayantes mais elle les a beaucoup aimées. Les visages des morts exprimaient une sérénité impressionnante. Certains avaient les mains posées sur le cœur, d'autres, jointes en prière. Ils étaient avec Dieu.

J'avais prévu de montrer à ma mère l'Infirmarer's Garden. J'avais appris en ligne qu'on y faisait autrefois pousser des roses, des lys, des haricots, des oignons et des arbres fruitiers. Aujourd'hui, il n'y avait plus qu'une pelouse verdoyante sur laquelle il était interdit de marcher. Un panneau indiquait qu'il était fermé.

Je suis allée voir le gardien et lui ai raconté notre histoire : j'avais organisé notre voyage avec un soin tout particulier, car ma mère et moi n'avions pas passé de temps toutes les deux depuis vingt ans. Je voulais que cet inconnu comprenne que cet instant était important, et même essentiel. Le message que j'essayais de lui transmettre, à lui comme à moi, était le suivant : « Ce moment est primordial pour nous. Il nous ressoudera. Il me ressoudera. » Car à l'intérieur, je me sentais encore brisée.

Le gardien nous a laissées entrer. Il y avait quelque chose d'un peu étrange dans cette pelouse aux brins hérissés que jamais personne ne foulait. Ma mère a posé la main sur les pavés. Elle souhaitait tout sentir, tout comprendre, chaque pierre, chaque dalle. Je n'avais pas envie d'être seule avec elle.

Le lendemain, nous sommes allées visiter d'autres cathédrales. Nous avons fait les boutiques, essayé des vêtements. De retour à l'appartement pour dîner, j'ai fait rôtir le poulet et ma mère a fait la vaisselle. J'ai eu beau lui expliquer qu'elle pouvait la laisser à l'employée de maison, que celle-ci était payée pour la faire, ma mère a insisté pour s'en charger. Elle s'affairait tellement lentement que je n'ai pas supporté de la regarder. Elle ne s'en rendait pas compte, mais pour moi, faire la vaisselle à ce rythme était à la fois un luxe et une attitude de complaisance. Ma vie ne m'avait pas permis de remplir tranquillement mes tâches ménagères, comme en temps de paix.

J'étais si bouleversée d'être dans cet appartement seule avec elle, à essayer de créer tout un monde à partir des maigres morceaux que j'avais à ma disposition. Je voulais que ma mère sache tout de moi : les endroits où j'avais vécu, les choses atroces que j'avais vues, tout ce que j'avais dû nettoyer, récurer lorsque je vivais dans les camps de misère, l'inimaginable variété de souffrances dont j'avais été témoin, tout ce contre quoi je m'étais battue pour m'en sortir, pour parvenir à me retrouver dans cet appartement et lui offrir ses nouvelles chemise de nuit et robe de chambre blanches. Pourtant, je n'avais pas envie de lui raconter mon histoire. Ni Claire ni moi ne la lui avions jamais révélée. Je n'avais même pas partagé avec elle la version épurée que je livrais au public. Je ne m'en étais jamais sentie capable et je ne l'étais toujours pas. J'étais furieuse contre moi. Je hurlais intérieurement : « Maman, tu ne peux même pas imaginer. »

Nous avons pris le train pour Paris. J'ai déniché les meilleurs croissants, les plus belles fraises, les petites avec leurs queues vertes. J'ai emmené ma mère dans des boutiques pittoresques. Elle est restée devant un miroir triptyque à contempler un manteau en brocart vert. Puis, alors qu'elle l'avait enfilé et qu'elle admirait son propre reflet, elle a poussé un hoquet à la vue du prix avant de le remettre nerveusement sur le portant. Je le lui ai quand même acheté. Je voulais qu'elle pense qu'elle méritait d'avoir le plus beau manteau du monde.

Plus tard ce jour-là, nous sommes allées déjeuner chez des amis. Ma mère s'est fait dorloter et servir : « Voulez-vous du poisson ? De l'agneau ? Le voulez-vous cuit à point ? Oh, votre manteau est superbe ! »

J'essayais tellement dur. L'itinéraire que je nous avais fixé se déroulait comme prévu, mais je n'avais pas anticipé mes sentiments. Je me sentais profondément seule. Mon esprit et mon cœur semblaient déconnectés, comme s'ils étaient immergés, leurs signaux de communication déformés, engloutis.

Ma mère et moi nous sommes promenées dans le jardin des Tuileries. Elle a plissé le front, déçue par les plantations et l'élagage peu soignés. Durant un moment, j'ai tenté de réduire le fossé entre le présent et le passé, d'émerger à la surface de l'eau afin de lui parler à l'air libre.

« Est-ce que ton jardin te manque ? » lui ai-je demandé. Une question facile, songeais-je, la plus facile à poser au sujet de notre lointaine vie commune, celle d'avant.

Le visage de ma mère a perdu toute couleur. Elle ne m'a pas répondu.

Nous avons poursuivi notre visite au Louvre. Les œuvres préférées de ma mère, comme les histoires, étaient celles tirées de la Bible. Sur sa coque de téléphone figurait un Jésus blanc : peau ivoire, iris bleus, cheveux lisses. J'aurais aimé qu'elle soit capable de voir au-delà de ce visage simple et innocent, qu'elle se rende compte que des gens l'avaient utilisé pour laver le cerveau des autres, détruire leur culture, faire disparaître des langues entières, pour humilier et faire souffrir. Plus tôt ce jour-là, à l'entrée du métro, nous étions passées devant de très beaux hommes sénégalais et nigérians qui vendaient des stylos décorés de tours Eiffel et des porte-clés. On pouvait voir dans leurs yeux qu'ils avaient autant souffert que le Jésus de ma mère. Pourquoi ne pas prier pour eux ?

Dans le musée, la foule nous a portées vers la galerie où se trouvait *La Joconde*. Une marée humaine s'agglutinait devant la toile, et je tentais en vain de nous en extraire. Depuis notre marche derrière les camions de la Croix-Rouge en direction de notre premier camp de réfugiés, je détestais les rassemblements. À la vue des *Noces de Cana*, j'ai demandé à ma mère de s'arrêter.

Ce tableau représente un festin, un repas royal. Autour de la table sont assis Jésus, les apôtres, des rois, des reines et des empereurs. Ils ont tous un teint d'albâtre, signe apparent de pureté. Tout individu dont la peau est légèrement plus foncée, ou qui n'est pas bien habillé, est soit en train de servir, soit sous la table.

J'ai demandé à ma mère ce qu'elle voyait sur cette peinture.

« C'est Jésus, au milieu. Jésus, Marie et les apôtres, pendant un festin, un repas de noces.

— Quoi d'autre ? ai-je insisté, un brin acerbe. À quoi ça ressemble, d'après toi ?

— Au Paradis.

— Mais, maman, c'est quoi, cette idée de paradis ? Il est pour qui ? Tu vois ce garçon ? Ce petit garçon noir ? dis-je en pointant le doigt vers le bas du tableau. Il est sous la table, près du chien.

— Et alors ?

— Il n'est pas assis à table ! Il est avec un chien ! Ce tableau lui indique où est sa place. Je veux qu'il soit à table, à côté de Jésus. »

Je m'étais mise à crier. Ma mère, tout en gardant son calme, a saisi ma main.

Nous avons pris l'avion pour Rome. Je n'en pouvais plus. Ma mère se plaignait d'avoir mal aux jambes. Chaque moment, chaque image ressemblait à un signe : un oiseau s'envolant dans le coucher de soleil et disparaissant en beauté ; une femme pédalant sur un vélo avec un bébé à l'arrière, qui heurtait un piéton distrait et faisait une chute.

J'ignorais ce qui allait se passer durant ce voyage. Peut-être imaginais-je que nous deviendrions des personnes différentes, insensibles à la perte. Je n'étais même pas certaine de la femme que j'essayais d'être, ou de devenir. J'avais apporté des vêtements à ma mère. Je lui avais fait à manger. Visiblement, je voulais inverser l'histoire, être pour elle la mère qu'elle n'avait pas été pour moi.

Pourtant, j'étais assez adulte pour savoir que, lorsqu'on perd sa mère à six ans, une partie de soi demeure toujours une enfant, une fillette qui a envie de sauter sur ses genoux, qui attend son approbation et nourrit cette fausse idée réconfortante qu'elle peut nous protéger du monde.

Je savais que rien de cela ne se réaliserait.

À Rome, je n'avais plus qu'une obsession : que ma mère reconnaisse mes efforts, qu'elle se rende compte du mal que je m'étais donné pour organiser notre voyage, et qu'elle me remercie. Elle avait manifesté sa reconnaissance, mais envers Dieu. Dieu nous avait donné ces cadeaux. Dieu avait créé ce moment. Dieu nous avait créées, elle et moi.

« Oui, je comprends, maman, ai-je dit. Mais pourquoi ne vois-tu pas que je fais tout ça pour nous ? C'est moi qui ai rendu ces vacances possibles.

— Je vois ça, *mwana wanjye*. Je le vois et j'apprécie. Mais Dieu... » Après m'avoir appelée *mwana wanjye*, « mon enfant », elle est retournée se réfugier dans son histoire : son Jésus, son paradis. « Nous sommes parmi les personnes les plus chanceuses. Les plus chanceuses. Nous avons toute notre famille. »

J'étais face à un énorme gouffre, et ma mère était de l'autre côté. Nous avions voyagé ensemble, mais en parallèle, sans avoir pu nous rapprocher. Peut-être était-ce trop demander.

C'était pareil avec Claire. Je lui dois la vie. Chaque fois que j'ai besoin de faire appel à mon être le plus fort, le plus accompli, je me connecte à elle. Elle a une telle maîtrise d'elle-même. Elle a une conscience inébranlable de son droit d'exister, ainsi qu'une croyance ferme que son histoire, aussi sombre soit-elle, a autant d'importance que celle de n'importe qui. Et elle m'a transmis ces valeurs. J'aimerais que Claire apprécie son extraordinaire capacité à tracer son chemin dans un monde qui ne cesse d'essayer de la faire tomber. Mais les mots ont des limites. Et je n'en connais aucun qui incarne correctement notre relation fusionnelle. Mes sentiments les plus généreux sont ternis par mon besoin d'être reconnue.

Récemment, Claire est venue me rendre visite à San Francisco et je lui ai dit : « J'ai l'impression que tu ne me vois pas, que tu ne m'apprécies pas et que tu ne reconnais pas tout ce que j'ai accompli. »

Je me sentais ignorée, invisible aux yeux de la seule personne au monde qui savait.

« Quand tu parles de nos expériences, ai-je poursuivi, tu dis toujours "je". "Je". Tu ne dis pas "nous". On était ensemble.

— Mais tu sais, quand je me souviens de ce qu'on a vécu, je me vois seule. »

Ces derniers temps, lorsque nous sommes réunies, nous éprouvons un amour immense, une peur intense et l'envie de nous entre-tuer. Lorsqu'elle est à Chicago, au lieu de se concentrer sur sa propre survie ou sur la mienne, Claire veut sauver sa communauté entière, chaque réfugié.

Presque tous les dimanches, elle cuisine pour des dizaines d'amis en plus de notre famille. « Tu es idiote, lui a dit récemment un de ses proches. Pourquoi nourris-tu tous ces gens ? Tu es une mère célibataire. Tu n'as pas d'argent, et tu les laisses venir chez toi ? »

Ma sœur ne fonctionne pas avec cette logique. « Je fais ça depuis très longtemps, a-t-elle expliqué à son ami. J'ai de quoi manger, et je sais que demain j'en aurai aussi. »

Je retrouve dans ses paroles la sagesse de notre mère : Partagez. Coupez l'orange en quartiers supplémentaires. « Ne vous inquiétez pas, nous murmurait-elle quand des gens débarquaient à l'improviste pour manger chez nous et que nos portions s'en trouvaient diminuées. Si vous n'êtes pas rassasiés au déjeuner, vous le serez au dîner. »

Les enfants de Claire ont toujours eu assez de discernement pour laisser leur mère agir à sa guise, vivre selon ses propres règles, aussi impénétrables soient-elles. C'est en effet le minimum que chacun peut faire : laisser les autres mener leur existence selon leurs propres termes et s'interroger sur la façon dont on mène la sienne. Insistez pour connaître l'origine de vos qualités et des souffrances qui vous habitent. Demandez-vous comment vous en êtes arrivés à avoir tout ce que vous avez : vos privilèges, votre philosophie, vos cauchemars, votre foi, votre vision de l'ordre et de la paix dans le monde.

Régulièrement, en janvier, Claire retournait au Rwanda. Elle achetait du riz, du bœuf et des pommes de terre afin de préparer un grand repas de Nouvel An pour les orphelins. Puis elle enfilait une robe fabuleuse, empruntait l'un des sacs les plus chers de ma tante et se faisait photographier des centaines de fois par ma tante, mon oncle, ou quiconque était dans les parages – une façon pour ma sœur de déclarer : « Je suis là. Je suis digne et précieuse. Vous ne m'avez pas détruite. »

De retour à Chicago, lorsqu'elle faisait défiler les photos, sa plus jeune fille, incrédule, lui demandait toujours : « Comment peux-tu faire une chose pareille ? » Elle voulait dire : comment peux-tu agir de manière si frivole dans un endroit où les gens ont tant souffert ?

Mais pour Claire, il n'y avait pas d'autre alternative. Elle se contentait de hausser les épaules et de répondre : « Qu'est-ce que tu veux que je fasse ? Que je pleure ? »

Moi et ma mère, dans son nouveau manteau, sommes retournées visiter des églises. Pour notre dernier jour à Rome, nous sommes allées à la basilique Saint-Paul.

J'ai flâné seule afin d'étudier l'architecture mais aussi pour me retrouver. Je me suis intéressée à l'histoire du bâtiment, au mécanisme utilisé pour susciter la stupeur et l'admiration. Cela m'a été d'un tel soulagement, de me plonger dans le monde du symbolisme, de monologuer calmement sur un sujet théorique et impersonnel.

Puis j'ai dû m'interrompre pour partir chercher ma mère. Je l'ai découverte en train de parler à deux religieuses. Elle voulait savoir où se trouvait sainte Brigitte.

« Elle est dans le sanctuaire », lui a répondu l'une d'elles.

Ma mère, habituellement posée, parvenait à peine à contenir son enthousiasme. C'était la sainte des bébés. Si vous aviez besoin de faire une prière pour un tout-petit, il fallait prier sainte Brigitte.

Un service ayant lieu dans le sanctuaire, nous avons dû patienter. Lorsqu'il s'est enfin terminé, nous sommes entrées à l'intérieur. La sainte était là, dans une alcôve, au-dessus de nous. Ma mère s'est agenouillée, et je l'ai imitée. Elle a levé les yeux, a serré son rosaire et a pleuré. « Mes sœurs, vous ne comprenez pas, a-t-elle déclaré aux religieuses. Mes enfants, mes filles, elles sont parties pendant sept ans. Je ne savais pas où elles étaient. J'ai prié pour elles et cette prière a été entendue. Elles sont là. Ma fille est là. »

J'ai regardé le visage de ma mère. En cet instant, elle semblait si satisfaite, présente et magnifique, comblée par son miracle, son chapelet de perles entre les mains. Sa foi avait réparé le monde. J'étais heureuse d'être auprès d'elle. J'enviais le bien-être qu'elle ressentait.

Le lendemain, nous avons pris un train pour nous rendre à l'aéroport. Nous avons attendu chacune notre avion en buvant du thé. J'ai acheté un croissant à ma mère pour qu'elle l'emporte. J'ai vérifié plusieurs fois qu'elle avait bien son passeport.

Ma mère s'était créé sa propre histoire, qui fonctionnait très bien pour elle. J'avais seulement un personnage et le titre d'un conte. La fille au sourire de perles m'avait donné le moyen d'affronter le monde, de croire en mon propre pouvoir et en mon droit de décider pour moi-même. Cependant, j'étais toujours en quête d'un récit cohérent et abouti. Personne n'allait m'en indiquer l'intrigue et il n'allait pas s'écrire tout seul. Malgré tout – malgré Sebald, *La Nuit*, mon *katundu*, les milliers de photos de mes voyages –, Mukamana me manquait encore terriblement. Je brûlais de la voir s'asseoir au bord de mon lit pour me parler et rendre mon univers non seulement splendide, mais logique et entier.

Je suis montée dans l'avion, j'ai ouvert mon carnet et j'ai essayé de repartir du début.

22

Il était une fois, il n'y a pas très longtemps, un pays plein de collines, pas très loin d'ici, où vivaient deux filles.

Chaque jour, elles jouaient dans le jardin de leur mère. Elles portaient des robes jaunes et rouges, s'amusaient au milieu des fleurs aux couleurs vives et grimpaient aux arbres avec leur frère. Le soir, elles apportaient ses chaussons à leur père avant de lui demander de petites récompenses. Un jour, elles ont entendu des bruits qu'elles n'avaient jamais entendus et ont vu sur les visages de leurs parents des expressions qu'elles n'avaient jamais vues. Le ciel est devenu orange et la terre, grise. On les a envoyées rendre visite à leur grand-mère, mais les bruits ont continué et de nouveaux visages inquiétants sont apparus. Leur grand-mère leur a ordonné de s'enfuir.

Elles se sont sauvées, elles ont marché, elles sont montées dans des cars, elles ont embarqué dans des bateaux où elles ont failli se noyer. Elles ont erré pendant sept ans, jusqu'à ce que la fille aînée ne soit plus une enfant, et la cadette ne le soit plus non plus. Elles ont pris l'avion et ont atterri très loin. Là, la plus jeune sœur a essayé de redevenir une enfant, même si elle était devenue bien trop dure. Elle a cherché de nouveaux parents, de nouveaux pouvoirs, elle a lu de nouveaux livres. Et partout où elle allait, les gens croyaient qu'elle était magique.

Ils pensaient qu'ils la connaissaient, ils croyaient qu'ils la voyaient. Quand elle passait près d'eux, ils disaient : « Elle est si forte, si courageuse. » Lorsqu'elle racontait son histoire, ils étaient encore plus impressionnés. « Pauvre petite fille, si belle et unique », disaient-ils, et ils lui offraient des cadeaux. On lui a rendu ses vrais parents. On lui a donné de tout nouveaux frères et sœurs. Elle a reçu de l'argent, une place dans la société, des bijoux, des félicitations et la meilleure éducation au monde.

Un jour, elle s'est mise sur son trente-et-un comme lorsqu'elle était petite et a posé pour une séance photo dans un beau jardin. Elle s'est assise au milieu des géraniums, des lys et des oiseaux de paradis – toutes les fleurs que sa mère faisait pousser chez eux. Elle aimait la sensation du soleil sur sa peau. La douce chaleur suffisait à lui donner l'impression d'être forte et entière. Toutes les couleurs lui revenaient en mémoire, plus riches et plus profondes. Elle a mis une robe rouge, puis une autre d'un jaune joyeux, puis encore une autre, de cette couleur orange qu'elle détestait, l'orange qui remplissait le ciel lorsqu'elle fuyait.

Chaque jour, elle regardait les photos – les fleurs, sa peau, les couleurs, ses cicatrices – et tentait de se rappeler que tout était vrai : elle était magique, belle, puissante, courageuse, victorieuse et blessée. Elle essayait de maintenir ses souvenirs en ordre, consignés dans le temps, afin d'en donner un récit vrai et entier. Mais aucune fin ne lui paraissait juste, car l'Histoire la rendait ardue.

Remerciements

Clemantine

Je suis profondément reconnaissante à chacun d'entre vous sans exception. Merci d'avoir partagé vos vies avec moi, d'avoir su me voir, de m'avoir accueillie dans des lieux où j'ai pu réfléchir et rassembler les morceaux épars de ma vie. Je n'ai pas de mots pour exprimer la manière dont vous avez enrichi ma vision et ma compréhension de ce que signifie être en vie. Et à ceux dont je ne n'ai pas pu retenir le nom, qui m'ont soutenue et m'ont parlé au cœur de la tempête : je tiens à rendre hommage à votre bonté et à votre douceur. Je suis chacun de vous, et je transmettrai tout ce que vous avez bien voulu me donner.

À Claire : je remercie Imana de t'avoir dotée de cet amour et de cette force qui nous ont guidées à travers les hauts et les bas de notre voyage. Merci pour ta patience envers moi et toute ma folie. Ta vie est un cadeau, et le monde et moi te sommes redevables d'en avoir partagé un petit bout avec nous. J'ai hâte de vivre nos prochaines aventures.

À ma maman, Christine Mukakalisa, et à mon papa, Appolinaire Ndayisaba : merci pour les leçons et les exemples que vous nous avez transmis, pour votre courage et votre bienveillance. Je prie pour être capable d'aimer et de partager comme vous tout au long de ma vie.

À mes autres parents, MMB, Elizabeth Maxwell Thomas, PPB et Frederick Thomas : merci de m'avoir accueillie dans votre vie, merci pour votre soutien, vos conseils et vos leçons. Votre bonté, votre amour et votre humilité ne sont que quelques-unes de vos précieuses qualités que je chérirai éternellement et que je transmettrai.

Liz Weil, ton ouverture et tes capacités d'écoute ne sont pas de ce monde. Je n'ai pas de mots pour exprimer ma gratitude envers ton implication, tes sacrifices et cet amour pur que tu as partagé avec moi pour créer ce livre. Dan, merci de nous avoir préparé ces délicieux repas. Hannah, merci pour tes encouragements et ta gentillesse. Audrey, merci pour ton sens de l'humour et de nous avoir aidées à garder le cap.

Mark Lotto, je suis heureuse d'avoir perdu mon téléphone à la fête organisée par Kickstarter ; sinon, nous ne serions pas là où nous sommes aujourd'hui. Merci de m'avoir donné de ton temps, d'avoir mis à ma disposition ta créativité et ton sens de l'émerveillement ; et merci pour ce don de voir au-delà des mots.

Maggie Grainger, merci d'avoir passé toutes ces heures à m'écouter et à rassembler chaque partie de nos vies pour les mettre en forme. J'en suis touchée et emplie de gratitude.

Ian, je n'y serais jamais arrivée sans toi. Je n'aurais pas pu espérer meilleur compagnon pour vivre ce voyage. Merci pour ton écoute, ta gentillesse et ta patience. Je te serai éternellement reconnaissante pour chaque minute, chaque once de force que tu as partagée avec moi.

À mon agent, Kris Dahl, chez ICM : merci pour tes énormes efforts et pour avoir su créer du lien, en particulier avec Liz. Merci d'avoir consacré tout ce temps et cette énergie afin de t'assurer que j'avais tout le soutien nécessaire pour aller au bout de ce livre. Tu es mon étoile. Merci de partager ton étincelle avec moi.

À l'équipe tout entière de Crown, à chacun d'entre vous, sans exception : un grand merci pour tout ce que vous avez accompli afin que ce livre finisse entre les mains des lecteurs. À mon éditrice, Rachel Klayman : je t'apprécie en tant que personne, j'apprécie ton attention pour chaque détail et ta passion à vouloir partager des histoires qui nous ouvrent le cœur. À ma directrice éditoriale, Molly Stern : merci pour ta confiance et ton enthousiasme ; ils ont été le fondement grâce auquel j'ai pu tenir le coup pendant tout le processus. Penny Simon et Lisa Erickson, merci pour les immenses efforts que vous avez déployés afin de partager ce livre avec le monde. Zach Phillips, merci d'avoir veillé à ce que nous restions organisés.

Eric Brown et Michael Rudell, merci de m'avoir guidée avec tant de délicatesse et de tact tout au long du processus. Deborah Oppenheimer, merci de rendre hommage aux parcours humains, de m'avoir ouvert de nouveaux horizons, en particulier de m'avoir présentée à Kris.

Michele, Daniel, Julia et Robert, vous êtes incroyables et adorables, tout le monde aimerait vous avoir comme guides vers une nouvelle vie. Michele, tu as su me voir ! Ton influence a été le catalyseur de nombreux moments inattendus qui m'ont permis de réfléchir et de partager. Puisse Imana te couvrir de tous les cadeaux que tu m'as offerts, à moi et à de nombreuses autres personnes.

Jill Weinberg, ta passion et l'énergie que tu mets à rapprocher les communautés m'ont donné accès à de nombreux lieux, où j'ai appris à ressentir la joie d'être en vie. Merci de m'avoir nourrie, encouragée et de m'avoir offert ta compassion.

À Tom, Andrea et tous les autres Bernstein : vous êtes les majorettes que toute fille désirerait pour un défilé de Macy's. Votre amour et votre soutien sont hors du commun. Merci de m'avoir accueillie dans votre famille.

Tom, merci pour ta sagesse, tes conseils et tes efforts pour nous relier à notre famille humaine.

À Maman Nepele, Maman Dina, Papa Bilombele, Kasikile, Dina, Mwasiti, Mado, Patrick et Étienne, Papa et Maman Fatuma : je salue votre force et tout ce que vous avez pu partager avec moi.

Wilma Kline, un grand merci pour nos virées shopping, nos rires et les moments où on a fait les idiotes. J'en avais besoin. À Donald Pasulka, Severa Mukamwiza, John et Jennifer Puisas, Sharon Vanderslice, Jim Graves, Vera Wells, Joshua Mbaraga, Amy et Andrew Cohen, Donna Gruskay, Betsy Blumenthal, Jonathan Root, Kevin King, Meridee Moore, Strive et Tsitsi Masiyiwa, Margaret et John Thornton, Lourdes, Pepe Fanjul Jr., Tina et Rick Malnati, et Andy et Kathy Gabelman : j'espère que vous aurez bientôt l'occasion de vous rencontrer. C'est une bénédiction de vous connaître et de faire partie de vos vies. Merci pour tout votre soutien et vos conseils, et merci de m'avoir accueillie chez vous. Toute ma gratitude pour la bonté et la douceur que vous partagez avec moi et vos communautés.

À mes frères et mes sœurs : Claudine, Claudette, Clement, Caulay, Stephen, Brad, Neely, Julia C. Robert, Perri, Julia, Sam, Will, Lee, Alexa, Matthew, Lindsay, Tanya, Vimbai, Joanna, Moses, Esther, Sarah, Max, Arthur, Eve, Amelia, Isabel, Kenneth, Joel, Suzan, Lulu et Peps. Je vous envoie tout mon amour et vous remercie d'avoir partagé vos parents avec moi. Je suis désolée, mais vous êtes coincés avec moi !

À mes nièces et neveux, Mariette, Freddy, Michele, Chase et Kate : vous êtes mes *bahati*.

À Mme Oprah Winfrey : merci d'avoir organisé notre réunion familiale, de l'avoir rendue possible et de l'avoir partagée avec le monde. Toute ma reconnaissance également à l'équipe d'Harpo/OWN, Eric Peltier, Amanda

Cash, et ceux que je dois encore rencontrer. Nos efforts pour transmettre l'histoire de ma famille m'ont permis de comprendre à quel point il est important que nous partagions tous nos expériences.

À Hannah Bogen, McKay Nield, (A)Lex Caron, Susannah Shattuck, Radha Mistry, Victoria Rogers, Amir Sharif, Zahra Baitie, Blair Miller, Tai Beauchamp, Alexandra Thornton, Abby West, Linda Lai, Benjamin Armstrong, Traci Kim, Hawa Hassan, Campbell Schnebly-Swanson, Patty Soffer, Katherine Maxwell, Alexandra Ivker, Aldi Kaza, Vicki, Hassan, Katie et Reed Colley, Ann Wolk Krouse, et Michael et Sheila Cohen : merci d'avoir ri, pleuré et dansé avec moi durant tout le processus.

À ceux qui m'inspirent chaque jour : dream hampton, Danai Gurira, Nicole Patrice De Member, Zachary O. Enumah, Brenna Hughes Neghaiwi, Yemile Bucay, Julia Zave, Nina et Linda Friend, Maria O'Neill, Becky van der Bogert, Eileen Silva-Tetlow, Diego Taccioli, Kinari Webb, Peter Graves, Heather Scott Arora, John et Audra Hanusek, Michelle Musgrove Price, Wayne Price, Susan Lowenberg, Joyce Newstat, John W. Rogers Jr., Desirée Rogers, Galorah Keshavarz, Magatte Wade, Hank Thomas Willis et Rujeko Hockley. Merci pour votre magie et votre soutien.

À tous ceux qui m'ont apporté et m'apportent leur soutien et leur amitié, que ce soit pour mon livre ou dans mon métier de conférencière, aux membres des organisations Dot2dot et Summit : merci d'avoir toujours été là.

À la communauté de Yale : d'abord et avant tout, un grand merci à l'équipe de Timothy Dwight, en particulier pour avoir été là pendant les hivers. Je vous serai éternellement reconnaissante pour le temps, l'énergie et les sourires que vous m'avez offerts après ces nuits blanches à la bibliothèque et dans les réfectoires. Diane Charney, tu as été ma première éditrice, et je suis désolée de t'avoir fait lire tous ces textes mal écrits. Merci pour tout. Carolyn

Barrett, Judith York, Karin Gosselink et toute la direction du centre d'écriture : merci de vous être battus pour que l'on obtienne les ressources dont nous tous, qui sommes différemment dotés, avons besoin pour casser la baraque. Doyen John Loge : Oh mon Dieu, je ne suis pas sûre que j'aurais pu survivre à Yale sans nos rencontres du vendredi. Jeffrey Brenzel, merci pour votre sagesse, votre passion et votre immense engagement auprès de notre humanité. Aux dames qui gèrent TD, Patricia (Trish) Cawley et Karen McGovern : merci pour vos belles âmes et votre énergie, c'est tout ce dont ont besoin les étudiants. Carol Jacobs, Laura Wexler, Barbara Stuart, Mwalimu Kiarie Wa'Njogu, Katie Trumpener, J. Johnson, Ann Bier-Steker et Elizabeth Rubin : merci pour vos encouragements et votre inspiration.

À la communauté de l'école d'Hotchkiss : je vous suis tellement reconnaissante d'avoir accueilli toute ma folie et d'avoir fait preuve de patience lorsque j'ai brisé les règles. À tous les administrateurs, professeurs et élèves : vous m'avez offert une incroyable opportunité d'en apprendre davantage sur moi. Luisa Redetzki, j'ignore comment j'aurais fait sans vos messages très directs : ne-viens-pas-me-chercher. Aux filles Wieler : merci pour nos séances de danse nocturnes et pour les pizzas. Sofia Zafra, merci pour toutes les couleurs, les fleurs, et l'amour de ton pays. Professeur Louis Pressman, Simon Walker, Jennifer Craig, Christina Cooper, Alice Sarkissian-Wolf, J. Bradley Faus et Damon White : merci d'avoir été toujours plus exigeants concernant mes réflexions, ma créativité et mon bien-être.

À la communauté de l'école de New Trier : Hilerre Kirsch, Nina Lynn, Marie Adelaide, Cathy D'Agostino, Jeannie Lee Logan, Laura Deutsch, et tous les professeurs d'art et d'ESL (English as a Second Language). Merci d'avoir partagé votre savoir avec moi. Vous avez posé les grandes fondations qui m'ont permis de comprendre les différents aspects de la culture américaine et de survivre à ces longs couloirs.

À la communauté de la North Shore Country Day : je vous suis tous tellement reconnaissante pour l'amour et le soutien continu que vous avez prodigués à ma famille. Kathy McHugh, Barbara Sherman et Anne-Marie Dall'Agata : la joie que vous exprimez lorsque vous enseignez et transmettez votre savoir est extraordinaire. Je vous en prie, ne changez rien.

Aux communautés de la Swift School et de la Christian Heritage Academy : je ne me souviens pas de vos noms complets, parce que je ne parlais ni ne comprenais beaucoup l'anglais quand je vous ai connus. Mme Garcia, Anayeli, Donika, Sharon James Ledbetter, la famille Beasley : vous avez eu un impact énorme sur mes premières années en Amérique. Merci de m'avoir communiqué votre vérité et votre amour sans mots.

À l'équipe du Body Temp Yoga, Heather Piper, Christie Rafanan, Brenna Barry et Chadd Schaefer : merci de m'avoir rappelé de faire des pauses, de respirer et de prendre mon mal en patience.

Aux raconteurs d'histoire qui m'ont permis de trouver le rythme et la cadence de mes mots, y compris ceux, nombreux, que je ne connais qu'à travers leur art : Mukamana, Mucyechuru et Musaza, Nina Simone, Audre Lorde, Maya Angelou, Toni Morrison, Ruby Sales, Chinua Achebe, Elie Wiesel, W.G. Sebald, Hayao Miyazaki et d'autres qui partagent la même vision de la vie que moi. Votre sens de l'émerveillement m'a préparée à cette aventure. Merci de m'avoir aidée à entendre mes propres battements de cœur et ma respiration, et de voir au-delà des étiquettes.

À mes communautés dans le monde entier, ceux d'entre vous qui partagez et qui m'apprenez à développer et à approfondir mes façons de voir, d'entendre, de toucher, de goûter et de sentir tout ce qui nous garde en vie : merci.

Elizabeth

Je te serai éternellement et profondément reconnaissante, Clemantine, de m'avoir donné la chance de travailler avec toi sur ce projet. Merci de m'avoir fait confiance.

Claire, cela a été un merveilleux cadeau de t'avoir aussi dans ma vie. J'espère avoir rendu justice à la tienne.

Ma profonde gratitude à Rachel Klayman et Molly Stern, chez Crown, qui ont cru avec détermination à ce livre et se sont totalement engagées pour le partager avec le monde ; à Mark Lotto, pour sa vision et l'attention qu'il a montrée du début à la fin : à Kris Dahl, qui a insisté pour que je rencontre Clemantine au moins pour un café ; à Elyse Cheney, qui m'a défendue ; à Julie Tate, pour m'avoir sauvée de mes propres erreurs ; à Maggie Grainger, pour avoir écouté ; à Amelia Zalcman, pour ses corrections ; à Harvey Schwartz, qui m'a aidée à comprendre ; à Dick Duane, qui est allé bien au-delà de son rôle de beau-père.

Merci aux Thomas, qui m'ont traitée comme un membre de leur famille ; à Joshua, Vicki, Hassan, qui m'ont montré le Rwanda.

À Inga Davis, Anton Krukowski, Mark Lukach, Wendy MacNaughton, Emily Newman et Maria Streshinsky, qui ont lu le texte et m'ont fait un formidable retour.

Merci à Taffy Brodesser-Akner, qui ne s'est pas contentée de lire les chapitres, mais aussi un flux de textos et de mails hystériques et qui a assumé le fardeau émotionnel comme seule une femme en est capable. Ton amitié m'a aidée à aller au bout de ce projet.

Merci à Hannah d'avoir lu et, malgré tout, de vouloir toujours devenir écrivaine, et de m'avoir emplie de fierté ; à Audrey, de s'être démenée afin de trouver un titre et de ne pas vouloir être écrivaine, et de m'avoir soutenue ; à elles deux, d'avoir supporté une mère grognon. À mes parents pour m'avoir soutenue, comme toujours.

Dan, je t'aime plus que tout. Merci, toujours, pour tout.

Dernières parutions

Domaine étranger

Rabih Alameddine
L'Ange de l'histoire

Emma Hooper
Les Chants du large

Jennifer Zeynab Joukhadar
La Carte du souvenir et de l'espoir

Hans Meyer zu Düttingdorf
De notre côté du ciel

Aimee Molloy
La Mère parfaite

Rosie Walsh
Les Jours de ton absence

Lisa Wingate
Les Enfants du fleuve

Domaine français

Catherine Bardon
Les Déracinés

Jérôme Chantreau
Les Enfants de ma mère

Vincent Villeminot
Fais de moi la colère

Imprimé en France par CPI
en décembre 2018

N° d'impression : 3031023